HIDDEN IN PLAIN SIGHT

表象背后

——发现并实施公司下一个伟大的战略

〔美〕埃里克·乔基姆塞勒 著

段秀伟 译

商务印书馆

2010年·北京

Erich Joachimsthaler

HIDDEN IN PLAIN SIGHT

How to Find and Execute Your Company's Next Big Growth Strategy

Original work copyright © Erich A. Joachimsthaler

Published by arrangement with Harvard Business School Press.

图书在版编目(CIP)数据

表象背后——发现并实施公司下一个伟大的战略/(美)乔基姆塞勒著;段秀伟译.—北京:商务印书馆,2010
ISBN 978-7-100-06523-8

Ⅰ.表… Ⅱ.①乔…②段… Ⅲ.公司—企业管理 Ⅳ.F276.6

中国版本图书馆 CIP 数据核字(2009)第 012221 号

所有权利保留。
未经许可,不得以任何方式使用。

表 象 背 后
——发现并实施公司下一个伟大的战略
〔美〕埃里克·乔基姆塞勒 著
段秀伟 译

商 务 印 书 馆 出 版
(北京王府井大街36号 邮政编码 100710)
商 务 印 书 馆 发 行
北京瑞古冠中印刷厂印刷
ISBN 978-7-100-06523-8

2010年7月第1版   开本 700×1000 1/16
2010年7月北京第1次印刷   印张 16¾

定价:36.00元

商务印书馆—哈佛商学院出版公司经管图书翻译出版咨询委员会

（以姓氏笔画为序）

方晓光　盖洛普（中国）咨询有限公司副董事长
王建铆　中欧国际工商学院案例研究中心主任
卢昌崇　东北财经大学工商管理学院院长
刘持金　泛太平洋管理研究中心董事长
李维安　南开大学商学院院长
陈国青　清华大学经管学院常务副院长
陈欣章　哈佛商学院出版公司国际部总经理
陈　儒　中银国际基金管理公司执行总裁
忻　榕　哈佛《商业评论》首任主编、总策划
赵曙明　南京大学商学院院长
涂　平　北京大学光华管理学院副院长
徐二明　中国人民大学商学院院长
徐子健　对外经济贸易大学副校长
David Geohring　哈佛商学院出版社社长

致中国读者

　　哈佛商学院经管图书简体中文版的出版使我十分高兴。2003年冬天，中国出版界朋友的到访，给我留下十分深刻的印象。当时，我们谈了许多，我向他们全面介绍了哈佛商学院和哈佛商学院出版公司，也安排他们去了我们的课堂。从与他们的交谈中，我了解到中国出版集团旗下的商务印书馆，是一个历史悠久、使命感很强的出版机构。后来，我从我的母亲那里了解到更多的情况。她告诉我，商务印书馆很有名，她在中学、大学里念过的书，大多都是由商务印书馆出版的。联想到与中国出版界朋友们的交流，我对商务印书馆产生了由衷的敬意，并为后来我们达成合作协议、成为战略合作伙伴而深感自豪。

　　哈佛商学院是一所具有高度使命感的商学院，以培养杰出商界领袖为宗旨。作为哈佛商学院的四大部门之一，哈佛商学院出版公司延续着哈佛商学院的使命，致力于改善管理实践。迄今，我们已出版了大量具有突破性管理理念的图书，我们的许多作者都是世界著名的职业经理人和学者，这些图书在美国乃至全球都已产生了重大影响。我相信这些优秀的管理图书，通过商务印书馆的翻译出版，也会服务于中国的职业经理人和中国的管理实践。

20多年前,我结束了学生生涯,离开哈佛商学院的校园走向社会。哈佛商学院的出版物给了我很多知识和力量,对我的职业生涯产生过许多重要影响。我希望中国的读者也喜欢这些图书,并将从中获取的知识运用于自己的职业发展和管理实践。过去哈佛商学院的出版物曾给了我许多帮助,今天,作为哈佛商学院出版公司的首席执行官,我有一种更强烈的使命感,即出版更多更好的读物,以服务于包括中国读者在内的职业经理人。

在这么短的时间内,翻译出版这一系列图书,不是一件容易的事情。我对所有参与这项翻译出版工作的商务印书馆的工作人员,以及我们的译者,表示诚挚的谢意。没有他们的努力,这一切都是不可能的。

哈佛商学院出版公司总裁兼首席执行官

万季美

目录 CONTENTS

前言与致谢 …………………………………………………… i

第一部分　创新与发展的潜在机遇 ……………………… 1

第一章　旁观者清 ……………………………………………… 3
第二章　掌握需求环境 ………………………………………… 29

第二部分　需求优先的创新与发展模式 ………………… 61

第三章　描绘需求图景 ………………………………………… 63
第四章　重新界定机遇空间 …………………………………… 91
第五章　构建机遇空间 ………………………………………… 115
第六章　制定行动的战略蓝图 ………………………………… 131

第三部分　制定实现客户优势的战略 …………………… 157

第七章　创造客户优势 ………………………………………… 159
第八章　加深客户关系并吸引客户 …………………………… 179
第九章　实施创新和发展计划 ………………………………… 207
注　释 …………………………………………………………… 235
作者简介 ………………………………………………………… 253

前言与致谢

"我们为什么没有想到呢？"

我们生活在一个加速创新的世界中，消费者面临着太多的选择和非常严峻的商业局势，这种局势包括市场的快速商业化、技术变革、利润压力，以及消费者和商业市场的日益分化。真正的收入增长微乎其微，不过百分之一二。

公司都在寻求获得新的发展机遇，重新制定核心业务模式。他们提出了无数的想法、战略和新的或者改进的产品或服务。一个想法接着另一个想法，一个成功激发了又一个成功。

但是，所有这些现象都存在着这样一个问题——一个公司的发展必然要求公司进行相应的组织结构、业务流程、公司系统和政策等方面的变革，而这些改变也同时使公司逐渐远离公司所服务的客户。在这个过程中，也会逐渐形成一种烟幕，迷惑了企业的视线，使企业无法看清创新和发展的最佳机遇，虽然这些机遇一直都存在，就隐藏在公司所看到的表面现象之后。

发现这些机遇又有多困难呢？这些公司可以尝试暂时忘记自己的业务，将自己置身于公司客户的日常生活和工作中，将自己的产品或者

前言与致谢

技术、服务、品牌暂且放在一边，只考虑这些客户的日常活动和目标，想象他们生活或者工作的环境，充分了解他们所生活或者工作的复杂的动态生态环境。你能够看清这个系统的轮廓、深度和结构吗？你能够为了了解这个系统而避免将自己的产品放在这个场景中，或者削足适履，扭曲自己的观察使之适应自己公司的产品吗？

这并非易事，对吗？这也是你为什么感到怅然若失，因为竞争对手或者新兴公司推出了非常成功的创新理念，而你的公司原本可以做到这一点。"我们怎么就没有想到呢？"你这样自问道，"我们有人才，有资源。我们本来应该想到这一点的。怎么就这样错过这个机遇了呢？"

这就是为什么本书讨论的并非关于提高市场研究水平或者以客户为中心，研究客户心理，或者与客户共同创造价值，将客户纳入你的价值链，或者更加明确地进行市场定位，或者提高公司新产品开发的能力。本书讨论的并非这些热点问题。相反，这本书展现的是一个能够帮助公司获得利润增长的战略创新的全新模式。本书将在以下这些方面为你提供帮助：

- 以全新的方式"重新了解"客户，发现身边的重大机遇。
- 通过想象潜在的创新机遇，包括公司战略、商业模式、新产品和服务的组合，以及营销技巧和品牌建设计划，以此来确定公司全部机遇空间，这将会令贵公司的管理者欢欣鼓舞，而使你的竞争对手黯然神伤。
- 设计并执行一项利润增长战略，该战略应该适合人们的行为方式，并能将员工经验按公司或公司产品与服务进行转换。

"感谢上帝，幸亏我们想到了这一点！"

只有拥有一双清澈明亮的眼睛，贵公司才能发现或者预见到真正能够吸引消费者或者客户、能够改变它们的体验的创新,在这个过程中,贵公司才能进行创新,得以发展。想象一下,如果能够沉浸在打动消费者和客户的工作中该是多么惬意,同时还能够为贵公司创造出永久的优势,这是多么美好的一件事啊!

在过去的25年中,我曾经作过多次调查研究,研究为什么有些创新、商业模式、企业战略、营销以及品牌建设技巧能够奏效,而有些却不能。我曾经和诸多产业公司、消费品生产商、零售商、金融服务机构、媒体和娱乐公司、电信服务运营商、医疗保健机构等进行合作,进行调查研究。在这之前,作为一名学者,我也曾在同样的领域中作过研究。在我的研究经历中,脑海中不时浮现出一种观点,无论一个机构的规模有多大,无论它是何种组织,也无论这个机构是否为行业客户或者消费者提供服务,最大、最佳、最成功的创新和发展机遇其实就在那里,就在我们面前,只不过是我们常常对这些机遇视而不见,或者没有采取行动。

这些机遇一直存在,只等你来发现和捕捉。但是,若想发现这些机遇,并且利用这些机遇为公司赚取利润,必须首先放弃一些已经被证明的关于创新、营销和战略制定方面的传统观点,必须摒弃当今一些通行的看法和管理方法,而需要采用一种全新的方式制定和实施你今日的战略计划,以及未来的创新和发展战略。我希望这本书能够在这方面给予贵公司一些有益启示。

致　　谢

这本书凝聚了我多年来在诸多公司内工作的经验,包括关于公司战略、营销、创新、品牌和企业建设等方面的最佳做法以及这方面的广泛研究。我有幸能够和几家公司密切合作,同舟共济。这些宝贵经验构成了这本书的主要内容。我非常感谢许多公司领导者接受我的质疑以及对我的信任,感谢他们向我敞开心扉,也感谢他们对与我一起工作的同事

前言与致谢

的信任。

我已经总结归纳了学术界和企业界许多思潮、管理方法及其发展动态。在此期间,非常有幸能够接触到许多营销界的大师,和他们的交往使我受益匪浅。比如戴维·阿克(David Aaker)和凯文·莱恩·凯勒(Kevin Lane Keller)。我和这两位大师接触的时间最长,共同研究学术和专业方面的发展历程。除此之外,我还从他们在战略、创新和营销方面的研究和学术著作中获得了许多灵感。多年来,我已经和哈佛商学院和IESE商学院的许多同事,以及在多个管理人员培训项目中为这本书的出版给予过我大力协助的同事,都建立了紧密的学术联系。

这本书得以出版,很大程度上得益于Vivaldi Partners公司同事的鼎力支持。他们不断为我提供建议、看法和经验。在我需要理清思绪和结构的时候,他们总是能够为我提供帮助。他们在这本书的撰写和出版过程中对我的帮助无以言表。在此,我要衷心感谢马库斯·法伊弗(Markus Pfeiffer)在编写这本书的每一个阶段以及这个公司发展至今的每个阶段给予我的大力帮助。我要感谢尼克·哈恩(Nick Hahn),曾和我在消费品领域开展的重大项目中共同工作,并作出了重大贡献。我还要感谢哈姆特·海因里希(Harmut Heinrich),他从媒体、娱乐和技术产业的角度为我提供了有益帮助;詹姆斯·切鲁蒂(James Cerruti)从美国金融服务业的角度为我提供了帮助;还有马克·埃瑟(Mark Esser)从欧洲金融服务的角度为我提供帮助。我还要感谢桑德罗·普林斯普(Sandro Principe)在创新与发展机遇的量化研究方面作出的重要贡献,而杰曼·尤尼斯(German Yunes)为我提供了许多关于拉丁美洲的创新思想和经验,在此表示感谢。这些年来,有许多同事和朋友都为我提供了诸多帮助,在此,我要特别感谢:安莎拉·安德森(Enshalla Anderson)、于尔根·本科维奇(Juergen Benkovich)、阿加茜·布兰克-埃瑞姆(Agathe Blanchon-Ehram)、萨曼莎·赛斯克(Samantha Cescau)、杰克·李(Jack

Lee)、利洁时公司(Reckitt Benkiser)的琼·李·里泽(June Lee Risser)、EffectiveBrands品牌行销公司的劳里·吉安-多米尼克(Laurie Gian-domenico)、希尔克·麦斯纳(Silke Meixner)、亚当·肖尔(Adam Schorr)、安德烈娅·沃尔夫(Andrea Wolf)和马库斯·津宝尔(Markus Zinnbauer)。

我在创新和发展战略的研究成果与几位学术、行业界的思想大师的帮助密不可分,我从他们的思想中收获颇丰。在此,我想对他们表示衷心的感谢,他们是:戴维·阿诺德(David Arnold)、戴维·科利斯(David Collis)、格兰特·麦克拉肯(Grant McCracken)、安东尼·弗瑞林(Anthony Freeling)、罗尼·古德斯坦(Ronnie Goodstein)、帕迪·米勒(Paddy Miller)、贝瑞·纳尔巴夫(Barry Nalebuff)、埃里克·诺埃尔(Eric Noel)、德怀特·瑞斯凯(Dwight Riskey)、马耶肯·舒尔茨(Majken Schultz)和格伦·沃克(Glen Worch)。

几位研究员、顾问和同事为本书中的一些重要章节作出了重要贡献。我最衷心的感谢要献给凯特琳·本欧特(Kateri Benoit)、杰克·李(Jack Lee)、安东尼·梁(Anthony Leung)、乔治娜·米勒(Georgina Miller)、贝萨尼·奥图埃(Bethany Otueye)、塔米·谭(Tammy Tan)、戴维·特兰(David Tran)和德尔菲娜·兹韦菲尔(Delfina Zweifel)。如果没有阿方索·吉莫内(Alfonso Gimenez)、简-克里斯多夫·柯伊斯汀(Jan-Christoph Koestring)和费德里科·里戈(Federico Riege)的鼓励,这本书不会呈现在读者的面前。

在过去的几年中,我从与几位才华横溢的作家合作的过程中获益匪浅,他们为本书的编写提供了很多帮助。雷吉娜·马鲁卡(Regina Maruca)多次帮助我撰写和修改书稿,而史蒂夫·费尼切尔(Steve Fenichell)与我共同编写了大部分的案例研究。雷吉娜和史蒂夫两位都是非常具有启发性的合作者,在这本书的编写过程中,一直都在和我进行有益的争论。我还要感谢我的代理人埃斯蒙德·哈姆斯沃斯(Esmond Harms-

前言与致谢

worth)。

在此,我还要感谢克丽丝滕·桑德伯格(Kristen Sandberg),是她为书稿的质量和内容把关,我还要衷心感谢她哈佛商学院出版社的同事,他们以非常专业的态度监督这本书出版过程中的每个阶段。

——埃里克·乔基姆塞勒(Erich Joachimsthaler)于纽约

第一部分 创新与发展的潜在机遇

HIDDEN IN PLAIN SIGHT

第一章　旁观者清

2005年的早春,在索尼公司美国分公司总部的电梯里,索尼公司的行政高管们惊讶地看到,时任行政主管的霍华德·斯金格(Howard Stringer)爵士耳朵上戴着苹果公司的iPod耳机。《纽约时代》周刊总结说,霍华德爵士这种看似随意的举动,实际上是一种无声的指责:索尼公司的工程师们在音乐下载方面的技术落后于人,应该集中精力研究开发具有自己专利的多种音乐存储及播放技术。[1]其他媒体、学术界以及分析家都对此表示认同。当索尼公司的董事会决定把主席的位置交给霍华德爵士,而非索尼公司的高级工程师久多良木(Ken Kutaragi)时,就削弱了久多良木的管理权,这似乎也证实了以上观点。

而事实并非如此,这并非霍华德爵士所要传达的信息。大多数分析家和其他观察家都追究责任所在,这是目光短浅的表现。他们忽视了重要一点,即索尼公司的所有成熟先进的客户调查工具、市场营销方法以及分析能力,都未能识别出一个巨大的市场机遇,也未能抓住这个机遇,生产出广受欢迎、令人痴迷的产品。而技术人员的实力以及工作重点,则另当别论。

换言之,索尼公司的做法无可厚非,只是有一件极其重要的事,它没

第一章

有做。我们认为，霍华德爵士上班听 iPod，不过说明了当时人们每天都在做的事，而这才是问题的关键。人们购买、收听以及放弃音乐产品的方式正在改变。人们日常生活中围绕音乐产品的行为以及使用音乐产品及服务的方式正在改变。索尼公司没能从这些日常环境变化中捕捉到孕育其中的机遇，当然也没有抓住机遇采取相应的行动，至少在当时是如此。

如果被成功蒙蔽了双眼，就无法看到创新的机遇

像索尼公司这样极其成功的企业，必须采用特定的公司结构、运营流程以及公司政策，才能保持其运营的高效率，但是，所有这些也许最终会成为公司与其潜在客户之间的障碍。市场依然会不断出现赢家。而且，公司依然会发展、赚取利润。但是，当公司发现自己的竞争对手开发出了极具市场潜力的新产品、新服务或商业模式时，这种障碍会越发明显，会令公司员工非常痛苦。"为什么我们就没有想到呢？它就在我们眼前！"

25 年来，我们一直致力于研究公司与客户之间的关系，并在其中许多公司中工作过。从安联保险集团（Allianz Group）到 Zara 服装公司（Zara），从通用电器公司（GE）到联合利华（Unilever），从宝马汽车公司（BMW）到百事食品公司（Frito-Lay），我们研究过许多公司的创新行为。所有这些研究都呈现出一个共同的问题，而且，这一问题日益显著，即：如果一家公司想要通过持续创新来占领市场，并且希望赚取利润、获得发展和创造优势，必须要做到以下三点：

第一，必须把潜在客户看做人类个体去了解认识他们，而不是从客户和公司关系的角度去认识他们。换言之，公司在了解人们（不仅仅是已有的客户，还包括潜在客户）的日常生活行为时，必须能够暂时放弃公司现行业务战略、产品以及品牌。必须根据人们的生活环境去了解他们

的行为,对于不断变化的外部世界,能够产生更加深刻的认识,能够更加客观地认识到人们的生活环境是如何影响其行为的。

第二,公司必须了解如何超越本公司的产品、市场以及能力范围,暂时放弃自己的观念,并且要挑战固有观念、习惯做法以及今日依然盛行的商业黄金法则,超越从顾客中获得的信息。只有这样,才能够通过创新,改变人们的行为,从而创造出全新的商业机会。正如苹果公司(Apple)一样,它改变了顾客购买与收听音乐的各种模式。公司必须懂得,如何从其他人尚未想到的领域中发现机遇。

第三,必须置身于"世外",站在旁观者的角度上观察公司,并且,要根据人们的行为制定公司战略,而不仅限于满足顾客需求。必须实施调动客户的方案,把所有创新完美地融合到人们以及客户的行为中,或者是融合到客户公司的生产工程中,这样人们才能够吸收消化这些创新成果。公司必须为人们提供能够改变其人生经历的体验,而不仅仅是向他们传达产品的特性以及优点。只有这样,公司才能够抓住机遇,不断成功地推出能够赢得市场的创新举措,并且能够赚取利润,获得发展,未来也能够为公司创造新的业务。

这绝非易事,但也并非不可实现。大多数公司都已经具备了这种意识。毕竟,我们人人都是他人的潜在客户及消费者。[2] 尽管伴随这种意识的还有商业活动本身的特性,及其日益增强的复杂性,但是,经理们必须学会如何去保护这种意识,并且,让这种意识根植于公司。我们后面的案例会对此进行论证。

本书旨在指导公司去追求我们所提倡的"客户优势"。这种客户优势产生于创新机遇、市场趋势及市场不连续性、人们工作生活中不断变化的行为及经历,以及竞争胜利的交汇处。要追求这种客户优势,可以参照我们提供的 DIG 模式,即需求优先型创新与发展模式(demand-first innovation and growth)。之所以称之为需求优先,是因为这可以

第一章

为公司提供一种毫无偏见的、不受任何因素影响的观点，让公司从旁观者的角度，认识需求机遇，而后，再考虑推出公司的产品。这种模式能够在以下方面对公司有所帮助：

> 了解不断变化的需求环境的复杂性，识别创新与发展的最佳机遇，而不是仅限于通过新产品及服务来满足需求。

> 通过创新，改变消费者的日常生活行为，从中发现并开拓尚未被其发现的领域，运用以上知识，创造全新机遇。

> 重新考虑公司在核心业务、产品或产品组合方面的战略，重新审查公司旨在改变人们行为及经历的措施，以及完全不同于传统做法的战略实施方式。

> 无论公司身处市场何种位置、公司规模大小以及组织如何复杂，都要确定制度，以确保公司永远不会忘记其存在的原因及职责。

当你读完本书，并且把书中的观点付诸实践时，你就会发现这种创新与发展的模式意义深远，并将会改变你对于企业战略、市场营销、创新及发展的观点。仅仅实施部分 DIG 模式，就会让你受益匪浅。如果把整个模式付诸实践，无论你的客户是在美国的爱达荷州（Idaho），还是在印度的班加罗尔（Bangalore）；无论贵公司的化工产品是供本地工厂使用，还是销往跨国企业，你都会领先于竞争对手及潜在对手，率先掌握消费者需求环境的核心。你的公司将会拥有一套系统的、循环往复的生产程序，现在就能够抓住成长与发展的机遇，并且会在创造未来的过程中获得丰厚利润。

表象之后

一个公司高层可能会困惑地自问"我们怎么没有想到这个呢！"然

而,究竟原因何在呢?简言之,原因在于这个公司丧失了视力,真正能够看见的能力,使得这个公司无法看到呈现在其面前的机遇,这种机遇产生于人们不断变化的消费行为及商品使用行为中,而这些人正是公司潜在的客户。这些极佳的机遇,就摆在公司的面前,而他们却未能发现这些机遇,并且及时抓住机遇。这种现象的发生有以下几方面原因:

第一,公司日常运作程序(包括对组织内部所有系列产品以及对组织外部各分支部门实施管理所必需的战略性及运营性工作程序)会分裂公司对于客户的认识,无法使公司全面完整地认识了解客户。不同部门关注市场的角度不同,侧重点也不同。客户被按人口统计学或心理学分为不同的"组群"。而公司则不再根据人们生活、工作及娱乐的环境,去认识了解人们的消费行为及商品使用行为。

第二,表面看来,以上这些做法保持了公司一贯秉承的理念及内在价值,但很快会限制公司的未来发展。想一想,为了能够跟上市场潮流,公司多长时间就要开展市场调查,并且重复这种调查。公司可能会在某个市场重复投资,只是因为以往的经验证明这个方向曾产生过很好的发展机遇。或者,某些公司会将资源配置给规模较大、业绩较好的部门,因为这些部门纪录良好,而这些良好的纪录实际上却掩盖了公司可能面临的风险。

所有这些做法在现实中都可以找到例证。但是,这种做法会在不知不觉间使公司渐渐远离公司另一端接受、使用以及享受其服务或产品的客户群。甚至,如果某天有一位大胆前卫的设计师或工程师设计出一种产品或服务,而且很有可能成为下一个业务增长点,而这时候往往这种创新行为不是被归结为公司拥有的"实力",就是被"明褒实贬",或者给予一定的鼓励和资助,但不足以把这种产品或服务推向市场。

第三,某些公司(秉承过去50年来营销传统的公司)坚持认为,公司发展的关键在于了解并满足顾客需求,或者提供公司自认为会受到顾客

第一章

欢迎或者顾客必需的商品或服务,从顾客需求(包括尚未满足的、潜在的需求)的角度去寻找机遇。这种认识的问题在于,这个角度过于狭隘,过于简单。问题的关键被忽略了,也无法预见未来发展,会削弱创新与发展的过程。经理会过分关注特定消费环境的改善,从而无法深入全面地了解人们日常生活工作的复杂环境。无论是数额巨大、过程繁琐的行业交易,还是简单的消费品买卖,经理们都无法了解促成消费与购买行为的真正动因:是欲望、冲动、希望、诱惑、幻想,还是梦想在控制、引诱、嘲弄我们的行为,让我们难以抵抗。[3]

请阅读下面这篇文章的片段,文章的作者是名为丹尼斯·科尼勒(Dennis Kneale)的一位记者。该篇文章刊登在2005年11月14日出版的《福布斯》(*Forbes*)杂志上,内容如下:

我的新iPod Nano,乌黑光亮,顺滑性感,如一件小巧精致的裙裾。它身材轻盈娇小,人们几乎感觉不到它的存在,但是,它里面装载的音乐和歌曲的数量,却足以令人震惊。在奶球糖果般的耳塞中,荡漾着令人激动的音乐节奏。在它第一次面市宣传时,我就爱上了它。

但是,这种吸引力却无法长久。每当苹果公司推出新款产品时,你口袋里的那一款立即黯然失色,并且也唤起了电子发烧友们最恐惧的感觉:我赶不上潮流了。在这个便携时代里,我们手中的产品就是我们的名片,我们挑选的产品能够彰显我们的个性。有一次乘地铁上班,脖子上挂着我的iPod Shuffle(能够存储150首歌曲),我正在悠然自得地欣赏音乐,抬头一看,突然惊羡地发现一款崭新、小巧、闪亮的iPod Nano,但是,它却属于另外一位乘客。几日之后,我的iPod升级换代成了Nano,Shuffle便被束之高阁,我的嫉妒也被同情所代替,同情那些还在使用老款 iPod 的人。[4]

这位顾客的经历并非是要说明,应该改进一款 MP3 播放器的性能,产品应该为顾客的日常工作和生活服务,或者弥补 25 年来随身听未能实现的"边走边听"的需求。事实上,这位顾客的情况的确与此无关。

这段文章真正要说明的是,人们的日常生活行为——搭乘地铁上班或者出行、大城市的社会文化生活环境、个人自我表现方式、人们的自我感觉以及 iPod 融入其中的过程——在过去几年中都已经发生了变化。其实,人们的日常行为正在不断地体现这种变化。然而,大多数公司都没有认识到这一点。相反,许多公司仍在继续寻求满足客户需求,寻求填补市场空白,不断提供"更多或更好"的老产品。若非如此,那么,在电脑功能越来越少地依赖于芯片速度,而更多地依赖的是其所运行的软件的时代,应该如何解释芯片公司仍然不断在微芯片上增加晶体管(硅片),以增加其运行频率的做法呢?如果支撑现代营销及创新活动、旨在提供"更便宜、更快捷、更完整、更有力、更诱人"的产品竞赛,最终导致企业纷纷倒闭,又该如何解释呢?如果顾客像小说《飘》(*Gone With the Wind*)中风流倜傥的白瑞德(Rhett Butler)那样说,"我才不在乎"这个产品是配备了记忆棒还是糖果棒,只要能够轻松播放下载的电子文件就足矣,那么,公司又该如何应对?这些问题根源在于,一些公司沉迷于服务顾客,或者是赢得产品创新竞赛,却未能把握住人们的整体需求。

这也就是我们要超越那些经过验证的"满足需要"模式的原因。超级市场中摆放了四万件商品(最小存货单位),但是,一个人平均只需要 150 个最小存货单位的商品,就足以满足其 85% 的"需要"。对于其他类产品,也同样如此。"满足需要"模式本身,构成了许多商业行为的基础——从客户定位、服务质量以及客户关系管理(CRM)到价值链整

第一章

合——但它不是万能的。

第四,公司认识客户的角度转变成了由内及外的视角。换言之,公司员工根据公司自有的产品、生产程序以及生产能力,去解读摆在他们面前的信息。甚至那些在客户定位的范围内寻求了解客户经历的公司,也常常如此行事,它们无法摆脱本公司产品及服务的束缚。公司的激励使员工丧失了客观性。公司的经理们开始以自己的理解,去界定公司的问题与机遇。

在这种情况下,创新及发展的机遇往往被忽略了,或者从未被发现。所有那些客户调查、品牌资产、市场份额、成功以及发展势头与公司战略、生产程序以及组织结构结合在一起,掩盖或者扭曲了机遇。若非如此,机遇则唾手可得。拨开所有这些迷雾,众多机遇则会清晰呈现出来。正如诗人威廉姆·布莱克(William Blake)在其名为《天堂与地狱的婚姻》(*The Marriage of Heaven and Hell*)诗集中所写的那样:"如果知觉之门得到净化,万物将如其本来面目般无边无际。"[5]

公正的视角,如何避免画地为牢

贵公司也许非常成功,也许今年的业绩骄人,也许正处在技术领先地位,公司的入市战略也许无与伦比,又或许你正致力于放手让员工大胆创新,也许你正在开展缜密的调查研究,以分析顾客使用公司产品及服务的情况。然而,这些帮助公司成功的方法、生产程序以及公司结构,也许正是阻碍公司未来发展的迷雾。

在你专注于研究顾客日常消费及产品使用行为,了解人们在一天1 440分钟内如何生活、什么时间在做什么,以及所有这些行为方式的动因时,需要保持一种能力,这种能力使你能够公正地认识问题。我们来看一看珍·古道尔(Janet Goodall)的例子。珍是一位作出过突破性贡献的科学家。她为了研究人类最亲近的亲戚——黑猩猩,把自己完全融入到了黑猩猩的生活中,与它们生活在一起,而不仅仅是观察它们,并且拒绝接受任何关于黑猩猩行为研究的先入之见或者他人得出的理论。当时,她的同事都认为"她的所作所为是完全错误的"。[6]而现在,其研究工作的价值却已是众所周知。

试问一下自己:在人类错综复杂的生活环境中,你真的知道机遇存在于何处吗?人们的需求与其日常生活的目标、日常行为或活动之间存在何种关系?顾客的激情、幻想以及动力从何而来?这些激情又是如何从一种社会文化环境转换到另外一种环境的?你是否真正了解这种系统的演变?对于顾客需求与其日常消费及其商品使用行为的关系,你是否获得了这方面的第一手信息?你是否能够自信地说,最佳机遇(如果你能够发现的话)不会被埋没在公司内,或者,你已经了解了公司必须提供的产品类型,以及公司销售渠道所支持的产品潮流?你是否只是在解读信息,并且,仅从这个角度去解读这些信息?或者实际上你正在努力改善现状?

你也可以先避开所有这些问题,只问自己一个问题:你是否能够确定,你不会让创新与发展的最佳机遇从自己面前溜走?

当代商业流程及实践

一家拥有非常成功的商业运作及政策的公司,究竟是如何在不经意间与其客户渐行渐远的呢?用戴维·梅斯特(David Maister)、查尔斯·格林(Charles Green)及罗博·盖尔福特(Rob Galford)合著的《可信赖的顾问》(*The Trusted Advisor*)一书中的话说,"说出来,并予以承认。"[7]为了避免陷入当代商业实践与政策所暗藏的陷阱,你必须了解这些实践与政策存在的原因。请看以下这些公司普遍的做法及其目标。

第一章

产品多样化，以区别于竞争对手的产品

这种通行的做法，一直以来都被公认为是企业战略的关键，而且，无人对此表示否认。具备可持续竞争优势便拥有强大的竞争能力，这一点反复得以验证。然而，从根本上讲，竞争优势策略实际上是在特定的市场中采用不同于其他公司的行为方式（或者是做完全不同的事）。[8]要获得竞争优势，就要求竞争者稳步增强自身优势，即使这种优势微乎其微，并且，还要千方百计地去挖掘产品之间的差异之处。然而，产品多样化极少能够拓展到现有市场或产品范围之外。一些公司花费在制定产品多样化战略和计划上的时间及资源，限制了其拓展全新市场领域的能力。花费大量时间用以为已有产品增加额外的功能或服务，其结果不过是大同小异，使公司陷入了这样一种企业文化中，即公司高层经理认为，他们没有资源去开发公司现有核心产品之外的市场领域。

划分市场以确定目标顾客

市场划分是另外一种普遍的公司运营方法，通常在一定的范围内非常成功。但是，市场划分本身的目标客户群体，或是已经存在，或是按人口统计学划分而成。市场划分还有可能会使公司误入歧途，使公司无法正确认识顾客在接受及使用该公司产品时的反应，因为公司经理认为数据加总的结果反映的是真实的顾客情况。[9]甚至，如果这些数据是真实有效的，公司还可能会认为这些数据反映了全部情况，并且会据此行事，但是，往往这些数据所反映的并非是全部事实。

通过并购实现企业扩张

一般而言，通过收购其他公司实现企业扩张的核心目的是，获取成本效率，以及规模或范围效率。而实现这一目标的前提条件是，由于企

业利润可以通过效率的提高而增加,所以,较大的市场份额能够带来较高的利润。虽然许多公司的执行官和学者们对于这一观点都有所质疑,但是,华尔街仍然对于这种方法普遍表示支持。以至于仍有许多公司试图通过收购其他公司来扩大自身规模和增加利润,结果却是成败参半,不尽如人意。[10]而且,即使是成功的并购,在完美的结合之后,公司经理们却没有关注公司总体的全面发展,忽视了获得机遇的其他途径。发生这种情况的原因在于,公司的注意力通常只集中在如何使这场联姻在市场中发挥成效,而这个市场范围是由投资者和经理确定的。

开发新产品,拓展新品牌

将新的产品品牌扩展到临近市场,已经成为公司发展的一种普遍做法。事实上,最近几年,在市场中所出现的新产品中,将近3/4的新产品都是扩展后的产品品牌,大部分是增量扩展。许多产品并未达到拓展公司业务范围的目的。[11]

而更严重的问题是,最近我们与克里斯(Chris Koestring)合作研究的结果表明,管理品牌扩展中所使用的"标准处方",通常无法过滤掉欠佳的品牌扩展机遇。那些标准处方通常会阻碍人们发现全新产品,而这些全新产品不仅很有可能成功打入原有市场,而且,还有可能会赢得新顾客。如果当初把胰岛素注射笔引入市场的 Bang & Olufsen 医疗设备公司(Bang & Olufsen Medicom),采用当时流行的传统产品扩展方式,那么,这种产品也许根本无法成型,或者会被当做"副产品"埋没在另一个产品系列之中,因此,可能无法得到正确的定位,使其能够脱颖而出,取得成功。下面是另外一个例子:如果当初把老唱片销售给婚庆服务公司、航空公司以及唱片商店的维珍唱片公司(Virgin)的经理们,采用传统的品牌扩展方法,而不是现在这种有机的运作程序的话,那么,今日的维珍唱片公司,则会面目全非(很可能远不如现在声名显赫)。[12]

第一章

倾听客户的心声

这句话可算是我们这个时代的商业魔咒。它是涉及广泛领域的一套方法,包括与客户共同创造价值、客户关系管理、以客户为中心、纵向客户整合及供应链管理。但是,在实际商业运作当中,倾听顾客心声常常不能激发公司推出新产品或服务,也很难让顾客说出:"我无法想象,如果没有它,我该怎么办"之类的话语。正如亨利·福特(Henry Ford)曾经用讥讽的口吻所说的一句话:"如果我向顾客询问他们需要什么,他们肯定会告诉我,他们需要一匹跑得更快的马。"[13] 即使是高效运转的市场焦点调查人员或者是客户调查部门,都是在虚拟的环境下,力图寻求答案,而这些答案往往与现实相去甚远,从中几乎无法解读出公司已有或潜在客户的真实情况。

即使是致力于最新、最流行的重复客户调查的公司,也无法建议如何以对公司最有利的方式利用这些收集得来的信息。这些客户调查旨在增加对于顾客体验的了解,包括"聆听顾客心声"、"观察顾客行为"、"人种学方法"或者"观察法"等调查研究方法。但是,所有这些关于购买特定产品的顾客行为,及其生活方式的令人振奋的研究,常常会很快陷入公司的习惯性思维中。在这种习惯性思维中,公司已有产品系列、公司创新及竞争对手的市场位置等信息,占据了主导位置。

最关键的是,客户体验与现有公司环境之间的联系,从未被打破——公司经理从来没有抛掉公司所提供的产品、服务及生产能力。与理论不同的是,在实践当中,为了从顾客体验中获得有价值的信息,大部分公司所做的最大努力就是增强客户与公司之间的联系。在顾客的购买或已经存在的服务关系方面,尤为如此。在市场上发生任何真正的创新之前,市场场景已经被预先布置完成(而且,市场固有的界限也已经被确定)。

这些做法具有某种程度上的价值，其背后的逻辑也很清晰。但是，所有这些做法都存在一个共同的缺点，即这些实践都是由内及外进行。换言之，这些做法都是基于已有的认识，这种认识可以深入追溯到已经确立的组织范围内。因此，这些做法从未真正从人性本身的角度，去深入了解客户以及消费者。如果经理们无法置身于这一更为广阔的环境当中，他们经常会忽视，或者从来不会捕捉到切实可行、与众不同的发展机遇。

追求客户优势

哈佛大学营销大师泰德·勒维特（Ted Levitt）曾经观察过不愿意购买1/4英寸钻头的顾客。这些顾客宁愿购买1/4英寸的钻孔，却不愿意购买该规格的钻头。[14] 他建议钻头生产企业不要把精力集中在产品上，而是要集中力量，针对具体问题提供解决方案，或者提供能够产生显著效益的解决方案。不要讨论钻头的大小，换个角度思考，考虑一下如何使钻头能够在内墙隔板上钻出完美无缺的钻孔。

这种方法在当时非常先进，但是，在当今这个时代却有它的局限性。现在的顾客并不在乎购买钻头或者钻孔（即解决问题的方法或益处），他们只需要在墙上挂几幅图画来装点家居，或者通过装点门面表达自我、丰富生活。他们真正想要的是一种成就感，这种成就感来自于通过家居装饰工程得以丰富的日常生活。他们并不愿意花费太多时间去考虑诸如钻孔大小以及钻头大小等所有这些令人烦恼的琐碎细节。

获得客户优势意味着必须了解一个区域的总体需求（total demand），例如：根据顾客需求、梦想、渴望及动力，以及顾客日常生活中的烦恼、计划及活动所处的动态环境，考虑这个总体需求。在这个环境中，以上各种因素不断变化，并且相互联系。整个区域形成一个动态的、复

第一章

杂的整体,构成一幅需求图景(demandscope)。这个需求图景反过来会与其他需求图景产生联系。

客户优势反映的是一种能力,这种能力能够使公司深入了解顾客如何将公司产品及服务融入到日常生活中,并且,能够很好地利用这一信息。获得客户优势的目的在于,寻找创新机遇,开发新型产品及服务、新的商业模式、产品上市模式、营销计划、服务配置。这些创新必须能够与顾客的生活相融,与顾客每天要面对的挑战息息相关,而且能够为顾客创造出前所未有的体验。客户优势寻求的是融入顾客生活。在顾客的日常生活中,以新的方式引进产品、品牌、解决之道或服务,或者帮助顾客扩大其活动范围,使他们感到自然、丰富、有意义,并通过这些方式改变顾客日常工作及生活方式。

Netflix 案例

Netflix 公司是一家电影租赁公司,成立于 1999 年,可以作为一个简单而又恰当地诠释客户优势的案例。[15]该公司创始人之一兼首席执行官瑞德·哈斯廷司(Reed Hastings),亲眼目睹过人们在归还租借的影碟时所经历的烦恼(在归还影碟时,或许他们的孩子还在车里;可能正在下雨;或者他们没时间去电影租赁商店),还有因过期归还而必须支付罚金时的懊恼(他们没有按照规定日期归还影碟,是因为忘记了到期日;或者,到期日那天来不及归还影碟,或者还没有时间坐下来好好欣赏租来的电影)。瑞德本人就曾因为逾期归还借来的电影《阿波罗 13 号》(*Apollo 13*)而支付了 40 美元的罚款。那次的经历可能是最强力的催化剂,而后,他就着手让这租借电影和欣赏电影的过程,变得更加顺畅、更加令人满意。他的公司将现有产品(可以在家中观赏的影碟)、一个简单的电影选择网站以及现有的服务(普通的邮寄服务)整合在一起,并且,进行加工改进,产生了一种新的产品及服务,顾客欣然接受了这种新的服务,并且,已经将它纳入了日常生活,而且感到很轻松。

而重要的是,Netflix的案例所展现的,不仅仅是可以通过定期邮寄服务消除顾客逾期罚款的顾虑,或者如何购买及送货等经营环节,尽管这些是最初吸引诸多顾客的原因。更重要的是,Netflix公司的发展模式孕育着更大的机遇,甚至可以说是无限的机遇,因为它所凸显的是创造真正的客户优势的潜力。

请考虑以下因素:Netflix公司通过它的影片浏览系统(Cinewatch system),捕捉公司六百万会员中每一位会员一定时间内的需求变化。公司鼓励其会员参与影片评级活动;每一位会员平均为200多部电影评级,并且,Netflix公司对于会员的租赁记录及影片评级结果进行深入研究,以此来预测会员的喜好。因此,每一次会员光顾公司网站时,都是为他量身定做的个性体验。顾客的反馈越多,公司为其提供的影片建议越多。而且,每个家庭成员还可以拥有各自的"档案",这样,这种建议真正做到了因人而异。

方便顾客只是Netflix公司所孕育的巨大机遇的冰山一角。Netflix公司收集的顾客偏好信息,可以帮助公司决定购买哪些影碟的版权、支付多少费用,以及是否需要为影片或纪录片提供赞助,甚至包括是否为那些急需资助的独立制作影片提供资助。从长远来看,因为Netflix公司拥有好莱坞无法企及的影片素材,而且,作为电影观众需求方面最权威的代表,它完全可以坐上整个娱乐业及电影制作业的首席,从而影响电影制作人、制片人及经纪人。例如,通过分析观众对于边缘人群题材电影的评价,在其他电影公司不愿涉及该题材的情况下,Netflix公司投资拍摄了纪录片《生于妓院》(*Born into Brothels*)。拍摄制作完成之后,Netflix公司的员工大力推荐该片,最终约有50万人租借了这部影片。随后,《生于妓院》这部纪录片又角逐并获得了奥斯卡最佳纪录片奖。

第一章

最终，Netflix公司可以像宜家（IKEA）公司设计制作家具一样，设计并制作电影。Netflix公司涉足了一个取悦顾客的行业，在追求满足顾客的过程中，它可以使电影制作业更加民主，扶植年轻的电影导演，并且，最终会打破整个电影行业的格局。这才真正是完全掌握了整个需求环境。

当然，问题是，Netflix公司的管理者是否意识到公司的机遇所在——公司面临的机遇集合的内涵和外延是什么？公司是否能够通过创新来捕获这些机遇呢？或者，公司是否会因不能发现这些机遇而蜕变成为一个成熟的邮递服务公司？或者，当公司发展成为一个价值十几亿美元的网络公司时，它是否能够进行一系列创新，捕捉到消费者需求的整体环境，并且把这种创新市场化？这种创新是否能够像当初接受普通的DVD租赁业务那样，融入到顾客的日常生活中？公司能够不断改革创新、重复这一过程吗？

索尼公司案例

对于一些公司而言，其业务发展的灵感，可能来自于对人们生活需求的偶然发现。对于另外一些公司而言，能否客观公正地观察顾客需求，却受到某些高级管理人员的影响。还有一些公司，当其在预期的轨道上发展顺利时，它就有财力雇用熟悉企业管理的专家，推广以客户为中心的措施，以增加未来的创新。与此同时，成功公司运营程序和公司政策也往往作为成功的模型被固化下来，这些举措在支撑企业发展的同时，也无形中限制了企业的发展，这一点我们前面已经讨论过。

索尼公司可以作为后面两种情况的例证。公司创始人之一盛田昭夫（Akio Morita）以"观察大师"之称而闻名于日本。随身听即诞生于盛田昭夫的观察。盛田昭夫发现，追求健康和休闲的生活理念，正在改变着许多年轻人的日常生活方式，包括他们的生活习惯及日常行为。在年轻人日常生活方式的背后——走路、跑步、开车及日常行为的变化,盛田昭夫敏感地意识到,其中隐藏着巨大的市场机遇。他超越市场细分战略(即把市场细分为从标准设备到为高端顾客提供高质量的立体声设备的不同市场),放弃了根据不同产品质量进行市场定位的传统做法,实施了另外一种战略。这种新战略采用非传统的市场启动计划,目标客户定位于年轻人:吸引年轻人佩戴实验产品,在银座大街上行走。在管理索尼公司五十多年的时间里,盛田昭夫与其合伙人井深大(Masaru Ibuka),不仅为工程师,也为顾客创造了一个享受生活的天堂。但是,这幅美好景象,却被几次重大失误(如 Betamax 盒式视频录像机)破坏了。几次失误的原因主要是,公司规模的顺利扩张及其成功模式使得公司的市场视角开始固化,并由此导致公司与潜在顾客需求之间产生了错位。

因此,公司的宗旨应该是追求客户优势,并且,要把这种优势融入到公司的组织结构中。这样,才能确保创新能够持续进行,而不会成为一次性的行为;而且,还能够确保公司不断更新识别机遇的能力,而不是用静止的观点看待市场。

星巴克的案例

在传统观点如此根深蒂固的情况下,如何追求客户优势呢?星巴克就是一个很好的例子,可以对此进行阐释。至少在写这本书时,作者一直是这么认为的。星巴克的故事多次被媒体、学术出版物引用。早期的故事及核心内容广为人知:霍华德·舒尔茨(Howard Schultz)在意大利旅行期间发现,去咖啡馆喝咖啡,已经成为人们生活的一部分。他意识到其中可能蕴藏着巨大的商机:在美国人的生活中,也应该有一个这样的空间(即"第三个空间"——不是家里,也不是公司)。他回到美国之后,创建了今日广为人知的星巴克咖啡连锁店,并且获得了成功。

星巴克公司"最初"的那段历史,本身就很好地诠释了客户优势。我

第一章

们来分析一下:比如,在纽约市,没有人再需要一个新的咖啡厅去买高质量的咖啡,再花费3.93美元买一杯拿铁咖啡,或者每天花费15分钟到20分钟,甚至40分钟与工人、学生、游客或者公司职员一起排队买咖啡。而对于星巴克,纽约人却趋之若鹜,纽约人平均每月大概光顾星巴克18次。[16]

然而,问题的关键在于,星巴克公司如何继续追求这种客户优势,以及如何使公司活动共同创造出另外一个空间。不过,这并非就经营内容(如咖啡、店内环境及服务)而言,而是从舒尔茨最初在意大利对于咖啡馆的洞察力这个角度出发,即如何使咖啡成为人们生活的一部分。请看星巴克公司是如何采用非传统的零售战略来选择新店址。

尽管在整个美国迅速建立了几百家星巴克,但是舒尔茨却并未采用流行的特许加盟方式。这种特许加盟的战略,通过在碰巧有店面出租又有顾客居住的楼宇里开店,可能会实现公司的迅速扩张。然而,这样的战略却永远无法真正创造出另一块天地。若要彻底改变人们日常饮用咖啡的习惯,星巴克必须把咖啡店开在人群密集的住宅区、办公及娱乐场所。尽管在上述地区,竞争最为激烈,"需求"表面看起来已经得以满足。这种反常规的运作方法要求星巴克公司让几家咖啡店短兵相接,直接竞争。这看似自相矛盾,但实际上会惠及所有店面。下面再看一下星巴克是如何打造品牌的。

对于一家食品企业来说,星巴克拓展品牌的最普遍做法就是增加菜单上的供应品种。星巴克在这方面做得很成功,然而,更为成功的做法是,确定公司的机遇空间——第三空间。星巴克公司还将业务拓展到了音乐及电影的制作、赞助及发行等领域,甚至确立了自己的音乐标签。星巴克自1994年以来,在音乐领域所作的努力,现在已经初见成效,并且成功推出了像Antigone Rising乡村女子摇滚乐队这样的新乐队。Antigone Rising乐队成立之初,从电台获得的对于音乐行业的支持微乎其微。在星巴克的提携下，这支乐队的专辑卖出了七万张。对于一支名不见经传的乐队，这样的销售业绩已经非常骄人了。2004年，星巴克销售了77.5万张已故歌手雷·查尔斯（Ray Charles）的专辑《真情伙伴》（*Genius Loves Company*）。雷·查尔斯于2004年6月去世，他的作品于2005年荣获八项格莱美大奖。

我们再来看一看星巴克是如何适应需求环境变化的。大约在2002年，星巴克在加利福尼亚圣莫尼卡开设了首家赏乐咖啡屋。这间咖啡屋配备了"媒体吧"，其中的数字音乐图书馆收藏音乐曲目达到20万首，顾客们可以从中任意选取录制自己的CD。星巴克在美国的大部分咖啡店中，配备了T-Mobile电信公司的无线保真网络热点。这样，顾客可以下载音乐、网上冲浪，随时在网上查找自己所需的信息。这些举措使得星巴克拓展了咖啡店的经营领域，契合了人们日常生活中的活动、目标及顾客的首要需求问题。

当其他食品零售服务企业为了跟上美国不断变化的健康潮流，忙于在菜单中加入水果沙拉的时候，星巴克却在描绘发展战略蓝图，创造第三空间，不断掌握越来越大的顾客需求环境：对于顾客来说，最重要的是有一个放松的地方，听听音乐、聊聊天，或工作、购物、放松、闲谈。

最重要的激励方法

从根本上来讲，追求客户优势要求公司必须放弃追求竞争优势的目标。理论上来讲，做到这一点极具挑战性。但是在实践过程中会解放公司，使公司更加富于创新，而且会令这种创新更加有意义，使得公司能够发现表象之后的巨大机遇。这样做还能够很好地诠释公司存在的意义。以追求客户优势为根本理念，可以使公司不断改进自己，而不是寻求"一劳永逸的解决之道"，还可以使公司避免染上"赶上琼斯家"的攀比综合征，或者以追求增加现有产品功能或服务项目为目标的"过度装饰"症。

第一章

不可否认,我们依然要关注竞争对手的产品,这一点很重要,但是,他们的行为不再是我们行动的动力。

追求客户优势,并将其纳入到公司的组织中,通过掌握需求环境的变化,公司将会自然而然地不断创造出新的增长点,或者相关的平台。换言之,公司将随着顾客需求的变化而变化,将保持所有重要的能力,及时回应顾客的需求变化,并与顾客的生活息息相关。公司可以通过以下诸多方法开发业务增长点:

- 将现有产品及服务或者新产品及服务,定位于顾客消费及使用行为交会处。在第三章中,我们将会探讨菲多利公司(Frito-Lay)的案例,借以阐释如何成功地将现有产品转入顾客日常生活中的新消费需求中。在第八章中,利用万事达信用卡公司(MasterCard)的案例阐释公司如何在人们生活中重新定位其产品品牌。

- 以新颖、受人欢迎的方式,改变顾客日常生活,围绕顾客的日常活动、目标及工作,为顾客创造出前所未有的体验。第五章中讲述的通用电气公司医疗集团(GE Healthcare)是一个例子。该案例讲述了该集团的麻醉器械部门是如何改变医生及麻醉师在手术室中面临的一系列情况。宝洁公司(Procter & Gambel)通过其速易杰除尘拖把(Swiffter)及 Mr. Clean AutoDry 汽车清洗系统产品,提高人们居家日常清洁的效率。在写作本书时,这两家公司创造出的新产品已经在诸多同类产品中占据了巨大市场。[17]

- 根据人们生活的社会文化环境,提供人们尚未释放、尚未表达的需求、梦想及渴望。正如我们前面说过的,追求客户优势,并非仅限于满足顾客表达出来的需求。第六章中的 Axe 公司的案例、第七章中的宝马汽车公司(BMW)以及第八章中的万事达信用卡公司(MasterCard)的案例,都阐释了追求客户优势如何激发人们生活中另一种激情,这种激情以前从未如此强烈。

在彼德曼(J. Peterman)产品名录的扉页上,写着一个关于产品定位的简短介绍,其中有这样一句话:"人们渴望得到能够给他们带来梦寐以求的生活的产品。"这句话道出了客户优势的精髓。

七个超越

如果拒绝采取由外及内的视角认识问题,公司的未来很可能黯淡无光,最终会衰落,坠入商品化地狱。此类公司失败的诱因是不断上涨的成本,而公司为区别于竞争对手的产品所付出的努力导致了成本的上升。高成本必然导致利润下降,利润下降使得在产品差异化上的投资减少,产品差异缩小导致顾客减少,顾客减少意味着利润下降,这样的恶性循环最终将公司送进了商品化地狱。

DIG模式为公司开辟了一条突破这个灭亡怪圈的道路。原因在于,跳出公司范围,观察人们生活,了解人们生活的环境,使公司从一个与众不同的视角去认识公司。这样,公司才能够看到表象之后的内容,拨开表面的那层烟幕,才能创造未来,实现突破性发展,不断创造出新的业务。换言之,这种模式可以为公司提供一个视野广阔的有利地形,以更全面客观地观察市场的形势和变化,我们称之为七个超越。

1. 超越现有顾客

在许多公司的眼中,世界上只存在着两种人:现有顾客和潜在顾客。对于许多公司来说,公司发展只有两条路:把潜在顾客变成现有顾客,或

第一章

者促使现有顾客购买更多的产品或服务,最好支付更高的价格。而公司最普遍的做法是收集有关现有顾客的诸多信息。大多数市场调查都能够精确地衡量并量化诸如顾客"偏好"这样的信息。但是,问题在于现有顾客的数量是有限的。公司衡量(或者界定)顾客的偏好,都是流于表面,这些偏好会不断变化,或者根本不会发生任何变化。

公司管理者对于现有顾客的这种天生依恋的原因之一在于,这些现有顾客非常配合市场调查。因为这些已有顾客关注所购买的产品及服务质量,他们通常乐于参与调查。而且大部分市场调查都要求被调查者首先了解相关产品及服务,否则,被调查的顾客无法回答任何问题。那么,那些对贵公司产品一无所知或者从未购买过产品的顾客,又该怎么办呢?

追求客户优势为公司提供了一个很好的机会,使其深入了解尚未成为公司顾客的人们。这种市场研究的出发点不同于通常的市场调查:根据人们生活环境了解人们行为,不仅仅是顾客,而且也不仅仅是已有顾客。了解人们生活的各个方面之后,公司能够更易于评估品牌及产品是如何改善丰富人们生活的。这样的洞察力是开发新顾客的最佳契机。

2. 超越现有品牌

最近几十年中的一段时期内,品牌组合已经成了营销总监们的营销训练计划。[18]当然,品牌组合的基本概念是指由所有品牌组成的品牌队,但却有别于足球队,足球队中队员组合目的是上场与其他球队比赛。对于赢得比赛越来越多的球队来说,队员或品牌的角色及位置都有固定的作用和位置。队员之间的关系已经根据明确的基本准则得以确定,这些基本准则即所谓的组合准则。这种类比很有意思,但是,顾客对此毫无兴趣。他们无法全面地了解这种组合,至多看到部分组合。关于品牌组合如何恰当地融入到顾客日常生活中以及为产品增值的程度这个问题,从客户优势的角度认识品牌组合有助于了解现有品牌、产品及服务,以及整个组合。

3. 超越现有产品种类

曾几何时,产品或服务可以被清晰地划分为某个种类。这种分类非常必要,因为曾经有一段时间,顾客在某个产品种类下面比较两种产品或品牌。那是品牌之间的竞争以及产品之间的竞争。然而,那个时代已经过去了。现在作为分析单位的产品种类界限已经模糊。当然,人们还在购买牙膏,并且很容易地将其竞争品牌也归为同一"种类"的商品。但是,考虑到诸如口香糖、薄荷、漱口水以及人们的生活环境,你就会看到产品间的界限已经变得模糊不清了。

一个相关的例子是,柯达公司(Kodak)和惠普公司(Hewlett-Packard)曾经身处不同行业,一家主营摄影用品,一家则生产打印机,而目前这两家公司却面临正面交锋与竞争。(顺便问一下,如果要看时间,你会看哪里?看表?看手机?还是看汽车仪表盘?)这将引出下一个超越。

4. 超越行业

行业界限也已经模糊。正如加里·哈梅尔(Gary Hamel)曾经说的:"在我们所生活的这个世界中,行业间的界限就像巴尔干地区的边境线一样模糊不清。"奔迈(Palm Pilot)掌上电脑到底是一部手机、一个管理器、一部掌上电脑,还是电子邮件收发器?奔迈的竞争来自何方?其竞争对手是否更有可能是诺基亚(Nokia),或者索尼(Sony),或者 Gateway 电脑公司,而不是动态研究公司(Research in Motion-RIM)的黑莓手机(Blackberry)或者传统的报纸?你的手机有多少功能呢?

站在由外及内、寻求客户优势的角度看,这个问题的关键不是"谁是你的竞争对手?"而是"在客户优势方面,你想获得什么样的成就?你将

第一章

如何把自己融入到顾客的日常生活中？"

5. 超越部门之间的界限

围绕某些功能建立的公司，会因为其组织结构中固有的障碍，不断错过很多机遇（尽管在近些年来，公司跨部门的交流和沟通取得了很大进步）。我们来看一看利维斯公司（Levi Strauss）如何在十多年的时间内错过了服饰行业日新月异的流行潮流。服装销售人员可能不会与市场人员沟通，也不会向他们倾诉在销售工作中遇到的关于顾客的趣闻逸事。但是，这些趣闻对于市场人员却是非常有价值的顾客信息，因此，产品品牌的潜力没有被挖掘出来。市场营销部门也许并不了解独特的制造及分销渠道，而这些信息恰巧构成了产品多样化的宝贵基础。公司首席执行官收到公司情况的汇报，事实上却一无所知。因为他所收到的信息，通常都是他想听到的信息。公司发展战略的制定通常是为了满足既定的金融模式，而不是以真正的市场机遇为基础。一个功能性组织满足的是功能，而不是顾客。大多数经理对此心知肚明，但是，这种现象依然存在。功能性组织本身的力量阻止了它的改变。

在公司中引进需求优先、由外及内的视角，可以增强各部门之间的团结合作，因为各部门看待问题的视角相同。如果整个组织都统一到这一视角，部门之间的障碍就会变得越来越小。公司中每个人都为提升价值、创造机遇而工作，从而使价值能够更加自由地在整个组织中流动。

6. 超越战略业务部门的界限

即使身处战略业务部门（SBU），视角更加广阔，但是，可能依然很狭窄。第二章中，我们引用了宝洁公司的例子。宝洁公司组织公司内的纺织品及家居用品部、口腔护理产品部和公司研发中心的人力，共同创造出了像家用牙齿美白产品这样的全新产品。通用电气公司是另一个很好的例证。通用电气公司在捕捉有机增长机遇方面做得最好,公司从顾客利益出发,综合利用了所有战略业务部门的业务特长。其中一个例子就是,通用电气公司对于公司在市场中占领先地位的部门进行了横向重组。几年前,通用电气公司决定公司中的市场领先部门不再实行纵向的线性责任制,而是从旁观者的角度,并且超越职能或生产部门的界限,在全公司寻找及开发新的机遇。第五章中,我们将介绍这个案例研究。

7. 超越习惯领域

新的机遇、想法及创新来自于那些能够借鉴其他领域、获取灵感的人。因此,你必须超越自身领域,扩大习惯领域。如果你身为市场营销人员,要从运营经理的角度创造客户优势。如果你从事商业活动,可以利用医药、生物或者社会学知识解决同样的问题。让人类学家、语言学家、心理学家、社会学家、艺术家、产品设计师或者商业分析家,从公司以外的角度分析机遇。

那么,贵公司的市场机遇在哪里呢?可以设想一下,一个公司如果不去追求客户优势,那么,要实现增长并且获取利润,就如同从石头中榨取血液一样,非常困难。但是,如果去除了那层烟幕,彻底抛弃偏见,你就会发现隐藏在表象下面的机遇——正如你将看到的那样,这些机遇是无限的。而且,由此发现的机遇,完全契合顾客,并且能为顾客提供全新体验。而其他公司却无法做到这一点,只能作为市场的追随者依样行事。

一个公司以客户优势代替竞争优势,并以此作为企业指导原则,这并非意味着公司必须进行机构或者运营重组。事实上,公司的新重点甚至不要求公司放弃用来扩大现有产品系列的成功战略。当然,可以暂缓那些活动,目的是留下一些时间去发现表象之后新的机遇,去拓展新的

第一章

空间，制定并实施新的战略，创造新的增长，借以创造出新的核心商业模式。

下一章我们将详细分析需求优先的创新与发展模式，并以在追求客户优势方面获得成功的公司为案例，逐一进行分析研究。

第二章 掌握需求环境

对需求环境的认识以及有效利用这种知识的能力,因公司而异。这就是为什么本书用大部分章节来探讨需求优先的创新与发展(demand-first innovation and growth / DIG)模式(见图 2-1)。这种模式是公司追求客户优势的一种方法。本书对于该模式的详尽阐述是通过总结许多公司的经验而来。在详细阐述之前,我们先了解一下这个模式的概况。DIG 模式提供的是一个系统的、可重复的过程,有助于公司将追求客户优势深深地纳入到公司中。这个模式由三个相互联系的部分组成:需求前景、机遇空间及战略蓝图。根据这些核心内容,DIG 模式要求公司必须做到以下几点:

1. 创造需求前景。在公司现有产品及生产能力的基础上,通过深入了解人们日常生活方式、工作方式以及消费方式,创造需求前景。
2. 重新界定机遇空间。通过将建设性思维方式运用到日常创新工作中,去发现顾客尚未想到的机遇。
3. 制定战略蓝图。只有制定战略蓝图,公司才能够发现新的机遇,使之与人们日常生活所处的社会文化环境息息相关。战略蓝图还能够将需求环境这种观点深入植根于公司内部,这样,公司与

第二章

客户生活之间的直接联系永远不会中断或消失。

图 2-1 需求优先型创新与发展模式

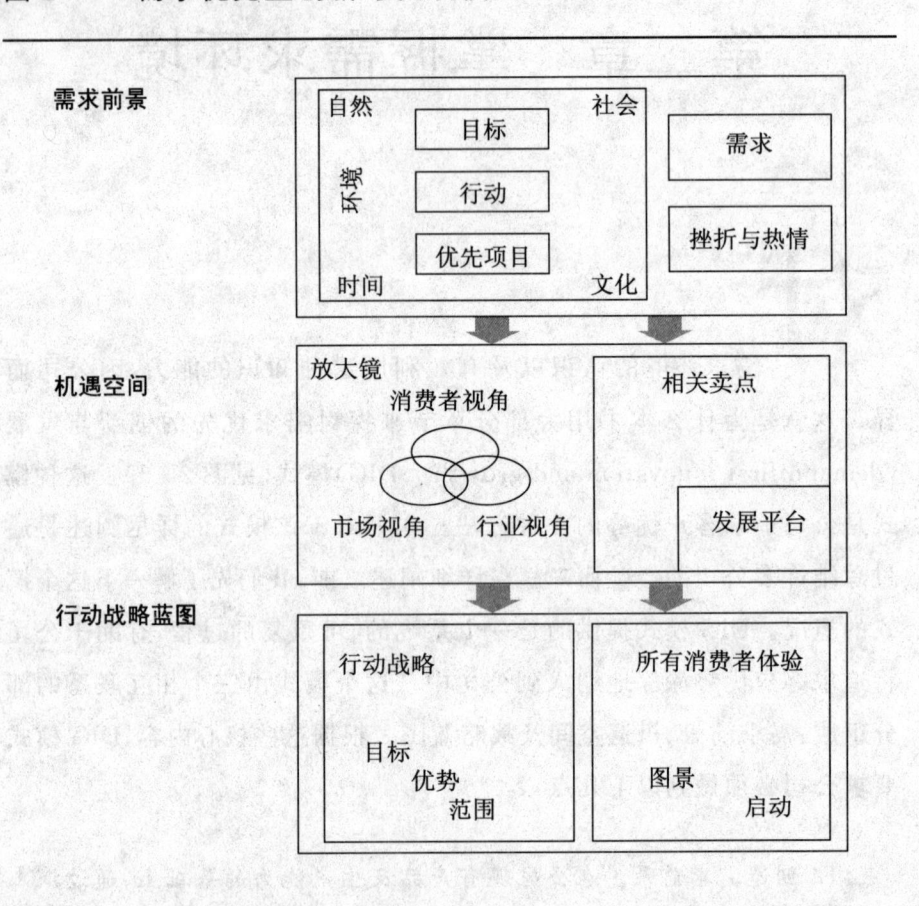

需求前景

自然　　　　社会	需求
环境　目标	
行动	挫折与热情
优先项目	
时间　　　　文化	

机遇空间

放大镜　　　　　相关卖点
　消费者视角
市场视角　行业视角　　发展平台

行动战略蓝图

行动战略　　　所有消费者体验

目标
　优势　　　　图景
　　范围　　　　启动

公司必须利用 DIG 模式的三个部分去发现并执行下一步创新与发展战略。现在,大多数公司都能开展成熟的客户调查,通过从对不同种族人群的调查中获得宝贵信息,许多公司都非常了解公司周围的需求前景。但是,许多公司并没有从中寻找真正的机遇空间,有些公司从客户和消费者中获得了有价值的信息,但是,许多公司并不了解如何量化这些机遇,或者如何将这些通过观察得来的信息应用到实践中,并使之开花结果。

然而,还有许多公司没有开展市场调查,而是从传统的角度出发去寻找新的机遇,通常的做法是向市场投放技术更为先进的产品,这种做法彻底错过了参与、融入顾客生活的机会。使得公司错过了存在于整个价值创造过程中的创新与发展的全部机遇,从探索消费者需求,到技术进步,到市场营销以及随之而采取的行动。

如果将DIG模式只集中应用到公司某个重点业务部门,使该模式成为公司职能部门或重点部门的一部分,这样的做法也将会遭受惨败。如果新产品开发部或研发部门仅仅负责研究开发新产品,营销部门只负责广告、宣传及销售,就远远不够。在这种情况下,这种模式只会加剧组织本身固有的部门分化,而不是削弱这种分化。公司应当自上而下地进行配置资源,明确制定业绩目标,实施DIG模式,这样,才能确保该模式的系统性及可重复性,确保这种模式定义清晰,这需要有决策权力、有能力的人将其贯彻到整个公司。

我们将在本章后面的内容中深入探讨DIG模式的另外一个层次。首先,我们将初步了解采用旁观者角度公正地看待问题,以此为核心,对公司有何益处。

旁观者的视角有助于员工识别隐藏在表象后面的机遇,并以此为契机进行创新和发展。宝洁公司一直都是这方面的典范。

在阅读宝洁公司的案例时,重要的一点是要牢记DIG模式的三个部分以及各部分之间的联系。宝洁公司并未采用我们所用的模式中的术语。但是,宝洁公司的做法却与该模式非常吻合。深入了解顾客生活(而不是以产品导向为出发点去研究顾客购买或消费行为),这样可以为公司提供一个全新的视角去了解客户需求环境,重新去了解如何吸引顾客。采用开拓性思维,思考如何吸引客户,这样才能够通过建设以需求

第二章

环境为导向的平台发现新的机遇,继而采取相应行动将这些机遇变为现实,从而与客户建立新的联系,最终获得客户优势。

宝洁公司的案例

2000年夏天,宝洁公司的CEO雷富礼(A.G. Lafley)接管了总部位于辛辛那提的这个日用消费品巨头公司。当时,这个具有160多年历史的著名公司,正处于公司发展历史上最黯淡的时期。雷富礼的前任——荷兰籍首席执行官迪克·雅格(Durg Jager)任职期间,公司核心品牌产品的收入为负增长,成本急剧上升,利润却不断下降。宝洁公司曾经坚如磐石的蓝筹股在前17个月下跌了43%。也许,这段时期持续的时间碰巧与雅格的任期相同。[1]

而最令宝洁公司股东们忧心忡忡的是,面对竞争对手不断推陈出新、步步紧逼的态势,宝洁公司的汰渍(Tide)、帮宝适(Pampers)和佳洁士等(Crest)核心品牌产品的销售量却未能获得显著增长。长期以来,帮宝适和佳洁士一直领先于金佰利(Kimberly-Clark)公司的高露洁(Colgate)和棕榄(Palmolive)品牌,占据同类产品品牌销售的榜首。金佰利公司旗下的好奇士纸尿裤(Huggies)因此推出了一款先进的训练幼儿如厕的纸尿裤,销量超过了宝洁公司的帮宝适。而高露洁出奇制胜,推出了全新系列产品:牙齿美白牙膏和清新口气牙膏,销量也超过了宝洁公司的佳洁士牙膏。

刚刚步入21世纪,品牌管理的倡导者、后又接任宝洁公司CEO职位的尼尔·麦克尔罗伊(Neil McElroy)在美国经济萧条时期所提出的品牌管理理念似乎有些不合时宜,在观察家眼中,这一现象与困扰其他诸如可口可乐(Coca-Cola)、联合利华(Unilever)和卡夫(Kraft)这样的消费品巨头的众多问题惊人地相似。[2]所有这些公司都在优胜劣汰的激烈竞争中苦苦挣扎，力图创新以实现有机增长，有机增长是指核心业务收入增长，不包括通过收购获得的收益。而当时的消费环境与以前的环境却有着天壤之别。雷富礼理清时局之后，开始将生产商及零售商的大部分权力移交给了客户，这成为这次颠覆性的转移行动的核心。

而接下来的问题就是如何应对这种局势了。

在着手进行企业重大转型时，和大多数 CEO 一样，为了降低成本，雷富礼首先对公司进行重组，大幅削减公司成本达 17 亿美元。同时，他还亲自主持收购了护发产品巨头威娜（Wella）和伊卡璐（Clairol）。2005 年 1 月，宝洁公司与吉列（Gillette）合并，迄今为止，这起收购是公司有史以来最大的一笔收购行为。

据悉，雷富礼将管理工作的大部分精力都集中在如何复兴公司的核心业务以及大幅提升宝洁公司发展缓慢的产品组合上，而不是降低运营成本或者进行引人注目的收购。雷富礼坚持认为："有机增长是最宝贵的增长。"他的这一信念勾勒出了一种理念的根本原则，这种理念最关注的是即使暂时需要付出高昂的成本，也要培养可持续的顶线增长以及公司的业绩。"有机增长更为珍贵，因为这种增长来源于公司的核心能力。而这种核心能力就像人体的肌肉，会越练越强壮。"[3]

雷富礼对于创新并不陌生，在他担任宝洁公司亚洲及北美地区总裁以及主管公司美容产品业务期间，就曾经大胆创新，通过引进两种革命性的护肤产品——玉兰油净化按摩棉（OLAY Daily Facials Foaming Massage Cloths）和玉兰油多效修护系列产品（Olay Total Effects），成功地完成了玉兰油品牌的拓展。他还成功推出了汰渍洗衣液（Liquid Tide）及汰渍漂白护色洗衣粉（Tide with Bleach）。他还大力支持公司在电子商务领域的大胆尝试——成功推出了 Reflect.com 网站。

然而，宝洁公司是一个拥有 13 个品牌组合、年销售额达 10 亿美元的大公司，雷富礼想让这样一个公司的业务显著增长，这对于他来说

第二章

是一项严峻的挑战。他把主要精力都集中在了通过彻底改变落后、僵硬的企业文化和心理定势进行创新上。在那些未经验证的宝洁公司企业文化中,最具特色、遍及公司上下,而且令人费解的一种观点是,所有有价值的发明创造及新产品一定是出自宝洁公司自己的实验室,而且这种观点令人颇感欣慰。伴随这种观点的推断就是,宝洁公司推出的所有产品必定都是由宝洁公司内部的技术人员由突发灵感到推出新的产品雏形这一过程中辛勤耕耘的结果。然而,所有这些观点很快就被改变了。

"我们在宝洁公司发明了'非宝洁发明'的产品。"宝洁公司负责全球品牌授权和外部业务拓展的杰弗里·威德曼(Jeffrey Weedman)这样调侃道。杰弗里的玩笑与雷富礼雄心勃勃的计划相互呼应,雷富礼的计划是从公司外部获得五成的新产品研发。[4]他曾毫不讳言地说:"宝洁公司很可能会在我们实验室的垃圾桶里发现某些发明创造。"他也毫不顾忌公司许多内部人士的担忧——担心这种"开源"的创新行为会导致公司研发工作的整体外包。[5]他还大力支持公司研究范围之外的研究项目。他还与公司首席营销官(CMO)吉姆·施滕格尔(Jim Stengel)一起,公开鼓励在公司内部超越部门界限,充分利用各个部门的新想法和最新成果以及跨部门的业务和营销合作,鼓励将这种跨部门合作提升到企业责任以及营销责任的新高度。这其中包括重新设定部分业绩评价标准。继而,他还推出了一系列具有突破性的新产品,其中大部分产品都是依赖于宝洁公司以外的专利技术而获得的。[6]众多"非宝洁发明"的创新产品中包括以下产品:

> ➤ 玉兰油SK-II新生焕肤系列(Olay SK-II Regenerist)。该系列产品是一种抗衰老面部护理产品。该产品开发利用1946年到1964年出生的美国人日益迷恋肉毒素的神奇功效的心理,并与

来自于法国 Sederma 公司(Sederma Labs)修复创伤的多肽分子技术结合而成。

- 佳洁士电动牙刷(Crest SpinBrush)。该产品价格适中,以普通电池作为动力,是 2001 年宝洁公司从个体发明者约翰·奥舍(John Osher)手中购买专利而生产的。该产品迅速使宝洁公司获得了 1.6 亿美元的销售额,并成为北美地区最畅销的牙刷。这项引进的技术同样被应用开发出了另外一种新产品,即汰渍去污刷,一种电动祛除污渍的刷子。

- 洁净先生神奇擦(Mr. Clean Magic Eraser)。该产品是与巴斯夫(BASF)公司合作开发,由一种不知名的墙面清洗产品演变而来。这种墙面清洁产品是由宝洁公司一位行政管理者的夫人在日本发现的。洁净先生神奇擦是基于德国化工产品巨头巴斯夫的一种强力去污泡沫产品而开发出来的。而巴斯夫恰巧是宝洁公司的一个主要供应商。

- 便利密封保鲜膜(Glad Press'n Seal)。这是一种聚合食物包装材料,是由宝洁公司和高乐氏(Clorox)公司合作开发的。高乐氏公司 Brita 净水系列产品是宝洁公司在净水器产品方面的直接竞争对手。这种保鲜膜所采用的胶膜技术是由宝洁公司开发的专利胶膜技术发展而来的,这种专利技术产品是佳洁士牙齿美白贴片(Crest Whitestrips)产品的重要材料。这种牙齿美白贴片产品是当时由宝洁公司三个部门联合创新开发出的新产品。

重要的是,以上这些成功开发出来的产品都来自宝洁公司之外。但是,关键是不仅仅技术源于公司之外,更重要的是,这些产品迸发出一种力量,这种力量正是宝洁公司冲破原有市场界限所需要的。开拓公司思维,重新认识创新以及客户,这个过程为向客户介绍公司已有产品

第二章

  提供了一种新的方式,使公司变得更具渗透力,令产品品牌可以跨越产品类别的界限,在某些情况下,公司同时又宣传了新的产品类别,诸如除味剂、日常面部护理产品以及家庭牙齿美白护理产品。

  佳洁士牙齿美白贴的研发就是这方面最生动的例证。尽管这种产品是宝洁公司自有研发部门自主研发出来的产品,但是,这种全新的牙齿护理产品却是雷富礼独特战略的一个反映。这种独特的战略就是通过促进以前互不联系或者关系甚远的不同部门之间的交流与合作来培育创新行为。宝洁公司首席技术官吉尔伯特·克洛伊德(Gilbert Cloyd)回忆说:"为了开发佳洁士牙齿美白贴,我们群策群力,召集了多个部门的技术人员,包括口腔护理产品部门的人员,因为他们对牙齿美白很在行;还包括公司研发部门的研发人员,他们负责研究开发新型胶片技术。实际上,我们还特意请来了擅长漂白技术的纺织及家居护理方面的专业人士。"[7]这种做法最终不仅为宝洁公司的产品家族又增加了一个新成员,或者说是佳洁士传统品牌的延伸,而且创造了一个新的产品类别,这种做法与宝洁公司将佳洁士扩展到家庭护齿产品类别中的构想完美契合,使得佳洁士产品扩展到了家庭护齿产品的领域中,宝洁公司的家庭牙齿护理产品非常畅销。最近,这一系列产品中又增加了佳洁士晚间全效美白啫喱这一新产品。

  《商业周刊》(*Business Week*)曾以敬畏的口吻这样写道:"宝洁公司不是以自身的产品或者某个产品来定位自己或者是仅仅局限于某一类别的产品,而是扩展了自身的领域,变成了一位解决家居问题的全能专家。"[8]与高露洁—棕榄专注于某一种产品或者提升产品品质的做法相反,宝洁公司重新界定自己的机遇空间,使得佳洁士品牌由"牙齿护理"扩展到了"口腔护理",这似乎只是一个简单的语义转换,但实则意义深远。这意味着这种转变在佳洁士产品中开拓了一个新的空间,因为产生了诸如佳洁士电动牙刷和佳洁士牙齿美白贴这样的创新产品。

在这个全新的场景中,曾经被称为牙膏的产品出现了,自然而然地融入到了顾客的日常生活当中,和任何其他佳洁士产品或服务一样,它让顾客绽放出"健康美丽的笑容"。佳洁士牙膏这样一个崭新的机遇空间,也是由佳洁士品牌拓展而来。

本着同样的精神,"洁净"先生系列产品曾被牢固地定位在家庭主妇用来清洁家居厨房的清洁产品上,而现在,"洁净"先生已经被广泛运用到了家庭汽车清洁保养上。产品扩展到了"洁净"先生汽车清洁系统(Mr. Clean AutoDry)和专业系列(AutoDry Pro-Series)。这是一种家庭汽车保养产品,形状如一个塑料熨斗,可以与花园中浇花的水管相连,用以清洗汽车。这种产品为那些喜欢自己的爱车,又不愿意花费整个周末上午洗车的车主解决了一个大难题。也为其他公司提供了一个客户优势的经典案例。宝洁公司还利用完全客户体验开发了许多产品,寻求解决汽车保养方面的更多问题。例如:速易杰除尘拖把(Swiffer Auto-Duster)、Febreze 汽车座套清新剂(Febreze Auto Fabric Refresher)、"洁净"先生汽车轮胎神奇擦(Mr. Clean Magic Eraser Wheel & Tire)以及拖把、扫帚和抹布等产品,形成了一套完整的系统,包括产品、服务、功能和工具,不仅满足了顾客(轻松去除车身污渍或轻松洗车)的"需要",而且解决了大的需求环境中的问题,将顾客从繁琐的日常家务中解脱出来,使他们重拾周末轻松好时光。[9]

宝洁公司最大的产品品牌——帮宝适销售额超过了50亿美元,也重新进行了产品定位,由纸尿片转型成为婴儿护理产品以及一系列多种育婴产品。汰渍也由"单一的洗衣粉"转变成了织物护理专家。[10]对于像宝洁公司这样一个历史悠久的公司品牌来说,如此大胆的转型,不仅拓展了公司的机遇空间,给予这些产品一个更加广阔的发展领域,而且改变了这些品牌仅仅依靠产品本身去吸引顾客的历史。

第二章

公正的分析视角以及匹配的战略计划

谈到公司从需求优先的视角出发,将工作重心转移到创新与发展这一轨道时,宝洁公司的首席营销官吉姆·施滕格尔(Jim Stengel)说道:"应该由了解你的产品如何契合顾客生活这个角度入手,一切都将由此而开始。"[11]

以上言论也同时明确了宝洁公司关于需求机遇的态度,暗示公司将要采取与之相配套的战略计划。而且,这种战略必须建立在深入了解从需求愿景中捕捉到的需求环境这一基础上。

那么,他所说的"一切"又指什么呢?所谓"一切"指的就是创造,这种创造不仅限于创造产品本身,同时还要在整个范围内,从消费者研究(consumer insight)、技术开发,到市场营销,这些能够创造升级换代新产品、新业务或新的发展平台的所有领域内进行创新,还包括能够获得公司鼎力支持的创新战略计划。

在"老"宝洁,公司一贯秉承的传统是专注于某一种产品品牌的效能。而在"新"宝洁,重心被转移了。父母们真正关心的是自己宝宝的屁股是否干爽还是宝宝的健康成长?这种由外及内观察问题的视角引领帮宝适进行了诸多邀请相关消费者参与的活动,包括直接给妈妈们发电子邮件、跟踪婴儿成长发育的不同阶段,并为妈妈们提供育婴指导。这些活动使得公司跨越了原有的成功模式。

同样,洁净先生汽车清洗系统首先是通过互联网投放市场的,后来,进行了直销广告活动,辅以蜂鸣营销,达到口口相传的效果,而不是采用流行的电视广告营销手段。为宣传女士卫生用品——丹碧丝(Tampax),宝洁公司的营销新闻部招募了25万年轻女性作为"联系人"和50万妈妈进行口碑营销,宣传该品牌的卫生用品。

类似这样的举动还有很多。宝洁公司专门建立了一个"女孩"自己的网站——缤 GIRL 网（Beinggirl.com），专门为女孩子提供关于个人卫生或者关系到女孩成长阶段的所有信息。Charmin 牌卫生纸的宣传也并不只是简单地宣传该品牌卫生纸更加柔软、更有韧性这些卓越品质，而是将人们在乡村游园会、音乐会和体育比赛这种场合使用公共卫生间的不愉快经历变成了一次"迷人的"、舒适的洁净体验。

宝洁公司所有这些努力都表明了该公司在营销战略方式上的大规模转移，由大众营销模式以及 30 秒电视广告转换成为一种新的营销模式，这种模式与消费者生活密切相关，成为消费者日常生活的一部分。而重要的是，这意味着重新进行资金配置，将更多资金投入到店内营销，围绕消费者关心的活动、项目、任务、物品或者日常生活制定相应营销策略。

宝洁公司是如何发现消费者所关心的问题的呢？雷富礼说："我们很少采用焦点讨论小组的方式，我们倾向于了解现实世界。我们喜欢与消费者一起购物或者模拟购物行为的方式来尽可能地接近现实中消费者的购物体验。我们也喜欢深入到消费者家里，共同体验使用的产品。"[12]施滕格尔坚持认为，从传统的消费者调查和焦点小组讨论中，"你无法获得真实的信息"。他率先采用了一套新的市场调查工具和方法，这套方法能够更准确地了解消费者。他积极鼓励营销人员要设身处地，不仅要站在消费者的角度考虑问题，而且还要将"自身融入到人们的生活中"，抓住一切机会，深入到消费者家中。如此近距离地观察消费者如何洗衣服、擦地板、照顾孩子并非是宝洁公司营销战略的全部。宝洁公司还开发了另外一套工具，为宝洁公司深入探究、挖掘消费者更深层次的满意度、乐趣和烦恼的人类学研究奏响了序曲。

市场及财务结果

宝洁公司这次重大转变——由局内人角度转变到旁观者角度的决心从宝洁公司令人惊叹的市场业绩和财务业绩中可见一斑。与 2000 年

第二章

的业绩相比,宝洁公司当年九个核心品牌中的七个品牌市场份额都丧失殆尽,而到2004年,20个最大的品牌中的19个品牌产品的市场份额都有所增加。与2000年相比,总体的核心销量在2004年的最后一个季度上升了12%,有机增长比2000年增加了两倍。[13]最近的一项调查表明,八个调查项目中的六个,宝洁公司获得的零售商好评都位居榜首,其中包括:战略明确、产品品牌对于零售商至关重要、最具创新性、用户信息最有帮助性、最佳供应链管理、最佳产品类别管理以及零售行业中最佳客户营销。[14]

2000年夏天,宝洁公司陷入了低谷,公司的企业价值(enterprise value)(企业价值=市值+净债务)一直徘徊在850亿美元左右。到2005年,公司企业价值迅速攀升到了1 570亿美元。然而令人不解的是,在这段时间内,公司多个分公司产生的现金流却变化不大,2000年的现金流为50亿美元,而2005年也只是增加到了56亿美元。该要素的稳定表明了在这四年中720亿美元的企业价值的增长,令人惊叹的93%的增长是公司强健的发展计划实现了投资者对未来收益的预期(investors' expectation of future gains)。而相对较低的7%的企业价值增长可以归结于通过降低成本以及提高公司其他运营效率而获得的利润。[15]

换言之,宝洁公司的股东们在四年的时间内赚取了720亿美元的收益,因为他们所投资的公司自觉系统地采取了"客户优势"的视角,而非以"产品优先"或者"公司优先"的视角看待和处理问题,这不仅限于市场营销领域,而且贯穿了公司各个业务部门。在收购了吉列之后,公司的机遇空间变得越发广阔。

需求优先的创新及发展模式

一个公司或组织为什么需要一种模式?为什么必须将某些方法、工具及程序明确贯彻到一个公司,并且需要通过业绩进行预测及衡量?原因是:如果一家公司缺少一种明确的方法来制定战略,确定公司优势和业务范围,并且制订行动计划,捕捉到客户需求环境中相关领域,该公司就永远不会意识到它所失去的机遇。另一方面,深入了解需求环境可以促进公司创新,制订业务计划,促使公司的业务流程适合产品,在实现以上过程之后,公司将会获得可持续、可重复出现以及可预见的重大发展机遇。

本章前面的部分内容概括讨论了需求模式的三个部分,下面,我们将深入探讨这三个部分的具体内容。

1. 创造需求前景

"死后才能见天堂。"

——印度谚语

创造需求前景,首先要勾勒出消费者行为,并且根据消费者日常活动所用的时间进行划分,研究这些活动发生的条件(见图 2-2),而不是根据消费者的年龄、生活方式、地域以及社会特点进行划分。这种方法是基于这样的观点,即预测行为的最佳指标就是行为本身。暂且将以前通过研究而赋予消费者心理或者其他任何人类学或者经济因素放置一边,努力忘记公司已有产品。首先考虑以下问题:人们每天都在做什么?他们的日程表上有哪些内容?你也许会发现人们要送孩子去活动中心,要拜见学校辅导员,下班之后,或是与朋友相约小酌,或是去健身房健身。

如果结合人们生活的具体环境(包括社会、文化以及非宗教等环境)去认识消费者行为是一项复杂深奥的探索。这为战略制定者提供了一个非常理想的出发点,去探索人们在产品或服务方面尚未表达出来的或者刚刚萌发的愿望。将镜头聚焦在消费者具体生活环境中的具体行为,

第二章

图 2-2　需求前景的一般结构

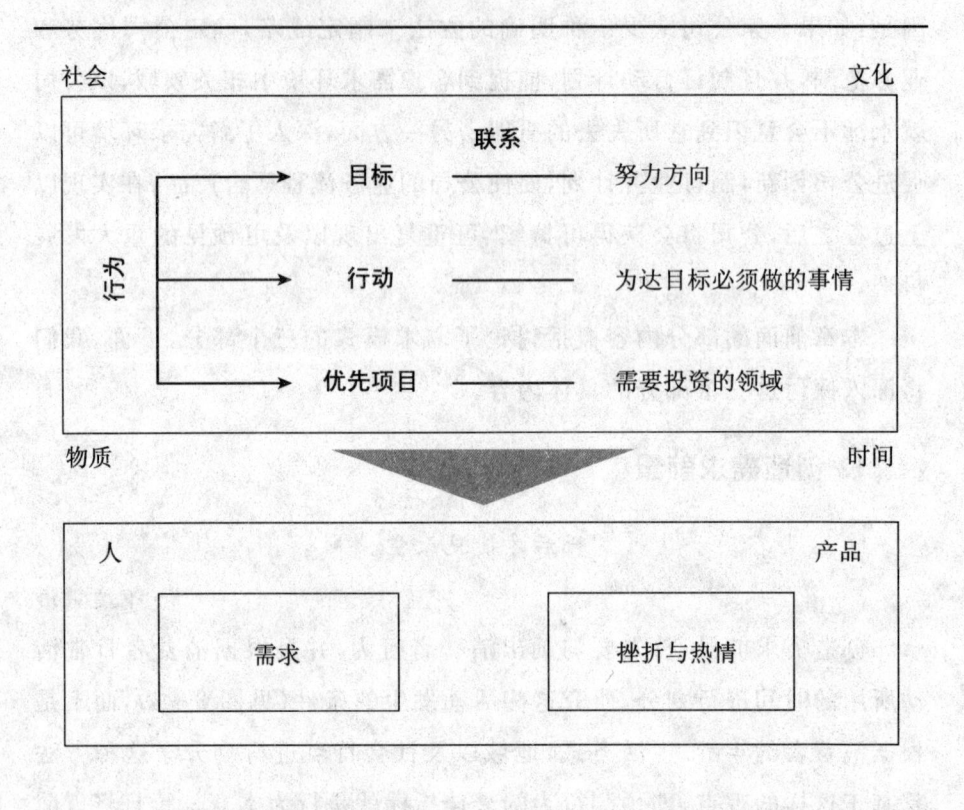

```
         社会                                      文化
    ┌─────────────────────────────────────────────────┐
    │                      联系                        │
    │         ──→  目标    ─────  努力方向             │
    │  行                                              │
    │  为     ──→  行动    ─────  为达目标必须做的事情 │
    │                                                  │
    │         ──→  优先项目 ─────  需要投资的领域      │
    └─────────────────────────────────────────────────┘
         物质              ▼                      时间
    ┌─────────────────────────────────────────────────┐
    │  人                                       产品   │
    │     ┌─────────┐            ┌─────────┐          │
    │     │  需求    │            │挫折与热情│          │
    │     └─────────┘            └─────────┘          │
    └─────────────────────────────────────────────────┘
```

远离消费者本身,这可以为公司提供一个认识问题的全新的、完全不同的视角。从这个全新视角所看到的是一幅幅崭新的前景以及需求的各个层面。例如,根据与消费行为密切相关的生活环境来研究消费欲望,你会发现全新的、前所未见的消费者需求,而且,消费者需求环境的相互作用以及动态变化也会呈现出来。[16]

请看下面几组数字。第一组是 6 和 3;第二组是 12 和 6;第三组的第一个数字是 14,那么,第三组数字中的第二个数字是几?

大多数人都会说是 7。实则不然,答案是 8。为什么?因为英文数字14有8个字母。(同样,英文数字6有3个字母,而英文数字12有6个字母。)

　　掌握这种模式还不够,还必须要打破自己已有的模式,尽最大努力去了解事情背后的真实情况。

　　第一步就是在了解公司、产品、技术及能力的基础上,全面深入了解需求环境以及需求前景中潜在的创新与发展机遇。

　　需求前景能够勾勒出人类行为(包括由不同社会文化环境中的目标、需要、欲望、感觉、希望、渴望所驱动而实施的各种活动、项目、任务等),以及将创新融入到人们日常生活中的这种能力之间的关联。[17]制约需求前景结构的主要内在因素是消费者无法告知其未知的信息或者未曾有过的体验。[18]因此,体验或观察消费者的活动显得尤为重要。

　　许多不同的方法,诸如观察法、人类学研究方法、人种学研究方法或者自陈法都可以被有效利用,用来收集创建综合需求前景所需要的数据。诺基亚(Nokia)的员工在手机用户的办公室待了一个月,目的是研究手机用户。微软公司(Microsoft)时刻提醒自己的员工使用微软全套办公软件。通用电气公司(GE)医疗集团的员工深入到手术室中观察医生的工作以便能够更好地了解在重大手术过程中麻醉师与手术小组之间的合作与配合。

　　所有上述做法都反映了同样的意愿:融入到消费者的日常生活中,观察他们的日常行为,而后对他们的行为进行分类,使公司从中获得深入的认识。

　　这些行为分类包括目标、活动和首要任务。这些是需求图景的基本构件。

> ➢ 目标。根据定义,是指"我所为之努力的事物。"[19]所有的活动都是为了达到某种目的或某些目的。例如,漂洗衣物很可能是为

第二章

了去除衬衣上的"洗衣房"的味道。与广为人知的需求或价值等概念相比,目标更为具体,通常具备具体的时间和地点。

➢ **活动**。包括所有人参与的行动、行为、任务或者工作。活动被定义为为实现目标而必须采取的行动。这些活动表面上看起来可能显得非常琐碎细小,有些多余,而且与目标相去甚远。例如,午餐时间在公园里享受片刻宁静,休假放松,看电影或者去意大利度假两星期。

像汰渍这样的品牌,在深入了解消费者的具体活动之后,从中获得消费者的购买意图、保养以及处置衣物等方面的丰富信息,从而获益匪浅。对于这些活动的深入了解可以揭示出消费者在穿着和保养衣物方面的六种不同的活动:穿着、洗涤、清洗、烘干、熨烫、保存以及消费者如何处理,或者在某种情况下无法处理的"脏衣堆"问题。

➢ **首要任务**。首要任务是衡量消费者日常生活中投入到不同活动和实现目标过程中的程度,包括从时间分配,到所付出的努力,再到所花费的金钱。同样,在这个阶段所作的研究仍然是研究消费者的行为,而非消费者观点。用经济学术语来描述首要任务,可以称作消费者的"显现性偏好"。虽然调查可能显示大多数美国人认为良好的膳食和规律的运动非常重要,但是一项对于现有的美国人行为数据的客观分析却表明,美国人实际上更关注饮食的乐趣,而非健康或者是营养问题。因为几乎每个地方都能买到面圈和冰激凌,美国人的腰围越来越粗了。

与日常任务相联系的目标、活动以及首要任务代表着一种新的市场划分方式,可以称其为需求组(demand clusters)。认识到这一点,公司就可以采取下一个步骤:为需求环境划分层次。[20] 这些消费者行为发生的环境是什么样的呢？在怎样的环境下才发生如此行为呢？这种环境或者文化是如何赋予这些行为意义的呢？

几乎每种消费者行为都会基于一种环境或文化。比如，我喜欢喝贝克啤酒（Beck）。这种声明是局限在某个特定环境之下。而实际上，我在夏天的周末（时间环境）下午和我儿子去棒球体育馆看比赛时（具体环境）可能更喜欢喝贝克啤酒，而和亲朋好友一起观看比赛时（社交环境）或者买啤酒回家，我可能更喜欢喜力（Heineken）或者科罗娜（Corona）啤酒。战略制定者需要了解环境与文化的各个不同方面，目的是更清晰地掌握品牌、产品和服务在融入不同环境中的具体作用。

在明确了环境因素之后，公司可以开始了解客户的需求。这些领域对于公司来说似乎很熟悉，但是，事实上，如果用某些具体指标将客户日常生活的环境限定之后，对于大多数公司来说，却是一个全新的领域。顾客所从事的每一项活动都与一大堆的需求有关。例如，奥斯卡·迈耶（Oscar Mayer）很久以前就发现这样一种强烈的、迄今为止还未得以满足的需求，那就是即食餐，这对于孩子来讲乐趣无穷。这种需求在不断变化的社会环境中凸显出来，因为父母双方都忙于各自的工作和事业，很少有时间为孩子在上学前准备一顿营养丰富的午餐。这种洞察力促成了午餐盒的诞生。[21]

而霍华德·舒尔茨（Howard Schultz）和他的星巴克更是应运而生。很少有哪个美国人不会表达这样的意愿：如果环境（实体和社会环境、第三空间）适宜，他们愿意为支付高达四美元的价格去享受一杯优质咖啡，这种处在萌芽状态的"意愿"其实一直存在，隐藏在人们的行为中，主要取决于具体的环境，而许多美国人对此却视而不见。

公司可以进行更深层次的探究，探索客户的激情与痛苦。若想了解更多，必须深入探索。有必要探索客户需求环境的全部。

在基本需求得以满足之后，是更加执著地追求，目的是满足欲望、欢

第二章

乐和渴望。结合具体环境深入了解客户行为,有助于研究那些推动我们生活前进的强大力量。正如吉安·朗吉诺提-比托尼(Gian Longinotti-Buitoni)在其所著的《销售梦想》(*Selling Dreams*)一书中所说的:"梦想是由文化决定的。"[22] 最终,如果我们无法利用客户的梦想和渴望,我们也无法取悦顾客。

一般来说,人们追求的并非产品或服务,而是出于完成某件事情的需要,或是出于自己喜欢的生活方式。产品或服务仅仅是处理事情的手段或是自己消磨时间、经历生活及享受生活的方式。我们在体验中发现快乐。因此,了解人们需求之外的追求就变得至关重要。否则,魅力、优雅、意义、独创及乐趣的意义何在呢?我们日常生活中所经历的一系列现实中有哪些能够勾起以上那些感觉呢?只有在这些感觉中我们才能发现风格、设计以及美感的实质。[23]

了解客户的烦恼也是获取第一手资料的绝佳来源。通过了解客户具体的活动和目标——客户必须做的事以及必须完成的工作,同样可以发现客户日常生活中的苦恼和困难。[24] 2005年,《纽约时报》曾记录了愤怒的顾客所表达出来的各式各样的烦恼,这个记录所描绘的客户前景看起来狼藉一片,到处是障碍和挑战,而不是解决问题的便捷之道。报道还说,有些精明的消费者,竟然在公司寄来的广告回复信件中装入重物,因为邮资是由公司在收到信件时支付的。有些客户则发明一些策略来对付那些执著的电话推销员。有些客户则把加在许多杂志中的订阅卡撕下来,放进信封,寄给报刊订阅推荐代理机构。还有人想方设法避免语音留言和呼叫中心人工合成的"人声",目的是能够和真人客户服务代表通话。[25]

了解所有这些因素之后,公司才能够开始了解需求环境,并且开始描绘需求前景。

2. 重新界定机遇空间

"看待问题的视角等于50分智商。"

——艾伦·凯（Alan Kay）[26]

需求优先的创新与发展模式的第二个部分是要求企业像探险家研究探险地图一样，仔细研究需求前景。利用概念透镜和为改变思维视角而构建的创新思维工具——区别于传统的头脑风暴，有助于创造一个全新视野，一个消费者自身无法看到、传统的市场调查方式无法揭示的新视野。

为了正确实施需求模式的这个部分，战略制定者需要离开办公桌，跳出公司范围之外，透过12个透镜，由外及内地去审视需求前景，而这12个透镜又被进一步归纳为三个不同视角：客户视角、市场视角及行业视角。重要的是，他们在这么做的同时，必须将焦点集中在解决人们日常生活问题或是一生中的问题，或者将焦点对准深入了解日常生活中的某个特定时刻，而不是集中在围绕着已有产品或服务进行发明和思索，而这恰恰是许多公司经常犯的错误。

在进行了如此系统的探索及审查之后，公司可以重新划分最大机遇或者整个机遇空间。如此成就会有助于公司透过由客户提供的信息以及客户所描述的"机遇"，看到更广阔的空间。有助于公司清洁感知之门，拨开烟幕。如此成就所映射出创新与发展的新机遇，促使公司能够在自身所处的环境中识别机遇，正如一幅蓝色图画在深蓝色的镜框中会显得较浅，而红色图画在深红色镜框中会显得较浅的原理一样。

在探索完这片领域之后，最终要审查公司现有实力以及为客户所提供的现有产品及服务。在此阶段所要问的问题是公司的相对优势在哪里？换言之，从客户角度出发，该品牌产品可以在需求前景的哪个地方

第二章

发挥其作用？

站在消费者的角度看，宝洁公司能够成为口腔护理方面的专家吗？或者消费者认为佳洁士只不过是一种很好的牙膏而已？人们会相信理查德·布兰森(Richard Branson)和维珍唱片公司能够将他们送上月球从而使他们成为太空游客吗？以上所言的目的是提醒公司要找到自身的相对优势，而后，将这些相对优势嵌入到发展平台上。

重新界定机遇空间旨在拓展思维，将机遇空间范围拓展到极致，这样公司才能够结合客户的生活环境为顾客提供所需产品或品牌——才能看到半满而非半空的玻璃杯，看到仅仅通过眼睛观察而无法看到的，看到客户无法看到的空间。

这一程序是通过结构化思维和以解决问题为出发点的方法实现的，与传统的自由联想的方法形成了鲜明的对比。这种自由联想方法通常在非对抗性以及非判断性的情况下使用，更以头脑风暴而著称。而在DIG的世界中，来自于不同职能部门的管理人员组成了一支领域宽广、成员背景多样化的团队，遵循指导完成整个工作程序。该程序是以这一理念为前提，即虽然客户可以告诉我们他们所了解的信息，但是，只有公司才能判断出，在需求前景中，为客户提供何种商品才能够满足客户尚未表达出来的、非常朦胧的需求、愿望及要求，并以此来获得利润。

在DIG模式的最后一个阶段将会采用头脑风暴的方法去构想具体产品以及服务。虽然需求前景具有明显的局限性，因为公司能够收集到的关于客户行为、活动、目标以及需求等方面的信息有限，但是，结构化思维却能够扩大思维范围，并且能够加深对于需求前景的了解。这如同天文学家透过广角镜头才能看得更远、更清晰是同样的道理。

DIG模式的目标是界定所有潜在的机遇空间，在这种机遇空间中，公司可以从需求环境中捕捉到消费者尚未表达出来的、刚刚萌发的以及从未体验过的需求，发现解决人们生活中的烦恼和痛苦的方法，还可以进行创新，激发人们在消费以及产品使用过程中的梦想。

让我们来看一下人们对于 iPod 整个机遇空间的看法。一种观点认为，从苹果公司的角度来看，iPod 是该公司的一个产品品牌，苹果公司是一家充满想象力、创造力、乐趣和个性思维的公司。另外一种观点则是将 iPod 作为一种产品看待。这种观点认为，iPod 是苹果电脑的附件，可用性较高，其独特的速度、设计、价格及特性组合，能够满足消费者的需要。

但是，我们还可以从另外一个角度去看待 iPod 的机遇空间，即苹果品牌与消费者日常生活之间、与消费者行为及工作之间以及消费者听音乐、看电影或录像或者和家人、朋友拍照等这些休闲及娱乐方式之间的关系。如果不是单单从品牌或产品的角度看待机遇，而是从消费者需求环境这个更加复杂的视角看待机遇，那么，苹果公司的整个机遇空间将不仅仅局限于 iPod，而且还可以扩大到 iTune，不仅包括一个关键的音乐业务，而且还包括其他与人们的数字生活相关的诸多机遇，这些机遇将令人惊叹。最近，苹果公司已经开始探索在一款新的能够播放录像的 iPod，上面可以存储及播放录像片段。这一切看起来似乎是水到渠成的事，尽管苹果公司承诺将会进一步拓展其机遇空间，从电脑拓展到音乐，到录像，再到电影，也许会拓展到管理人们日常生活中所有的数字任务。

那么，那些自有品牌又如何呢？宝洁公司在五年前收购了高品质猫粮和狗粮生产商之后，首先扩大了产品销售渠道，不仅限于在宠物店里销售，这使得其世界范围内的销售量增长了一倍，利润增长了两倍。在英国，这一举动震撼了整个宠物养护产业。而在拓展销售渠道这种举措的背后，是宝洁公司探索机遇空间的新方式。那么，有没有可能[27]专门为猫、狗提供核磁共振检查服务，或者是宠物保险呢？即将出现的自有品牌服务还可能包括宠物美容院、宠物衣物、卧具和旅行装备。

通用电气公司将自己定位为一家为消费者提供无可限量的解决之

第二章

道的公司,以此重新界定了其机遇空间,并且进行很大的拓展,超越了消费者视野的范围。"绿色创想"(ecomagination)计划是一种营销整合行动,旨在针对诸如全球气候变化和能源紧张等全球性困难及挑战而制定有创造性的解决之道,以满足消费者的需求。该计划涉及诸多业务领域,从能源到发动机。[28]站在旁观者的角度看公司,每个公司都有潜力去改变这场比赛。

重新界定机遇空间关键在于不仅要拥有广阔的视野,寻找创新与发展机遇,而且要根据消费者活动或从消费者的角度构建需求组。这些需求组被称之为需求优先发展平台(demand-first growth platforms)。需求优先发展平台指引公司如何掌握消费者需求的环境,关注创新与发展的进程——涉及从产品到战略,到设计,到所有渠道和市场营销活动。

3. 描绘战略蓝图,制订行动计划

如果你迷失了方向,就随遇而安吧。
——《爱丽丝漫游奇境记》(Alice's Adventures in Wonerland)

DIG 模式的第三个部分(也是最后一个部分)是为行动制定战略蓝图。战略蓝图是确定行动战略、具体行动步骤以及为抓住摆在公司面前的机遇而采取的必要行动。重要的是,如果站在需求优先的角度上去描绘这幅蓝图,不仅可以明确公司为获得竞争优势所采取的行动,而且还可以明确公司必须采取何种必要行动,才能在消费者日常生活的社会文化环境中启动需求优先的发展平台,即创造客户优势。

对于公司来讲,需求优先的视角通常是一种挑战,挑战公司的根本战略、组织原则、公司制度以及运营流程,而且会导致最终实施完全背离公司传统做法的全新方法和机制。需求优先视角的核心在于这个视角可以促使公司重新审视公司的根本战略——公司的业务范围是什么?公司的意义何在？如何捕捉价值？如何制胜？行动的战略蓝图回答了这些重要问题，总结了战略启动与实施的成果。

描绘需求前景，采取结构思维方式去思考探索这个前景，重新界定机遇空间，你看到了什么？从需求优先的角度，你不再将家得宝（HomeDepot）看做是一个家装材料和五金产品的零售商或者家居装修服务商，你不再把索尼公司单纯地看做是一个家用电器制造商，也不会将汉高（Henkel）和联合利华（Unilever）仅仅看成是成功的洗涤剂和日化产品的经销商。

试想，如果汉高或者联合利华当初也是如此界定自己的洗涤剂产品以及Peril品牌产品，它们将会错失当今不断变化的家用消费前景中的产品使用和家庭成员日常消费行为中所蕴含的巨大商机（正如需求前景所展现的那样），也将错失亚洲方兴未艾的技术变革中的无限良机。在亚洲，新型洗衣机不再使用洗涤剂（即所谓的无洗涤剂洗衣之道），而且还研究出了洗衣粉自动配量的洗衣方法（正如我们在"重新界定机遇空间"的章节中所探讨的一样）。这些明星公司的结局可能与冠达（Cunard）公司相似。冠达公司是上个世纪初一家大型船运公司，主营提供欧洲到美洲的客运服务，而今天，该公司的业务已经萎缩成了很小的部分运输业务。

何以制胜呢？面对日益变化的需求环境以及新技术的不断兴起，产品多样化能够创造优势吗？从需求优先的角度，我们首先需要了解如何融入到顾客的日常生活中以及如何使顾客接纳一种创新产品或服务，并且使顾客将这种产品或服务纳入到日常消费中。与产品多样化不同的是，需求优先战略促使公司不仅要考虑如何从竞争中脱颖而出，而且还要考虑如何融入顾客生活，如何实现客户优势。

产品多样化可以通过产品的市场定位来实现。从传统战略意义上讲，产品定位只是一种战略中的一个点、一个特点或者一个侧面，或者是

第二章

一系列特点,也被称之为价值曲线(Value Curves)。我们认为有必要以区域性的全方位产品定位取代传统的、简单的产品定位,应该围绕某个地区进行产品定位,这个区域应该是消费者需求环境中的相关区域。根据产品特性或几种特性进行产品定位相对较为片面(比如,雷克萨斯的质量满意度最高,或者安飞士汽车租赁公司因为它们的服务更用心而更胜一筹),多维度的产品定位越来越普及,这样才能捕捉到消费者需求环境的相关区域。[29]

而且,一个全新的品牌模式出现了。众所周知,传统的品牌模式已经过时了。新的品牌模式不是以产品和为产品增加新的功能为出发点,而是开始以先融入消费者日常生活,而后再为消费者提供产品和服务这种理念为出发点。在本书第七章和第八章中,我们将会深入探讨如何利用品牌定位和品牌组合的管理去捕捉和构建更大的机遇空间。同样,我们需要重新审视现有的品牌组合战略。这需要从如何掌握消费者的相关需求环境的角度去考虑品牌组合战略,而不是仅仅从组织整合已有以及未来产品和服务的战略角度出发。

为具体行动而描绘出的战略蓝图改变了市场的结构与划分。市场结构通常是根据产品、地理位置或者消费者构成而界定的。市场细分是根据将类似的消费者划分为组群。[30] 在 DIG 模式中,市场结构或者市场细分的基础是社会文化环境中人们的消费行为,因为这些行为是呈现在需求环境中的。在 DIG 模式中,市场细分毫无必要,因为市场细分只会人为地分化市场,DIG 模式还摒弃了简单的产品细分,比如分为豪华型、标准型还是经济型酒店服务。或者简单地根据生活方式、消费者心态或者人口学等将消费者分类。而需求优先模式中的市场细分必须从消费者行为的角度进行,通过描述不同时刻、不同阶段或者其他一系列现实生活中的消费者行为来确定消费者日常生活经历。这种细分方式涵盖的范围更加广泛,更加契合消费环境,这种细分方式改变了分析因素。

这种方式极大地增强了市场细分这种方法预测消费者行为的作用,并使得这种方法变得更加有效。[31]

从需求优先的角度看,公司战略中的每一个因素都需要考虑。第六章中,我们将具体分析评估这些因素,包括公司的战略目标、公司优势的来源,或者"沙箱"——公司竞争的范围。

公司战略蓝图中的行动措施需要加以明确,这样,公司才能获得优势。虽然,过去确定获得可持续竞争优势的一系列措施已经足够,而现在,还必须确保这些措施能够有效地启动需求优先的平台。这需要遵循这样的事实,即发展平台是由这个机遇空间发展而来,这个机遇空间又是由需求图景而决定的。这幅需求图景是根据人们日常生活的活动、目标和优先次序勾勒出来的。

需求优先的视角会使得我们完全偏离现行的创新管理方法。与其围绕这新产品或服务、新技术、商业模式进行创新,不如对消费者行为进行创新,满足需求优先发展平台的条件,所有活动的中心需要从产品到商业模式的创新上转移到消费者行为上,这样才能确保随时掌握消费者日常生活所处的社会文化环境中的产品使用、消费以及各种行为。因此,我们建议史蒂夫·乔布斯(Steve Jobs)围绕人们使用音乐产品的行为进行创新,而不是想方设法去创造最具竞争力或者最漂亮的 MP3 播放器,因为这样等于走进了对产品功能进行创新的误区。通过以相关行为模式以及定义明确的需求优先增长平台为重点的创新行动,公司可以使创新行动更明确,并使其成为企业文化的一部分,最终获得宝贵客户优势。

从需求优先的发展角度考虑问题,可以在许多方面进一步增强创新与发展机遇对于公司的潜在作用。这个发展平台可以敦促公司采取措施进行创新。需求优先的发展模式可以使公司在不断变化的需求环境中掌握与其关系最为密切的区域。公司所作出的决策,如明确营销渠

第二章

道、投放新产品、确定价格表、开发品牌建设程序以及寻找整合营销传播，目的都是使需求优先发展模式在这方面的作用最大化。

因此，行动战略蓝图阐明了制定战略的全新方式，对于公司目前为获得竞争优势而采取的市场进入行动以及创新活动是一种挑战。DIG模式并非要求公司放弃正在进行的涉及现有产品及市场的有益工作，而是促使一些公司在结构重组和再创造中发现机遇，包括改变整个公司文化的机遇。在《快速公司》(Fast Company)杂志对雷富礼进行专访时，雷富礼描述了改变宝洁公司企业文化时所遇到的困难。"我记得，有位对此表示支持的同事在身受这种改变的影响之后，才相信所发生的一切，我们确实遇到了一些怀疑主义者。"[32]在第六章中，我们将讲述道富公司(State Street)前任CEO马歇尔·卡特(Marshall Carter)的故事，讲述他领导生涯中所遇到的最大挑战——让公司整个领导集团接受公司战略的改变。

Cordis 公司案例

位于美国佛罗里达州的医疗器械制造商——Cordis公司的案例阐述了DIG模式在实际应用中的几个关键问题。该公司通过使用称之为以成果为导向的面谈方法，描绘了部分需求前景，并且借此定义新产品，并投入市场。[33]

1993年，Cordis公司在美国国内治疗严重心脏疾病时实施切割动脉手术所需的血管成形术球囊和其他手术器械市场中的份额不足1%。为了快速进入到这类医疗器械市场中，Cordis公司开展了一系列活动，公司与一个心脏外科医生小组进行了深度面谈，包括一组经常实施血管成形介入手术的外科医生以及另外一组相比之下很少实行此类手术的医生，但是这部分医生认为，如果可以清除手术中遇到的麻烦和障碍，也可以考虑实施更多的类似手术。

最初,主持面谈的人请医生们在清晰描述改进医疗器械产品一系列特点中作出选择:更坚硬、更细、更轻、更顺滑、有涂层、有导引线。当问到护士时,他们主动提出希望产品的"包装能够更加亮丽些",这样,在手术器械柜里的架子上,可以更容易进行识别。

而后,Cordis公司对面谈的过程进行了改进,增加了数据的深度和广度。他们请医生将血管成形手术球囊介入步骤按先后顺序分解成不同部分:介入,切开血管,将装置放入血管的病变部位,移开装置。每一项活动的界限都很分明,从逻辑上讲,这些步骤的目的都是期望获得某个目标或者"预期结果"。Cordis公司的研究人员识别出了将近50种目标,包括将血管堵塞的发生率降至最低、将球囊通过病变部位所需的力量降至最低,而且要使球囊迅速通过扭曲的血管。

Cordis公司又对由医生、护士和实验室工作人员组成的手术小组进行了调查访问。所有小组成员都站在各自的"客户角度",根据自身在手术过程中的经历,提出了具体需求。根据以上调查分析,Cordis公司对前面所得出的50个目标作了进一步分析。在对公司现有的血管成形手术所需的医疗器械产品进行分析时,发现了诸多发展机遇,并且,根据实施心脏手术的医生的不同需求对医疗器械产品市场进行了分类,即根据"目标和行动"对市场进行分类,而不是根据病人的年龄、收入水平、心理或者人口因素、手术本身或者手术地点进行分类。例如,某些心脏外科医生倾向于使用能够加快手术进程的手术器械,而有些医生则表示喜欢使用能够在病人胸腔内灵活操作的手术器械。所有这些医生的偏好都为Cordis公司提供了拓展创新之路的机遇。

获取这些数据之后,Cordis公司在此基础之上继续前行研究,开发制造了多种血管成形手术用球囊,每一种都为在实施血管成形球囊介入手术过程中获得某种预期目标而度身定造,并且向美国食品药品管理局(FDA)申请了生产许可证。拥有了这一套创新产品组合之后,在不到

第二章

两年的时间内，Cordis 公司在美国该类医疗器械产品的市场占有率迅速由1%增长至10%。

如果 Cordis 公司早些转换到需求优先的视角，该公司的开发和营销能力则会早些得以提高，这样，公司的投资重点则会转到研发工作上来。那么，更有助于公司提早关注到手术的关键步骤——医师们日常工作中的重要内容。通过深入探索机遇空间，该公司现在已经形成了一套系统有效的研发步骤。

DIG 模式背后不断重复的社会变迁

正如雷富礼所言，我们生活在一个消费者时代，社会变迁的意义不仅深远，而且才刚刚开始。

DIG 模式的目的不仅限于识别这种变迁，而且需要从这种变迁中获取价值。在当今这个新时代中，为了发现公司面前的潜在机遇，公司不能从自身所拥有的产品或正在开发的产品出发，但是，可以以这些产品为重点。因此，公司首先必须了解人们如何度过他们每天的 1 440 分钟，这样做的目的是掌握需求环境的轮廓。从实际生活出发，我们将每天的 1 440 分钟划分为不同的活动、任务或者这一天中所做的任何事情，无论是到公园散步、到海滩游泳，还是吃个苹果。我们对这些日常活动进行分析（像星巴克公司那样），将这些活动划分为不同时段，称之为"每日活动"或者是"每日份额"，甚至可以将其划分为"生活份额"，以此来确定消费以及产品使用环境。这样划分之后，这个价值 64 000 美元的难题（＄64 000 quetstion：源于 1955 年美国 CBS 电视台推出的高额奖金答题竞赛节目，奖金金额高达 64 000 美元，现在成为英语中的一个表达方式，指极其重要或者极其困难的问题。——译者注），则变成了一个涉及 1 440 分钟的问题。

然而，到底是分为"每日份额"还是"生活份额"（请与生活方式区别开来）。这并非是两个相互冲突的概念，这仅仅是一种衡量方法，衡量公司的产品或服务（从所需时间、需要付出的努力程度或者优先顺序等方面）在顾客的时间中所占的大小。与公司产品或服务竞争顾客时间的可能并非是其竞争对手的同类产品或服务，它可以是消费者认为值得花费时间去从事的其他任何活动。这正是我们所要提醒公司注意的一点，这也许正是公司无法理解的问题。因为采用 DIG 模式并非因为传统意义上的"竞争"，而是消费者使然。颇具讽刺意味的是该方法的循环特性。而衡量采用这种方式的最终结果通常是以与其他公司业绩的比较为衡量标准的。

如今公司所面临的问题绝对不是"我们该如何成功地在处于青春期的女孩市场中销售我们的产品？"而是"我们需要采取何种行动才能融入到 11 岁女孩的生活，在她每天 1 440 分钟中争取到最大份额？"

如何解决这个问题？当然不是直接询问一个 11 岁女孩，而是想方设法了解她的生活，通过观察，了解日常活动、任务及其他日常生活，深入探求她的目标、需要及其最终目标，她为此所付出的努力、她所发现的生活之路以及她从每日的 1 440 分钟中所获得的快乐。

营销人员花费大量时间研究消费者如何购买产品以及如何使消费者更愿意购买产品。但是，即使不了解国际间局势的变化，也会发现这种研究的缺点。对于萨拉（Sara）而言，她一天中的 1 440 分钟里，与妈妈逛街购物、下载音乐或者进行视频点播都无须太多时间。（在对 875 位成人的 25 次的调查研究中，记录了 525 000 项活动，我们发现与消费活动相比，购物活动在成人日常生活中的比例不足 15%，其余的活动都是在"生活"。）

那么，在"生活"时间中发生了什么呢？对于公司来说，所要寻找的答案可能与 11 岁大的萨拉的生活息息相关，而不是去寻找开发另外一

第二章

种新产品,或者一种更优、更酷或者更便宜的产品。答案其实很简单,就是将产品交给她。没错,就是将产品直接交给她。在谷歌(Google)上搜索信息、在 Rhapsody 网络上收听音乐、在儿童社群网站企鹅俱乐部(Club Penguin)或者儿童网络(kiddonet.com)里玩游戏、在 iTunes 上下载音乐、通过美国在线即时通讯系统(AIM)与朋友互发即时消息或者在 Skype 上和朋友聊天,这些活动是她生活中的重要组成部分,而且,这些网络产品已经成为知名品牌。如果想在女孩生活中获得更大份额或者更好地融入到她的生活,方法也许是技术创新、业务模式创新、营销创新,或者根本不需要创新。

现在,创新不再被定义为一套特殊的、突破性的或者渐进的创新行为。而且,竞争也并非一定来自于另外一家制造及销售同类同质产品的公司。(原创创新实际上涉及去除某种产品的特性或者完全抛弃某种产品。)

饮料产品行业分析家们可以撰写无数文章预测可口可乐(Coca-Cola)和百事可乐(PepsiCo)两大饮料巨头在饮料市场上谁主沉浮。然而,两家公司最初的竞争并不是如此激烈,即使是与其他饮料公司的竞争也并非如此激烈,而实际的竞争来自于饮料产业之外的广泛领域,从食品到运动,再到音乐和电影,这种竞争或者来自于父母与孩子在一起的时间,还有孩子与朋友在一起的时间。

请问需求环境给我们什么提示?饮料公司通常会请其合作代理商为它们提供一些"大想法",目的是扩大市场资源,或许,围绕着如何确定特定的社会——情景环境这样的问题进行思考更有意义。如何将这些环境结合在一起,在人们的生活中共同创造一个"饮料时刻",以及如何使可口可乐、百事可乐或者胡椒博士饮料(Dr. Pepper)融入到人们生活中去。

如果期望获得以上结果,公司不应只是简单地确定客户需求,认识了解客户,而且还需要通过观察、跟随客户或者采用其他民族学以及人类学的研究方法去了解人们的生活以及生活方式,要求公司从不同角度进行深刻思考,而且要经常思索这样一个关键问题:如何提高人们的生活质量？不仅要思索如何根据消费者态度预测消费者行为,而且还要考虑如何可持续地改变消费者行为。这要求公司超越在顾客需求中识别机遇的层次去考虑问题,这些需求包括已得到满足的和尚未满足的、已表明的和尚未表明的需求,以及在当今社会文化环境中的潜在需求。顾客尚未表明的需求包括那些甚至连消费者自己都未意识到的需求,直到某一天,有一种相关产品或服务为他们提供了完美的解决之道时,他们才意识到自身的这种需求。

最终,这种视角转换将公司与顾客之间的合作带到了另外一个层次。这个层次是为顾客去寻求产品和服务,而不是反其道而行之。[34]这个层次改变了当今流行的商业及营销模式。这种模式在大多数情况下已经过时。

本书第二部分通过具体案例研究探讨 DIG 模式的各个因素。实际运用中很难对 DIG 模式中的各相关因素进行分离(正如我们曾经提到过,这些因素必须相互作用)。因此,这些案例包括所有因素,尽管这些因素都各自侧重从某个方面去阐述 DIG 模式的丰富内容。这一章节中将以菲多利公司(Frito-Lay)创造需求前景的方法为开篇。

每个公司制定需求优先的创新与发展模式的方法各不相同。因此,菲多利公司的研究模式及分析方法未必适用于贵公司。我们将根据每个不同模式提供一套相应的具体向导,并辅之以案例研究。我们还将就多种研究分析方法进行讨论。

第二部分 需求优先的创新与发展模式

HIDDEN IN PLAIN SIGHT

第三章 描绘需求图景

2003年已临近尾声，百事公司旗下的菲多利公司——美国最大的休闲食品生产商，为自己所取得的成绩喜笑颜开。美国得克萨斯州布兰诺市（该公司总部所在地）已经成为几个价值数十亿美元产品品牌的圣地，这些品牌包括乐事薯片（Lay's）、多力多滋立体脆（Doritos）、Tostitos、桂格麦片（Quaker）、奇多（Cheetos）、Ruffles 薯片、Fritos 玉米片。该公司在世界 10 大休闲食品市场中占有半壁江山，其地位无人可以企及。

在美国价值 150 亿美元的咸味休闲食品市场中，该公司独占鳌头，占据了 65% 的份额。2004 年，菲多利公司的收入稳步增长，增长了 5.6%，由 2003 年的 86 亿美元增长到 96 亿美元，在竞争中击败了同样生产休闲食品和麦片产品的 Kellogg 公司、好时巧克力公司（Hershey）、通用磨坊（General Mills）以及卡夫食品公司（Kraft）等竞争对手，赢得了价值 370 亿美元的"宏观休闲食品"市场中的较大份额，"大休闲食品"市场是一个更广泛的产品类别，包括诸如糖果、曲奇、酥式小点心和冰激凌等。到 2003 年年末，菲多利公司拥有了这个更广阔市场 15% 的份额，而且已经迫不及待地伺机争取更大份额。[1]

菲多利公司成功的原因之一在于其技高一筹，领先于最新的消费潮

第三章

流,例如,消费者对于健康和保健的追求。早在2003年年初,菲多利公司就宣布将多力多滋立体脆、Tostitos和奇多产品中容易引发动脉堵塞的反式脂肪去除掉,这些品牌现在能够加入到不含反式脂肪的乐事、Ruffles薯片、Fritos、Rold Gold牌咸脆饼等健康产品组合之中。当时,百事食品公司推出了一项名为聪明点的行动计划,公开承诺剔除所有产品系列中任何不含有"有益健康成分的产品或者无法增进顾客健康的产品",此时,菲多利公司还适时推出了公司第一个天然系列食品组合,并以天然(Natural)二字作为产品的名称和标识。[2]当时,美国大多数咸味休闲食品生产商在油炸生产程序中都采用混合油——玉米油、棉籽油或者葵花籽油。2006年,菲多利公司宣布其产品将全部使用100%葵花籽油。

菲多利公司产品品牌得以拓展,利润增长,营业额攀升,市场份额日益增大,公司利润在母公司百事公司总利润中占到将近一半,所有这些都直接促进了公司的业绩增长。那么,公司还有何担忧呢?

困扰所有像菲多利公司这样的大型成功企业的一个事实就是,正是这些公司如此大的规模以及如此辉煌的成就使得保持较高的顶线增长成为一种挑战。除此之外,它们还面临着寻求新的发展和机遇的问题。菲多利公司将何去何从?

单位规模问题

可以想象,当时菲多利公司新任营销副总裁、负责即期消费(Immediate Consumption / IC)渠道的卡洛斯·维拉兹(Carlos Veraza)面临的挑战有多大。[3]维拉兹曾在墨西哥分公司的高级管理层任职,主管营销业务。他对于即期消费这个领域并不是很熟悉。但是,随着对该领域的日渐了解,他的担忧日益加深。他的这种担忧在他写给上司的备忘录中有所体现：

  即期消费渠道是公司最重要的关系伙伴之一。这个渠道包括"便利店"，还包括国内独立的连锁店、小的副食品店、药店、一元店以及家庭小零售店，等等。虽然菲多利一直在寻求增加零售商销售菲多利食品的利润空间来支持零售商，但是，即期消费渠道的发展并未达到预期目标。这种局面与百事公司以及菲多利公司重点发展"便利"、零售店领域，增强分销能力等公司战略形成了鲜明的对比。

  总之，他这样说道："我们的发展应该比现在要快。"维拉兹认为，公司在生产及分销环节所投入的大部分精力似乎掩盖了潜在的存在几个关键领域内、将会削弱公司实力的弱点(也包括尚未发现的机遇)。他指出，菲多利公司在1941年建立的店铺直接配送系统就是这方面的例证。该系统早在各自独立的Frito公司和H. W. Lay公司合并以及被百事公司收购之前就已经形成了。随着时间的推移，这个系统已经促成了一种公司心理定见，刻意追求分销效率，这样，常常会阻碍公司采取新的行动计划，有些计划可能大有可为，会刺激消费者对于某个品牌产品的更大需求。

  另外，维拉兹还认为，虽然菲多利公司占领着咸味休闲食品80%的市场份额，这一事实对于营销者来说意义重大，但是，消费者又能从中获得什么呢？消费者并不是以此来划分市场，对于消费者而言，咸味休闲食品不过是在众多休闲食品种类中多了一种选择而已。

  在即期消费渠道中还存在着其他一些令人担忧的趋势，其中之一就是近些年来，便利店为了寻求更大发展，丰富了其产品组合。10年前，

第三章

消费者在便利店可能只能看到八类商品,而如今,可能会发现20类商品。这种发展对于菲多利公司来说并非是件好事,因为在便利店的所有产品中,休闲食品作为一个整体产品类别被压缩了。

尽管存在这种趋势,但是,在过去的十几年中,菲多利公司的营销人员通过被维拉兹称之为"增量加价"的方法,依然获得了顶线和底线的显著增长。(10年前,菲多利公司在便利店销售的产品为25美分一袋,每袋净含量为1盎司,而到了21世纪,其产品为99美分一袋,每袋净含量为4盎司。)但是,维拉兹认为这种改进最终将不会持久。

"顶线增长很好,底线增长也很好,但是,单位数量却在下降。"维拉兹解释说,"我们正在快速侵蚀我们的消费者基础,很快,这种加价增量的方法将会被淘汰。"

随着公司单位产品基础的日渐丧失,消费者与菲多利公司之间的交易量也会日益萎缩。还有另外一个事实同样令人警醒。与宝洁公司强大的消费者营销相比,维拉兹的营销团队缺乏追踪消费者对于菲多利公司产品的偏好并收集相关有效数据的研究,尤其是消费者到便利店购物方面的相关数据。维拉兹解释说:"真正尚未开发的领域是我们知之甚少的消费者领域。"使问题变得更严重的是百事公司和菲多利公司中对于构思新的行动计划存在着一种毫无根据的偏见,而且现行运营系统对于这种偏见也起到了推波助澜的作用。

正如维拉兹所认识到的那样,这个迫在眉睫的问题包括两个方面:"第一,我们对于消费者知之甚少;第二,我们对于消费者为什么购买以及如何购买菲多利公司食品了解得更少。"

客观观察/反直觉判断后的发现

维拉兹团队开展第一阶段的调查研究包括在精心选择的几家便利店内安装安全监控录像设备。但是,研究小组观看这些录像(24小时运转)并非出于安全因素,而是花费大量时间在录像中观察顾客如何购买菲多利公司产品。如同人类学家和社会学家进行研究一样,他们将自己置身于便利店这个特定的商业环境中,观察消费者的行为:走进商店,走到货架中间,在一些商品前停留片刻,购买商品,走出商店,或者空手离开。菲多利公司需要了解在货架和过道中间所发生的一切。他们的发现令秉承传统观点的人非常震惊。在对所收集的数据进行缜密分析之后,这些分析结果挑战了公司长久以来崇尚的传统观念。

每个商店内,菲多利公司的产品都被单独摆放或存储在特制的货架上,这种特制货架被称为商店前端货架(FEM),作为菲多利产品的特定销售点。维拉兹回忆说:"自古以来,商品摆放的策略就是将商店前端货架摆放在距离收银台六英尺的地方,以便站在收银台等候结账的顾客能够拿到货架上琳琅满目的菲多利产品。"这种大量商品的陈列配以大量海报,目的是吸引顾客眼球,这种商品陈列方式旨在在变化莫测的消费者视野中大量出现,吸引消费者的注意力。然而,正如在便利店内拍摄的录像所揭示的那样,出乎营销人员的意料,显然大部分消费者都是走进商店后,径直走到某种商品的货架前,似乎对此已经轻车熟路。出乎观察录像的营销人员的意料,大多数情况下,消费者路过位置绝佳的前端货架商品,都未细看,更不用说考虑购买了。维拉兹说:"对于前端货架上的商品,消费者是一掠而过。你就是放只猴子在那里跳舞,他们都不会注意。"就大多数消费者而言,前端货架商品——一个公司至爱品牌产品的圣地,根本就不存在。

前端货架商品作为卖点广告展示起源于多年来休闲食品营销人员最传统、最根深蒂固的观点——未经验证的观点,即购买咸味零食,十次有九次是"冲动购买"。基于这种令人质疑的假设,公司花费大量物力和财力在商店内设计和安排前端货架商品,目的是吸引顾客的眼球。但是，录像证明，大多数消费者在走进商店的时候已经知道自己的购买意向了。购买一袋Fritos玉米片、多力多滋立体脆或是乐事薯片，似乎更倾向于预先计划的行为或者是有目的的采购，而很少是突如其来的心理或身体需求。维拉兹和他的同事们得出结论："我们多年来一直深信不疑并且以此为行动指导的冲动购买的观点，是完全错误的。"

对于所有的菲多利产品来说，这种认识意义深远。维拉兹直言不讳地说："我们现在所做的任何事情任何公司都可以做到。我们必须作出决策，如果这些购买行为是事先计划好、有备而来的话，那么，我们应该采用何种市场营销战略呢？"从以往的数据中至少可以得出这样一个结论，即菲多利公司现行的市场营销战略注定要被抛弃。

维拉兹表明："我们必须开始思索消费者为什么购买我们的产品，而不应再考虑他们如何购买我们的产品。我们必须要做的是更多地了解我们的产品与消费者日常生活的联系，而不是简单地将一货架的薯条推到他们面前。"

新的研究方法

维拉兹决心从一个与物流营销完全不同的角度去认识问题。他和他的团队刻意转移注意力，将重点由关注菲多利公司配送到商店的薯片重量或者商品从工厂到商店货架上的输送速度，转移到站在旁观者的角度去认识营销中存在的问题，而不是从公司的角度去认识这些问题。维拉兹最为关注的问题是深入探索三个使用的问题，即菲多利产品的使用频率、使用者的数量和身份以及菲多利产品的各种使用情境。

为了辅助实现从购买过程和购买行为（购买点）向消费或使用环境（用途）这种概念以及实际意义上的重点转移，菲多利公司聘请了一个顾问小组,并且逐渐探索出了一种研究消费者日常生活的方法。[4]菲多利公司聘请的顾问小组均来自公司外部,这样,消费者就不会怀疑这个调查研究是由菲多利公司组织进行的,而这一点至关重要。

维拉兹和同事们所采用的一系列方法及工具足以让传统的营销人员和统计人员大跌眼镜。例如,他们并没有收集足够的"具有统计意义"被调查者样本。与其与大量消费者进行短暂接触,虽然这样在统计学上意义重大,但是,他们决定只和一小部分消费者进行深入接触。调查小组并没有询问顾客对于休闲食品(尤其是菲多利公司的产品)的感受,而是决定要更深入地了解人们与休闲食品之间的联系以及吃零食如何成为人们日常生活中的重要内容。维拉兹和同事们继续与经过挑选的顾客群进行接触,询问他们消费零食的具体环境和情境。

作为研究的基础,调查小组采用了"日记法"。他们挑选35位消费者参与该项调查,为他们准备了相机和日记本,请参与者围绕食品消费这个"框架问题",利用手中的相机和日记本,记录他们30天内的活动、特殊时刻、各种想法和感受(见图3-1)。

为了反驳那些统计人员,他们指出,尽管参与调查者的绝对数量并不具备统计学意义,但是,这些参与调查者的活动却具备统计意义。如果平均每位顾客一天涉及了20项与食品有关的活动,比如:"我早上喝了杯咖啡,还吃了一块点心。""我和女儿共进早餐,然后送她上学。女儿放学后,我给她吃了些零食。"如果他们记录了一个月内这些与食品相关的活动,最后得出来的数据将涉及 $35 \times 20 \times 30 = 21\,500$ 个活动。这些数字可以作为统计数字来用吧?对此,那些持不同意见者也不得不承认。

第三章

图3-1 详细记录日常生活流水账以及自白式回忆

1. 活动日志

请记录下一天中你所做的所有事,尤其是涉及寻找、购买、食用和准备(零食或正餐)有关的活动。

时间	活动	目标	重要性	
早上6:00	闹钟响,本(Benn)起床	5	5	**我经常在哪里用餐**(如果必要,列出人数)
6:30	我起床,做早餐	18+13	4	
7:00-8:00	送本上学,然后回家,给贝卡准备麦片早餐,自己吃全麦面包	22	5	**我经常在哪里买食品**
9:15-12:00	躺在床上看电影	30	3	
12:30	为贝卡、萨姆和我准备奶酪午餐	22	3	**我经常在哪里吃小吃**(如果相关,列出人数)
下午1:00	开始炖鸡,为周末吃鸡肉沙拉做准备	33	4	
1:00-3:30	收拾房间,上网聊天,喝了两杯冰茶	5	5	**我经常去哪里买小吃**
3:30-4:00	去接本放学	22	5	

朱莉安娜的日常生活——40岁,护士,已婚有三个孩子

在与参与调查者的面谈中,维拉兹和他的团队在面谈中涉及了一个"框架问题":

请告诉我们您涉及准备或消费半成品或者即食食品的活动、项目和任务的详情。

他们在随后附上的一封信中,对于此次日记活动的具体步骤进行了具体解释:

> 非常感谢您参与我们的顾客调查、日记活动和后面的深入讨论。此资料袋中,您会看到这次讨论所需要的所有用品,包括一本记录25天活动的日记本、一个一次性成像相机和两卷胶卷、一支蓝色钢笔和一卷录音带。日记本中有详细的指导,指导您在这一期间内所进行的不同活动。现在,这个日记本就属于您了!您可以按照自己喜欢的方式记录,自由表达自己的感受,如果页数不够,请随意添加。在这次日记活动中,您可能会用到相机,可以用来记下任何您认为符合这次活动主题的瞬间。我们希望完成这本日记会带给您快乐,并且享受参加这些创新性活动给您带来的快乐。在参加深入讨论之时,请一定记得带上您的日记。

这些日记,正如后来完成的那样,阐明了与半成品或者即食消费中所存在的各种态度和观点。在维拉兹及其调查小组阅读了所有的日记之后,与参与者进行了深入讨论或者自白式面谈,他们请参与调查者回答下列问题:

➤ 请再为我们讲述一些您生活中的特殊时刻或特殊时期。
➤ 这些时刻对您具有哪些特殊意义?
➤ 在这些特殊时刻前后发生过什么事情?(这个问题带来了答案,参与调查者绘声绘色地讲述了他们日常生活中消费即食产品的情境。)

菲多利公司所获得的关于购物与消费环境的信息促使其对消费者

第三章

需求和消费者感受进行更深层次的探索。讨论进行了几个小时,参与调查者稍事休息,这次小憩也是收获颇丰。休息间歇,他们请参与调查者填写了一份关于即食产品品牌的调查问卷,目的是探究顾客对于这些品牌的感受及看法。然后,在调查的最后,他们才被告知这次调查研究的赞助商是菲多利公司,最后,特别针对菲多利公司的品牌产品组合回答了一系列范围广泛的问题。

最终,这些讨论结果和数据经过分析,根据分析结果绘制出了一幅详细的需求前景地图,绘制需求前景的目的是剖析消费者行为,将消费者生活划分为相应的维度空间。相对来看,这种结果完整地勾勒出了消费者的需求环境。

一个值得关注的环境

一个公司着手绘制需求前景时,通常会追踪收集成百上千的消费者行为,将这些行为根据目标、活动、优先顺序划分为不同类别。而后在不同类别中尽可能地添加关于消费者需求、消费者苦恼与欢乐等信息,简言之,构成复杂的消费者需求环境的所有环境因素,最终构建出综合的消费者需求前景。这一前景应该以丰富细致的图形形式展现出一个需求环境,精确地描绘出消费者的日常生活。

这幅需求前景还应该揭示出公司的产品、服务或品牌在时间和空间上如何与消费者生活、娱乐和工作的情境产生关联,这取决于消费者的目标、活动和活动优先顺序等综合因素,这些因素是构成需求前景的首要因素。

"我经常在吃三明治的时候吃薯片。"这就是菲多利产品与吃三明治这种情境之间的联系。随着越来越多的这种交叉点的出现,这幅需求前景也随之日趋完善。

公司能够从其需求前景中获得的重要认识之一就是公司不同品牌产品如何与消费者不同的消费行为产生联系。消费者行为是根据消费者所经历的消费阶段或情境而定义的。公司还可以了解到这些消费者行为如何引发某种需求和愿望，以及在何种情形下这些行为会与消费者复杂的情感、愿望和激情结合在一起。

菲多利公司发现，某些品牌的产品与消费者食用三明治联系得更加紧密，而且消费者会在家里准备好，目的是在外食用。而有些品牌却在消费者与亲朋好友家庭聚会时更受青睐。菲多利公司从传统意义上对于消费者划分的了解可能会掩盖消费者对于某些品牌的偏好。而这些发现在此基础上，帮助菲多利公司重新评价自身对于现有以及潜在消费者的全部认识。通往购买和消费的一条全新的道路被发现了。

信手拈来的启示

菲多利公司发现，在创造需求前景的过程中，也有机会将直接和间接的研究方法结合起来。这有助于增强数据的可靠性和时效性，也有助于以新的方式组织整理现有数据，由此，可以对消费者产生全新的认识。了解消费者的出发点至关重要，首先，在购物点通过（录像研究）观察消费者，而后，在目的点（通过日记、观察及深入交谈），营销小组融入到消费者日常生活中，而且不带有任何偏见，因此获得了一个旁观者的视角。这种举动对于公司内广泛存在的对于消费者的认识是一种挑战。通过创建需求前景这一过程，公司了解到，与直接询问消费者的需求、价值观或需求这种方式相比，尤其是这些问题涉及某个产品或服务时，通过观察而总结出的消费者行为能够更加真实准确地反映出消费者行为。通过观察消费者行为，更有可能了解消费者的真实需求。

而无论如何强调社会文化环境的重要性都不过分。传统的调查研究者可能会提出这样的问题："健康对你来说有多重要？"被调查者可能

第三章

会回答:"非常重要"、"不那么重要",或者"不相关"。但是,如果他的日记中显示,在过去的四周内,他每周去健身房锻炼三次。由此,可以更加准确地评价锻炼这种活动的重要性以及健康需求对于她的重要性。表明一种需求是一回事,而实际拥有这种需求并且付之于行动又是另外一回事。

换言之,在缺乏具体环境情景的情况下,在消费者日常生活环境中观察其目标、活动以及活动的优先顺序,能够提供更加丰富的参照信息组。有的人可能晚上在家时喜欢喝喜力啤酒(Heineken),但是,在锻炼之后,他可能喜欢边看电视,边喝着百威(Budweiser)或者是贝克(Beck)啤酒。在消费者需求前景中,消费情境最为重要。

开展消费者调查研究,但是不要直接涉及某种既定产品或服务,菲多利公司认识到了这种研究的价值。在需求前景中,不应该涉及任何特定产品,这种研究应该以消费者追求的目标、需求和活动为中心。这些目标、需求或活动中,一些产品、品牌或服务可能偶尔出现,发挥某种作用。

菲多利公司的需求前景包括品牌价值和品牌联想,但是不包含菲多利某个特定系列产品。问询式调查的唯一目的是判断在人们的日常生活中的哪个方面,菲多利产品的影响最大,而且这种影响不受菲多利产品在市场中的地位所支配。在某个需求组内,询问消费者最喜爱哪类零食。"晚上在家和朋友聚会时,我喜欢巧克力味道或者咸味的零食。"营销人员从该回答中可以判断出菲多利某个品牌的产品定位以及不同品牌产品在不同需求组中将如何与消费者产生关联。

这样的数据总结与传统的消费者调查有很大区别。这种调查方式并不是请参与的调查者回答诸如,"您会购买这种商品或者那种商品吗?您会考虑这个品牌的产品吗?您会以这个价格购买该产品吗?您会购买哪种颜色的商品?"之类的问题。这类典型的关于购买行为或者关于品牌漏斗式的过滤性问题,而是请参与调查者回答关于他们日常生活中的需求。这些问题可以揭示新的相关信息。

创造需求前景的步骤

第二章中,我们以标题的形式勾勒出了创造需求前景所需的各个因素。在这个部分中,我们将这一过程分解为具体的步骤,另外加以特别指导,为贵公司度身打造独有的需求前景。

步骤一:识别消费者活动、目标、优先活动、消费情境、需求、消费者的烦恼。

步骤二:将消费者需求分为需求组,根据消费者目标、活动或消费情境进行分组。

步骤三:通过添加现行的调查研究方法,完善需求组。

步骤四:根据这些需求组的战略意义评价需求组。

步骤五:评价品牌融入需求前景或者出局的方式。

步骤一:识别消费者活动、目标、优先活动、消费情境、需求、消费者的烦恼

围绕着需要了解的产品,构建商品的使用和消费情境是第一个步骤。这些情境应该从消费者的目标、活动和首要任务等方面去描述分析。日记法(菲多利公司所采用的方法)是探索这些情景的一种备受欢迎的方式。在某些情况下,尤其是对于工业产品的消费者来说,开展以结果为导向的面谈式调查更加合适,正如我们在第二章中所讨论的Cordis公司案例一样,或者采用非侵入性的观察方法(请参阅第五章中通用电器医疗集团的案例)。

事实上,有多种方法可以帮助公司获得需求前景所需的基本组成部

第三章

分。在本章最后,我们会选择一些方法以供参考。概括地说,这些方法的目标是要邀请不同领域的人士参加研究小组。一个行之有效的框架是选择与品牌关系相关的主题。[5] 另外一种方法是选择持续使用或消费某种产品、服务或某类商品的顾客。为了了解消费趋势,研究相对于主流消费者而言的边缘消费者行为对此非常有意义。

在记录了一系列消费者行为之后,通常需要与参与调查者进行面对面的讨论或交谈,更加深入地了解需求环境,在这个环境中,消费者进行各种活动,实现目标,确定首要任务。这种讨论有助于公司清晰地认识问题。参与讨论者非常乐于表述自己在某个特殊时刻的需求、烦恼、情感、感受及担忧。在回顾日记中的所有活动时,他们通常将自己置身于不同的情境之中,正如他们在日记中倾诉自己的感受一样。你可以想象他们对于这种讨论的兴趣和投入,即使是谈论他们并不十分热衷的产品,也如同谈论某个扣人心弦的电影情节一样兴奋。

深入探索商品的消费、使用情境或时期之后,公司可以开始研究购买过程。对于菲多利公司来说,面谈的第二部分(包含更多"传统的营销方法")已经促使公司以旁观者的角度看待其现有产品和即将投放市场的产品了。

菲多利公司向被访问者提出了下列一些问题:他们最近是否在便利店内购买过多立多滋立体脆?如果还没有发现他们更喜欢的口味、包装规格或者包装风格,他们会用何种产品替代多立多滋立体脆?菲多利竞争对手的产品如果按照 1–10 分的标准评价产品优劣及个人偏好,他们如何评价菲多利竞争对手的产品?

被访问者对于这些问题的回答有助于菲多利公司进入 DIG 模式的第二阶段,开始界定自身的机遇空间。

步骤二：将消费者需求分为需求组，根据消费者目标、活动或消费情境进行分组。

确认需求前景的基本组成部分之后（请参阅本章前面关于需求前景的部分），公司可以将各个部分归纳为"需求组"。根据消费者活动将类似的活动归类，归纳共同的消费者目标，同时还要考虑消费者所制定的这些目标和活动中的重点事项。这项工作可能非常艰巨。但却是了解需求环境的一个关键的步骤。菲多利公司记录了 10 327 项活动、33 333 个目标以及几百种产品"使用"情境。公司当时创立了几十种范围宽泛的目标门类，最终缩减到 15 种，这 15 种目标涉及几百种与半成品和速食品相关的活动。这些目标包括从诸如"改善健康"这样的功能性目标到诸如"奖励或放纵"这类更为具体的精神层面的目标。

从传统市场以及顾客调查角度来看，这幅需求前景是一片未知的领域。菲多利公司多年来所了解的都是在被调查者心目中，菲多利产品与其他产品对比的结果。菲多利公司从未看到其产品是如何融入到人们生活中的，尤其是人们生活中涉及速食品和半成品消费的广泛活动。

步骤三：通过添加现行的调查研究方法，完善需求组。

勾勒出需求前景的大致轮廓之后，公司可以在其现行采用的传统市场调查方法之外，增加其他调查方法。大多数公司都拥有大量的消费者调查方法和工具，但是，这种信息通常都被深深地埋藏在市场调研报告中了，这些市场调研报告来自于为不同调研目的而收集的不同样本信息。然而，公司还可以在行业范围和其他类别中进行更多的调查。但是，在实际研究中不能使用这类信息，因为这类信息通常缺乏适当的框架或结构。菲多利公司主要依靠自身的多种研究方法，比如，专属 iTrac

第三章

研究方法和Landis公司的模拟休闲食品世界研究。模拟休闲食品世界研究可以提供250多种的消费者信息。这些信息种类可以归纳到不同的需求组中。Landis还提供了产品—类别—层次信息,比如认为薯片具有营养价值的消费者比例。通过这种现有数据与需求组之间的交换,可以确定每个需求组中的需求规模。从与消费者面谈中获得的关于购买产品方面的信息在这里就可以发挥作用了。

步骤四:根据这些需求组的战略意义评价需求组。

需求组是根据消费者的活动和目标来决定的,菲多利公司采用三个层次的标准对这些需求组进行评价。第一个标准是消费者根据其生活中某个特别目标或活动而确定的相对重要的事项。第二个标准是销售渠道匹配度。这一标准的问题所在是某个需求组与诸如便利店、药店、自动售货机、一美元商品店以及大型商场等销售渠道的匹配程度。最后一个标准是市场吸引力。例如,某个需求组与其他类别产品的竞争力大小。最终结果表明,某些颇具价值的需求组内的产品竞争力也较高,而且通常成为其他替代产品的攻击目标,像牛肉棒或曲奇饼干等产品。

步骤五:评价品牌融入需求前景或者出局的方式。

该步骤的目的是了解某个品牌产品的使用与消费之间的差别究竟是由产品本身还是由传统的消费者定位而引起的。

菲多利公司从该步骤中获得的最重要的发现之一就是,正如需求前景所描绘的那样,每种产品在消费者的生活中扮演着不同的角色。这一重要发现促成了对于品牌角色与消费情境之间关系的进一步研究。

为了更好地了解这个领域,菲多利公司在整个需求前景中标识出了菲多利产品品牌识别的因素和特性。这一分析的结果令人震惊:虽然一

描绘需求图景

直以来菲多利刻意将乐事品牌的产品定位在提供机能性产品,正如"地道美味,谁可抗拒"的广告语所总结的那样(与"停不了的乐事"或者以后的"美国最好吃的薯片"等菲多利的经典广告活动中所表现的一样),以及提供情感功能和满足消费者渴求的作用(尽情满足自我)。但是,菲多利公司了解到,事实上,消费者将乐事薯片与具体的情境、活动和目标联系在一起,与这些情境和活动相联系的情感多于对于乐事薯片本身的感觉。

菲多利公司的另外一个重要发现就是消费者活动并不一定是那些像午餐、晚餐重要的聚餐场合,或者重要活动的时刻(比如,我很少有时间和家人或朋友一起烧烤)。即使有的话,也不过是一些简单快乐的时刻,常常能够引发消费者发自内心的感受,这些时刻对于他们本人具有非常重要的意义。对于消费者来说,达到"感觉舒适与安心"的目标如同持续在消费者眼前展现一幅烽火台或者灯塔的图案——一个具体、固定的地方,在这里,娱乐消遣不会诱发焦虑。

出乎菲多利公司的意料,乐事薯片就被消费者看做是这样一座灯塔,持续不断地指引消费者获得舒适感受。认识到这一点之后,菲多利公司决定重新定位,将产品定位的重点转移到强调"轻松快乐的时刻"——那些以选定的需求组中的活动为参照物的情境和社会情境。

"舒适与安心"进一步将菲多利公司和"健康与保健"联系在一起,因为人们在追求健康的许多活动中体验到了舒适与安心。"我烤了一块饼,因为我妈妈以前常常这么做。我为家人亲手做土豆泥。我感觉很舒服,因为正在为家人做一件很有意义的事。"健康——一个可以取代舒适与安心的目标,可能是出于需要摄取健康食品,比如我母亲经常做的那些食品,那些加工程序较少的食品。健康或许还意味着从那些熟悉的、具有慰藉作用的食品中获得健康和幸福的感觉。

健康与保健和舒适与安心之间的纽带也是菲多利公司产品可能与人们联系最紧密的地方,也是融入消费者日常生活的一种特殊方式。不错,乐事薯片绝对是"美国最美味的薯片",但是,研究表明,当阐明乐事产品在满足消费者追求舒适与安心、健康与保健等目标方面的作用时,将乐事和消费者生活中为达到健康目标所采取的多种活动联系在一起比改善产品以满足消费者享受美味这方面的需求更加重要。

详尽的调查,相关的结果

让我们来认识一下汉克(Hank)吧(见图3-2)。统计学家们会称汉克为异常样本。在传统的对于消费者需求和动机调查研究的每个方面都得到一些分值。他无处不在。因此,他很可能因为"无法归类"而从数据中被剔除。他通常会游离于分析结果之外。

面对现实吧,传统的营销人员会很难对这位消费者定位。根据需求将汉克归类并非易事——他似乎有太多的不同需求(就像所有人一样),有时需要放纵一下,或者和朋友聚会,有时候又需要暂时逃避乏味的生活。

我们也可以这样设想:汉克喜欢吃零食,而且经常会买零食。假设他碰巧拥有五种以上的消费休闲食品的动机,这些动机通常被调查研究人员称为消费咸味零食的主要动机。

创建需求前景的一个立竿见影的效果就是促使公司深入思考这一问题:消费者需求错综复杂,而且不断变化,这种情况比以前更加严峻。尽管菲多利公司的需求前景仅仅反映了整个需求环境中关于菲多利产品的一个方面,但是,仅仅通过分析典型的午餐、晚餐场合类别,就已经为菲多利公司带来了超乎想象的巨大机遇。这个机遇不仅具有很大的空间,而且,通过为消费者的每一天增加些快乐来改善消费者在食品消费方面的体验,能够真正增进消费者的健康,从这个方面来看,意义更为重大。

图 3-2 汉克生活中的一天

上午 10:45
清早睡意袭来……在卡车里喝了些保温瓶里的咖啡,这是同事从家里带来的。

上午 7:04
在去建筑工地的路上,和平常一样,在 Dunkin' Donuts 面包圈店买了一个普通面包圈和一杯黑咖啡。

下午 12:40
去 Chili's 餐厅为同事庆祝生日。尝试了餐厅新推出的辣椒酱意大利面,"家常"味非常浓,我吃得心满意足。

上午 11:30
感到饿了,但是离吃午饭的时间还早,吃了半袋菲多利公司生产的烤肉味零食。

下午 4:44
在工地,又饿了;吃了从壳牌加油站便利店买的一袋多力多滋。

下午 2:50
这一天真是漫长啊!开车到第三个建筑工地,路上停下来在壳牌加油站加了些油,顺便买了一袋 Dr Pepper 的零食和一袋红糖。

晚上 8:50
晚餐后,开车带儿子去 Dairy Queen 冰激凌店吃了一杯暴风雪冰激凌,以奖励儿子取得了好成绩。

晚上 10:15
一边和妻子聊了聊一天的工作,一边吃着一袋 Dr Pepper 零食。

下午 6:37
回家的路上,顺便到 Blockbuster 租了些影碟,又到 Jack in the Box 商店买了一些食品预备晚餐时吃。

早晨 6:00 → 中午 12:00 → 晚上 12:00

补偿	叫醒我		叫醒我			
维持	习惯		避免困倦		沉醉	
提高		兴奋	感觉美好	尝试新事物	分享时间	兴奋	分享时间	活跃气氛	分享时间	感觉美好

第三章

为了更深入地了解消费者需求,我们需要从不同的角度观察需求前景的结构来剖析需求前景。菲多利公司观察消费者日常生活中某个零食消费情境前后所发生的事情。这些消费者行为是否具有某种规律?菲多利公司有一个发现,在一个人正式的午餐或晚餐场合中,与菲多利产品相关的场合数量有限,在很多活动中,很多消费者食用三明治都"不搭配任何像土豆片这样的小吃"。正是需求前景发现了这些消费者日常生活中的不同时刻。

菲多利公司还站在整体市场的角度,从总体上了解需求前景,并且思索像汉克这样的极端特殊消费者的消费行为模式与一般消费者的行为模式有何不同。这些研究以及其他在产品消费和使用边缘地带进行的探索和研究为公司带来了新的契机。

菲多利公司这些研究探索已经将其引领到了一个新的阶段——制定行动战略蓝图。这不仅涉及重新调整战略重点,而且还涉及重新考虑公司新产品的开发,公司创新的首要任务是重新评估公司总体的品牌组合,重新整合营销组合。以下就是公司为乐事薯片的重新定位所采取的行动。

菲多利公司的行动战略蓝图

为了了解客户需求,菲多利公司并未简单地从消费者需求本身出发,为消费者生产全美国最美味的薯片,大力宣传美味不可抗拒,而是研发出了一种新的方法,能够更深入、更广泛地了解乐事薯片的创新与发展机遇。通过总览整个需求环境,观察乐事与需求环境之间的联系,菲多利公司从中发现了新的机遇;一个开发新产品的机遇;一个全新的开端;一种深入到消费者生活的新方式;一种开发隐藏在表象背后的客户优势的新方法。

对于乐事薯片的相对需求机遇变成了人们日常生活中的不同时刻,

因为我们关注生活中最重要的部分——生活中的简单快乐以及能够让生活中的每一天都多一些欢乐,而不仅仅是聚餐这种食品消费情境。强调生活中的简单快乐在很大程度上重新界定了乐事的机遇空间,而不是仅仅强调用最好吃的乐事薯片为聚餐增加乐趣的战略。相反,乐事的重新定位捕捉到了消费者的大多数需求。乐事的营销方向渐渐远离了关注产品质量——正如宣传乐事是全美最美味的薯片,美味不可挡以及一系列产品特点那样的营销策略,转而更多地强调全美经典乐事品牌以及产品地道天然、真实原味、健康美味等内在品质与对于消费者至关重要的那些快乐时刻中所体现的家庭观念之间的内在联系。乐事被定义为一座灯塔——矗立在当今这个快速发展的世界中的一座永恒的、值得信赖的灯塔。

　　为了迅速采取行动,菲多利公司确定了乐事时刻——消费者享用乐事薯片的时刻以及不需要乐事薯片的时刻。例如,消费者日常生活中享用乐事薯片的典型时刻是野餐或者烧烤、家庭聚会、看书或者休闲的时候,而不是在气氛紧张的会议上、在酒吧里喝酒的时候,也不是在跳舞或者隆重正式的场合中。在此基础上,菲多利公司根据消费地点、场景、产品组合以及消费者表情制定战略行动。这里的表情是指消费者享用乐事产品时积极、愉快而非得意忘形的表情,而且表情要符合当时的场合。事实证明,将整体战略情境化对于制订总体行动计划非常有效,而这一行动就演变成了欢乐时光行动。

　　乐事被喻为一座灯塔,也是一种理念,然而,欢乐时光则是一种驱动力,将灯塔的作用具体到日常生活中。菲多利公司将这种欢乐时光视为发展的机遇空间,唾手可得。这些欢乐时光很平常,可能是"在用我笔记本电脑工作的时候,忙里偷闲,在网上为我妈妈买了本书"。欢乐时光是指那些人们花费时间所做的那些从未计划过的、真实的、积极的事情,总而言之,是那些可以令他们快乐的事情。这些事情可能非常重要,也可

第三章

能是一些微不足道的小事。

下一阶段的工作就是在所有媒体(从电视、印刷品到广播、网络再到体育赛事及其他重大活动),所有行销渠道,所有品牌(包括乐事经典、乐事 Stax、焙烘乐事和乐事 Kettle Cooked 品牌产品),所有平台(三明治、零售活动,微笑促销和 7 月 4 日这样的美国公众假期),所有类型的消费者、所有多个客户触点(例如产品包装、商店、网络、销售目的地)激活这些欢乐时刻。菲多利公司的电视、印刷以及户外广告都是由位于纽约的 BBDO 广告公司制作,这些广告人物都是生活中的普通人,而不是专业演员,通过这些人在不同情境中的微笑来宣传欢乐时光的理念。网络广告和产品包装都在劝导人们"展现笑容"。产品包装以及促销活动都鼓励人们稍事休息一下,读一读幽默故事或者漫画连载。商店内的商品也突出了人们各种各样的欢乐休闲时刻。在菲多利公司,宣传欢乐时光代替了现行的营销策略,辅之以行为建议,比如坐起身来,闻一闻薯片的香味,品尝美味薯片,品味生活中的特殊时刻。所有乐事商品、商品的促销及广告活动都在暗示某种时刻、某种购买情境或者某些快乐时光,而不是低廉的价格。

那么,这些营销努力的结果又如何呢?在展开营销活动的前几个月中,在竞争激烈的网络商店销售渠道中,乐事的销售量增长了 10%,副食零售商店的销售量增长了 15%。菲多利公司,尤其是乐事产品,虽然占有很高的市场份额,但是长久以来却一直没有获得单位增长。乐事业务价值 30 亿美元,占百事公司收入的近 1/3(比百事公司的旗舰产品百事可乐的份额还要大),无须改变产品包装规格或产品价格,销售额就在一个季度内激增了 10%~15%。无论是从品牌还是从品牌价值评定标准,比如"是否值得拥有"或者"该品牌具有潜力"的角度来看,所有乐事产品的品牌价值都得以提升。

在转换思维,重新认识消费者的几年中,菲多利公司已经从根本上改变了战略,转而强调消费的情境,而不只简单地扩大产品的市场份额。

根据公司具体情况选择最佳调查方法

准备采用 DIG 模式的公司拥有越来越多的调查研究方法。许多信息收集方法都是从民族学调查研究方法中归纳得来的。民族学调查研究方法主要用于人类学、心理学以及社会学等领域的研究。大多数方法都是动态的,而且可以有效地应用于不同类型的公司及所有行业。

然而,问题在于如何根据公司的具体情况选择正确的方法。当然,过多的选择会令人无所适从。选择哪一种方法,该在何时选择何种方法,期望产生何种效果,达到何种目的。

图 3-3 中的框架可以帮助公司决定何时采用何种方法。[6]该框架考虑到了战略制定者在 DIG 模式的不同阶段可能遇到的问题,大致包括以下四个问题:

1. **探究阶段** 公司需要创新,但是对于客户的需求前景不甚了解。
2. **定义阶段** 公司了解了客户的需求前景,但是其中的机遇又在哪里呢?
3. **丰富阶段** 公司在需求前景中发现了机遇所在,如何利用这些机遇使产品或品牌在客户的生活中发挥重要作用呢?
4. **修正阶段** 公司了解如何创新,但是,如何对创新进行修正和检验,使之完美地融入到客户生活中呢?

信息收集方法可以从两个方面进行分类。第一是根据研究的深度和广度。第二是根据研究是否在消费者的生活环境中进行。这两个方面之间相互联系,确定了四个区域。每个区域都突出了一种研究方法。这些方法有助于营销人员根据 DIG 模式流程的不同阶段搜集正确的信息。

图 3-3　需求优先模式所需信息的搜集方法

	丰富阶段	定义阶段
情境内	·拼贴和描绘法 ·倾诉式面谈 ·消费者故事 ·心智图 ·以成果为导向的面谈 ·真实生活体验 ·详述法研究	·拼贴和描绘法 ·每日重现法 ·照片日记 ·照片观察法 ·阴影法 ·手机短信/寻呼机信息研究 ·录像观察 ·语意/概念联想法 ·日记法
	修正阶段	探究阶段
情境外	·原型研究 ·卡片分类测验 ·以消费者为导向解决问题 ·消费者与产品之间的互动 ·消费者角色扮演 ·焦点小组 ·参与设计 ·隐喻诱引技术* ·详述法研究	·卡片分类测验 ·拼贴和描绘法 ·消费者假设的猜想 ·消费者故事 ·每日重现法 ·心智图 ·非焦点小组 ·详述法研究
	重点	广泛

＊ZMET 注册商标。

注：如需这些方法的详细信息以及文献来源，可向作者索取。

重点研究与广泛研究

横轴确定了研究的范围是所截取消费者生活中的一个片断（即食用零食或者进行体育活动），或者涉及消费者的全部生活〔即消费者生活中与某项活动(比如饮食)有关的所有目标、活动以及重点〕。前者可以帮助战略制定者深入探究消费者活动以及行为的细节。而后者则有助于营销人员在没有任何偏见的情况下,揭示消费者行为模式以及思维过程。重点研究与广泛研究在研究范围上要小,因此,更倾向于以成果为导向。

营销人员常常只会关注重点研究,因为重点研究所收集的结果通常比较容易分析和执行。但是,如果营销人员在 DIG 模式中仍然处在绘制需求前景的初始阶段,他们必须采用广泛研究方法获取尽可能多的消费者行为信息。

消费情境内研究与情境外研究

纵轴指的是调研的情境。使用情境可以被定义为与某个创新领域或产品相关的某种消费体验。**情境内研究**是指在消费者生活情境中所开展的研究,因此,这种研究要求营销人员将自己融入到消费者生活中。**情境外研究**发生在受到控制的人工形成的环境中,比如实验室或者是公司的会议室。研究是在消费者生活情境内还是情境外进行,取决于营销人员需要获取的信息种类以及他们对结果的控制程度。这两个目的可以导致四种象限:

> ➤ 探究阶段——公司需要创新,但是对于客户的需求前景不甚了解。在这个象限中,战略制定者可以采用广泛研究方法和情境外研究方法。通常,在需求优先的流程的最初阶段,他们需要概括了解消费者的潜在活动、生活重点、情境、需求和烦恼,通过这些信息了解消费者日常生活中的潜在机遇空间。因此,战略制定者将采用开放式的广泛研究方法来构建探索消费者需求前景的研究项目,目的是从中总结出机遇所在的各种假想。因为这

项工作是前期准备,而且是从众所周知的空白领域开始,采用诸如猜想消费者行为这样的情境外的广泛研究方法可以使研究人员加快研究速度,更加迅速准确地确定创新领域。

➢ 定义阶段——公司了解了客户的需求前景,但是其中的机遇又在哪里呢?在这一阶段中,战略制定者可以采用广泛研究以及情境内研究方法。一旦更加深入地了解了消费者需求前景并且进行推测,研究人员就需要验证这些推测,确定有何机遇。本阶段的研究通常是在消费者的生活环境中进行的,目的是获得公正的视角。该阶段所采用的研究方法必须广泛,能够收集足够的消费者行为信息。这样,研究人员才能发现更多的机遇。但是,这些方法通常需要更多的时间、资金和市场研究人员。类似跟随消费者或者从消费者"生活中的一天"这样的日记中搜集信息等方法,都可以为这类研究提供最为详实的信息。

➢ 丰富阶段——公司在需求前景中发现了机遇所在,如何利用这些机遇使产品或品牌在客户的生活中发挥重要作用呢?市场研究人员在这一象限中可以采用更加具体以及消费情境中的研究方法。一旦了解了研究重点之后,必须以细微的细节丰富信息。这些细节内容是关于产品或品牌在消费者生活中所扮演的角色,这些细节可以使研究人员将消费者行为归纳提炼成需求组,并且根据其战略需求来对这些需求组进行评估。将这些方法应用到具体消费情境中,有助于营销人员更深入地了解消费者需求前景以及创新领域,以成果为目标的面谈或者真实生活体验都是这种研究方法的例子,这些方法可以用来搜集重要的消费者信息,有助于公司开发有针对性的产品、服务或品牌。

➢ 修正阶段——公司了解如何创新,但是,如何对创新进行修正和检验,使之完美地融入到客户生活中呢?在这一象限中,市场研究人员可以采用更加具体以及消费情境之外的研究方法。那些已经拥有产品或品牌创新行动雏形的公司需要测试、修正并验证这些创新,以确保这些创新契合需求前景或者能够在需求前景中发挥作用。观察消费者与产品之间的互动以及召开旨在为消费者解决问题的研讨会以及扮演不同的消费者角色可以使公司在特定环境中检验其创新并获得反馈意见。如果将这些方法具体化,并应用到情境之外的研究,这些方法可以更加有效地修正具体消费情境中的机遇。

第四章选取了一个现成的需求优先的创新与发展模式和消费者需求前景,并且就一个公司该如何开始评估其机遇空间进行了探讨。其中的案例是总部位于德国慕尼黑的保险业巨头——安联保险公司。

第四章　重新界定机遇空间

2001 年年初，位于德国慕尼黑的跨国保险公司——安联保险公司面临着抉择。因为金融与保险行业的管制放松，公司面临着巨大的挑战。尽管市场动荡，安联公司依然决心转型，目标是从一个业务遍及欧洲的传统德国保险公司转变成一个国际金融服务公司。

然而，这些改变不可能在一夜之间完成。在20世纪七八十年代，安联已经成功实施了在整个欧洲的收购，真正开始稳固自身在保险业的地位。20世纪90年代，公司的业务通过在八个东欧国家及美国的收购行动，尤其是收购位于巴黎的AGF公司，进一步得以扩展。安联在20世纪90年代的收购行动为其进一步在亚洲及南美洲扩展业务铺平了道路。

作为传统保险市场的领跑者，安联公司占有德国保险市场29%的份额。安联公司在这一时期的强势地位不仅源于其以往的并购战略，而且还要归功于公司精干的市场销售人员。但是，即使是市场调查和竞争对手的行动都已显示出保险行业未来市场的巨大变化，安联公司依然固守着传统的运营方法，尤其是在创新及产品开发方面。

例如，安联公司最具竞争力的产品组合的支柱之一是其广泛的专属代理人网络，这是安联的中坚力量，而且深深植根于全德国的大小社区

第四章

之中。基本上，在德国每个城市和村镇，安联的代理人都会受到本社区居民的尊重。这股强有力的销售力量在推销公司已有产品和新产品或服务时，是非常有效的销售及营销工具。而且，调查也表明，消费者越来越希望摆脱事先约定的与保险销售人员的面谈，而更喜欢直接到附近银行购买保险产品或者直接和承销人联系。

然而，有人对此还存在一些疑问：外勤代理人员（FIELD AGENT）的时代要结束了吗？如果还没有结束，又将如何演变呢？这对于保险业的意义有待广泛讨论。安联全球主要的竞争对手——花旗集团一直致力于金融服务超市的战略（这种战略在欧洲被称为全金融或者银行保险模式），但是，成果各异。

尽管如此，安联决意前行。"多渠道销售及营销的时代即将到来。我们也不甘落后。"[1] 安联主管营销工作的迈克尔·马斯库斯（Michael Maskus）这样说。

新的战略基础

马斯库斯曾先后在先灵公司（Schering）、拜尔斯多夫（Beiersdorf）和强生公司（Johnson&Johnson）担任高级营销和销售管理职位，他于1993年加入安联保险公司。当时，欧洲对于金融和保险业的管制正在放宽。马斯库斯的重要目标是将安联逐渐发展为具有竞争力的客户服务公司。然而，若想转变公司的传统定势并非易事。

马斯库斯回忆说："在放松管制之前，保险业的竞争并不激烈。因为安联当时是保险业的领先企业，而且在保险协会中占主导地位，因此，当时很少有人针对保险行业内的问题提出解决办法，因为没有人这样要求，而且，也没有人愿意这样做。"

事实上，如果不是不断加快的欧洲一体化进程、世界经济融合以及世界范围内保险和金融服务行业的开放,这种自我满足的情况也许永远不会受到质疑和挑战。这些市场外部变化促使安联公司的高层管理人员认识到这一点,用马斯库斯的话来说,"总是处在行业的最前端和主导地位未必是件好事。作为市场领跑者常常会导致公司内部的这种自满情绪。这种自满情绪会制约创新,阻碍企业文化创新的发展"。

在此期间,安联通过收购美国固定收益管理行业知名公司——太平洋投资管理公司(PIMCO),扩大了公司在固定资产管理方面的业务。随着时间的推移,安联变成了世界领先的资产管理公司之一,公司管理着价值12 000亿欧元的资产。安联以240亿欧元的价格收购了位于法兰克福的德国第三大私有银行——德累斯顿银行(Dresdner Bank),由此实现了向银行业的拓展。这次重要的收购行动使得安联公司本来已经非常丰富的产品和服务组合得以扩展和深化,扩大了其世界范围内的客户群,使之超过了七千万。然而,收购本身并未给公司带来根本性的改变,而安联需要变革,实现最终目标,即使安联成为一个为所有客户提供综合解决之道的全球性金融服务供应商。安联真正需要的是一个对于客户全新的视角以及一种新的发展模式。在时任CEO的亨宁·舒尔特·诺埃尔(Henning Schulte-Noelle)的指导下,马斯库斯致力于组建强大的营销小组,寻找安联现在以及未来的机遇。

到2002年,时任安联公司全球团体营销部总监的马斯库斯,已经招聘了众多不同背景的营销人员。安联全球营销团队已经初具规模。包括马斯库斯在内,安联营销人员的背景越来越多元化,不仅来自金融服务领域,而且还来自消费品营销领域。

即将接任安联CEO职位的迈克尔·迪克曼(Michael Diekmann)也是采用以客户为中心的营销战略的坚定支持者。在安联与德累斯顿银行合并期间,迪克曼负责安联公司北美洲以及南美洲的运营。在其职业

第四章

生涯的前期,他的职务是安联首位客户关系经理,在任职期间,他亲历了安联第一个重大机遇:各个客户服务中心组成了联盟。所有的高级管理人员都意识到,日益涌现出的多渠道销售模式,为公司提供了广泛深入了解消费者的众多机遇。在此之前,客户服务部门之间的相互隔绝,只能加剧当时的分裂状态。

历史上,安联公司曾经被分为不同的分公司,包括财产保险公司、寿险和资产管理公司、公司保险公司,每一个分公司"拥有"各自的客户数据系统以及使用这些客户信息的方法。马斯库斯发现:"不同的客户根据各分公司的业务关系性质,可能将安联看做是健康保险公司、寿险公司、财产保险公司,甚至将安联看做银行。每个客户都把安联看做是五个不同性质的公司,但是,从公司的角度来看,公司很容易地将一个客户看做五个不同的客户。"

但是,如果委派某个客户关系经理专门为某位客户服务,在长时间内,双方之间都培养出了更加深厚、令双方更加满意的关系,那么,之后又该如何发展这种客户关系呢?

在致力于解决这个问题的同时,公司高层管理者逐渐达成了一个共识,即为客户提供最终的解决问题之道比重组销售队伍更加重要。这种方法就是针对客户建立统一的认识以及统一的声音。马斯库斯解释说:"过去,营销被看成是支持销售的手段。长久以来,围绕营销所能提出的唯一合理问题就是'举办怎样的活动才能促进销售量的上升?'而现在,围绕营销的问题变成了'在深入了解客户以及识别新的客户需求之后,我们该如何设计产品,为客户提供他们真正需要的保险产品,而非客户勉强购买的产品。'"

安联公司秉承"不仅要从精算师的角度出发,还要从市场的角度出发"开发保险产品的理念,其发展势头日益强劲。

从市场营销到市场创新

将这个新想法付诸实践是一项严峻而艰巨的任务。但同时也是一件令人振奋的事。"我们要开通一个渠道,将这些好的想法传达给客户,而且需要一套程序来评价消费者需求。"产品创新项目小组的经理埃里克·休塞尔(Erik Heusel)这样说道:"一个标准的程序可以使客户更加明确地了解并表达出他们的需求,而不只是向我们寻求解决问题的办法。"

认识到这一点之后,安联建立了一个新的框架,将市场营销与产品开发结合在一起,这个框架被称之为市场驱动下的产品开发。

马斯库斯回忆说,随着这个框架的形成,整个营销团队达成一致,并为自己布置了一项看似简单的任务,说它看似简单,是因为这项任务说起来容易,实施起来却很困难。

这项任务是"认真考虑如何更加巧妙地向客户提出问题,而不是简单地认为客户对保险不感兴趣,之后就此停止,不再深究。要超越询问客户如何设计产品才能使客户满意这一阶段,而首先要尽可能深入地了解客户。然后,在此基础上开发保险产品与服务"。

试验计划

重要的是,这种客户服务理念得到了安联个人责任保险(PLI)分公司两位领导的支持。这两位领导是格哈德·格林(Gerhard Gehring)和托马斯·萨默(Thomas Summer)。格林和萨默组建了一个团队,实施试验计划。2004年春天,一个由安联公司行政管理人员组成的跨职能部门小组聚集在一起,针对其产品领域内的基本问题进行讨论。个人责任

第四章

保险是安联历史最悠久的产品,也是当时仍然处于德国保险市场领先地位的安联公司受到最严峻挑战的一个产品。随着市场中不断有设计更新、价格更优的新保险产品的涌入,这款产品的市场份额在逐渐减少。

个人责任保险是德国财产以及民事法律的产物。根据该法律,"个人由于疏忽导致他人财产损失或者人身伤害,必须承担由此产生的责任和后果。"通常因疏忽而导致损失或伤害的肇事方,承担经济赔偿责任,赔偿受损一方的损失,无论成本多少。多数情况下(诸如"我不小心打碎了朋友心爱的花瓶"。),这样的疏忽与某些极个别情况相比("我不小心打碎的那个花瓶是明朝的真品",或者"花瓶的碎片又伤到了朋友的眼睛。朋友现在必须休息六个月,无法上班,而我必须赔偿所有这些损失"。),这种过失的最高成本也许很低,但是在某些极端案例中("我骑车撞了邻居的孩子,孩子受伤住院了"。),由此引发的赔偿可能升至几百万美元。

托马斯解释说,由机动车导致的损失(至今仍然是最有可能导致他人巨大人身或者财产损失的原因)或者像"狗、马、各种宠物、船只、租赁的房屋以及国外旅行等受到的损失,并不包括在个人责任保险范围之内"。与基本产品相比,个人责任保险这款产品范围相对狭窄,有些客户试图将其省略,或者将这款产品视为一种备选产品或奢侈品。而更令客户愤懑的是,当他们持保单索赔时,却失望地发现他们要求的赔偿(船只事故或者受伤的宠物)却并未涵盖在赔偿范围之内。

项目小组的初步研究结果明确了这样一个基本事实:从与成本相关的总体收益角度来看,安联的产品是德国保险市场中最具吸引力的产品。然而,一些消费者杂志将安联产品与其竞争产品进行单纯的价格比较,如果仅仅根据保险范围和价格进行比较,而没有深入比较产品细节和收益—成本—范围等具体计算结果,安联产品就显得缺乏吸引力。

而且,在任何一个保险网站上,个人责任保险产品都被分解为以价格和保险期限为标准的图表。诸如实际支付成本以及索赔过程或者服务质量这些隐形特点都没有被作为比较或者选择标准呈现出来。

总而言之，一种高度专业的产品变成了传统的保险产品。在一个购买决定越来越取决于价格而非其他因素的市场中，安联这家一流的保险服务供应商以前所拥有的优势日渐削弱。这一为公司带来源源不断的现金流的盈利部门，显然正在丧失其市场份额，因为消费者很难赏识这款产品的卖点。因此，这款产品的优点缩小到了只能用以下这三个标准来评判：(1)价格；(2)可扣金额；(3)保险范围。

个人责任保险新产品的特点

日渐沉重的价格压力为安联提供了一股强劲动力去重新审视这款产品，并且以全新的方式去认识客户与这款产品之间的联系。另外一种动力则来自产品本身。几十年来，这款产品一直缺乏生机，没有任何创新和改进。这个项目小组的高级顾问团提出了明确的指示和任务：为个人责任保险产品设计无法抗拒以及可持续的价值优势。研究第二阶段的目标是将这次调查所获得的经验教训应用到其他产品中去。

要实现这一目标，首先要将重点由销售保险产品从不同方面向加强个人责任保险与人们之间的联系的方向转移。在美国，一种累计式保险引进了一种名为"即时回复"的机制，这不仅改变了累计销售出的保险产品数量，而且，更重要的是改变了在出现事故时，保单持有人"拥有"以及"使用"这种保险产品的方式。在德国，不会有人在早晨起床时因为缺少安联的个人责任保险产品而感到失落。那么，怎样改变这种状况呢？

第一步就是创建需求前景。为此，项目小组从公司多个部门抽调了重要工作人员参与一系列精心组织和设计的论坛。这些员工包括一名定性研究方面（包括民族学及观测研究）的专家、一名精算师、一组销售人员和几名董事会高级成员。在几个月中，营销部门、销售部门、个人

第四章

责任保险部门、市场调查部门、个人业务部门以及品牌战略管理的代表和一些重要的财务经理都参与了这项工作。整个过程都是在一个小型顾问团的指导下进行的。

重要的是项目小组一致认为,客户的观点也是促使公司探索潜在机遇的必要因素。安联以前也曾经委托调查机构做过传统的品牌调查研究,重点关注品牌知名度的程度、品牌资产以及品牌效应的水平,同时也监测大众对于安联品牌态度的变化。安联还委托机构开展过传统战略性分析,追踪监测安联与其竞争对手所提供的全部保险产品组合。

在这次研究中,项目小组选择了一种新方法去认识客户,研究的重点不是客户对于安联产品及对于其个人责任保险产品的看法,而是客户生活中的活动、经历以及目标。人们如何分配自己的时间,他们所经历过的生活中各种不同的活动以及情境(再回顾一下乐事薯片的例子。这两个案例在此阶段的动机是相同的)。

研究小组在德国的三个主要城市(杜塞尔多夫、柏林和慕尼黑)分别选择了一组数据相对较少的由 25 名客户组成的客户群,还在巴伐利亚的乡村和鲁尔工业区选择了一组客户。在一个月当中,参与调查者细致汇报他们的日常生活。尔后,他们按照要求,采用旨在降低回忆偏移的步骤,重新系统地组织他们每日、每周、每月的活动和经历。[2]

在一个月的间接观察后,每个参与者都被邀请参加一个长达四小时的深入讨论或者称之为"自白式面谈",与顾问及经过训练的辅导员进行讨论。安联研究小组成员也参加,但是直到讨论结束时,他们才表明自己的身份。这些讨论最为重要的一点是深入了解参与调查者是如何建立重要活动矩阵以及这些活动目标的相关性。在这些互动讨论之后,研究小组与其顾问团共同整理数据、观察结果、日记和讨论记录,并将这些信息和数据整理为参与调查者日常行为的原始理论组。在这一过程中,几百种行为被确定为与个人责任保险的消费情境相关,并且形成了需求前景的大致轮廓。从记录("我需要来杯咖啡,离开办公室去思考些问题。")这样的细节到与目标相关的全球性活动(如"我想和妻子去西班牙岛度假。"),消费者活动被分为了"以目标为基础的各种需求组"。

例如,某人的目标可能是"筹划未来",而其活动可能分为(1)参加驾驶员培训班;(2)存钱上大学;(3)开设银行户头。这些结果各不相同,但却很有启发性。

机遇是什么?

为个人责任保险产品创建需求前景,这不过是这项艰巨任务的序曲,尽管这项工作本身就已经使得安联在许多方面有了新的领悟,包括客户对于个人责任保险产品的满意度、保险公司的立场以及安联现有产品组合里蕴涵的机遇等方面。然而,安联最终的目标是可以对这款陈旧的产品进行创新和改造,将其改造成为一种具有竞争力的全新产品。构建全新的发展平台、形成创新性的营销理念或者创造全新的商业模式,使得客户渴望个人责任保险,而不是被动地购买。

为了达到这些目标,安联需要暂时忘记其现有产品,思路也需要拓展到个人责任保险产品之外。安联必须跳出现行的公司战略、经营流程、公司实力以及整体系统,这样,才能客观公正地认识个人责任保险产品,认识安联自身。而看待问题的角度则正是需求前景中所展示的"消费者视角"和"需求环境的轮廓"。

以这种方法探索安联公司的机遇包括两个步骤:(1)确定公司持续发展的战略;(2)利用三大突破性创新与发展模式去发现需求前景中的机遇。重新界定机遇空间,如奥斯卡·王尔德(Oscar Wilde)所言:"想象是模仿,批判的精神才具有创造力。"回顾一下第二章中的那些步骤,按部就班地实施这些步骤,包括 DIG 模式中的第二个部分。

第四章

确定问题所在

表4-1中显示的是跨越所有产品需求图景的六个重要维度和说明性的两个需求组——这是安联用来探索机遇的框架。产品与需求组交叉的每一行都代表个人责任保险产品如何满足或者将能满足那些"筹划未来"的客户的需求、烦恼和激情。这个需求组将客户所从事的诸多活动划分为不同的类别,比如报名参加当地社区中心的理财课程,或者与配偶讨论对于孩子成长期间的责任。关于这一需求组,最重要的问题是:

1. 现有产品如何为客户"筹划未来"?
2. 何种产品或服务能够帮助客户"筹划未来"?客户现在使用什么样的产品?这些产品与个人责任保险产品之间是什么关系?采取何种措施才能使个人责任保险产品与其他保险产品结合起来,共同帮助人们"筹划未来"?
3. 现有产品有哪些方面无法满足需求前景中客户的特殊需求、烦恼或激情?正如需求组中所描述的内容与"筹划未来"相关的内容那样。

然而,这些问题只是限定了情境或者界定了问题的所在。他们本身不过是为思考以及解决问题所做的热身练习而已。这些是思考个人责任保险产品及其如何与来自于客户方面的需求互动的方式。真正需要的不仅是要思考问题的核心所在,从更广义的范围来讲,要超越问题的核心。正是从这一广泛的批判性思维中迸发出了机遇、创新和全新的理念。三个突破性的创新与发展的角度可以为这种批判性思维提供一套系统的方法。

表 4-1 确定问题所在

两个以目标为基础的需求组	个人责任保险范围					
	涵盖对象	支付模式	购买动机	涵盖范围	地理范围	分布
事先计划						
· 行动						
· 优先度						
· 背景						
· 需求						
· 挫折与热情						
认识新事物						
· 行动						
· 优先度						
· 背景						
· 需求						
· 挫折与热情						

安联的三大透镜

宇航员可以采用多种方式探索太空,包括以不同方式"深入太空",进行探索。通过太空望远镜从远处观察,可以看到太空中的生命以及太空的绵延不绝。但是,太空也在变化,也存在断裂。因此,为了了解整个需求的环境,必须从不同视角去观察。

需求前景为企业探索机遇提供了一个很好的出发点,形象地说,企业利用需求前景所提供的视角寻找机遇。有许多种方法和批判性思维的工具都可以帮助企业探索需求前景,从中寻找机遇。也可以帮助企业

第四章

发现消费者尚未发现的领域。这些工具和方法大致可以被分为三种视角,或者称之为"透镜"。

第一个镜头:消费者视角

透过消费者的视角以及消费者生活的社会环境和消费情境,企业管理人员可以通过识别相邻或相似的消费者目标和日常生活的方方面面探索新的机遇。观察与消费者相关的活动、任务以及重要活动或者权衡比较,可以深入了解消费者活动。消费者为了达到目标、完成任务,是如何分配其有限的时间、金钱和精力的呢?

目标相近。[3] 消费者日常的目标是否与需求前景中的其他目标相近或者超越了需求前景中的目标?这些目标对于消费者有着怎样的重要性?对于安联而言,在需求前景中所显示的一个相近目标是有些人想为他人"提供帮助",可能是以礼物的形式,尤其是为其家人提供帮助时。这是一个特定的目标,而且是经常出现的目标,这一目标被划分为一个需求组,与"筹划未来"的目标相近。何不以某种方式将为子孙提供帮助的相近目标和计划未来结合起来呢?为消费者提供一种选择,以简单的礼品券的形式将保单代替礼物赠送给自己的家人,也不失为一份恰当的礼物。

探索利用其他行业内相近目标的益处不胜枚举。例如,在二十世纪九十年代,一家日本公司在欧洲市场上推出了养乐多饮料(Yakult),这是一种含有药用成分、味道独特的饮料。尽管这种产品风靡日本,但是,以这种产品特点为定位的营销,在欧洲市场却未能获得成功。1997年,达能(Danone)公司在欧洲和拉丁美洲也推出了名为 Actimel 的类似产品,而达能这次营销利用了消费者日常生活中两个相近的目标:(1)在上班路上随身携带重量较轻而又健康的饮料;(2)吸收饮料中的药用成分,能够增强身体免疫系统,保持旺盛的精力。Actimel 被定位为一种健康食品,是早餐的替代品,达能以前鲜有涉足。达能开始关注这两个相近的目标之后,Actimel销售量开始增长。营业额在五年内超过了六亿欧元。[4]

相关活动。在"未雨绸缪"这一需求组中,有一种活动总是重复出现,那就是忧心忡忡的父母们参加心脏复苏术和急救培训班。除了个人责任保险,他们可能还拥有家庭财产保险。为什么不将个人责任保险和某些训练结合起来,使得购买行为或者购买经验在某种形式上演变成一种消费体验呢?保险销售人员能否在个人责任的更广阔的框架内为消费者提供防范事故以及风险管理方面的建议呢?

重要任务和利弊权衡。安联发现,消费者非常重视保险的储蓄功能,同时还希望从保险中获得最大的保障,并希冀从中获得某些回报(有时甚至以欺诈为目的)。安联又如何解决这两种明显冲突的目标呢?一种可能的方法是提供一种产品,如果这种保险产品未加使用或者保单持有人在特定时段内从未提出索赔要求,可以返还保单持有人一定数额的费用。

分析消费者对于利弊的权衡和选择是需求前景的一个重要特点。如果在需求前景中识别出消费者的利弊权衡和选择,就可以从中发现机遇。这通常被称为消费者的自相矛盾。宜家家居(IKEA)和斯沃琪手表(Swatch)巧妙地解决了这个由来已久的矛盾:消费者既要求产品设计精美,又要求负担得起的价格。在宜家家居和斯沃琪手表出现以前,设计精美的产品价格都非常昂贵。塔吉特(Target)、Zara以及H&M这样的服装品牌也同样解决了消费者在价格与时尚之间的两难选择。在这些零售企业和品牌出现之前,价格低廉的产品不时尚,而时尚的产品不便宜。

第二个镜头:市场视角

市场营销人员经常会脱离产品的消费或者使用环境,去研究消费者

第四章

或者产品。这种研究可能导致公司仅从产品性能或服务效果等单一方面,去改进产品或者满足消费者的需求。但是,这样的方法存在局限性。

这也是为什么要颠覆市场,或者从完全不同的角度去解读产品消费环境的原因。如果企业放下自己的产品去认识自己,结果将会如何?如果这种产品或服务根本不存在又该怎样?消费者又该作何反应?他们会寻找何种替代品?同样,如果消费者在使用或者购买公司提供的某种产品时,公司考虑到提供某些消费者能够充分利用的辅助性产品或服务,结果又是怎样?如果公司用某些完全不同的观点以及消费观点去挑战消费者,又会产生什么样的结果呢?

安联根据以下这三种可能出现的产品类型,继续重新审视市场:(1)替代品和干扰品;(2)促进品、补充品和促成品;(3)反对者。

替代品和干扰品。关键问题是如果无法获得现有产品或服务,消费者将如何完成生活中的某些活动?这些产品可以很容易地被其他产品所替代。一种品牌的啤酒,可以被另外一种品牌的啤酒代替。在消费者观看体育赛事时,百威啤酒可能是首选,而消费者在家的时候,也许会选择另外一些品牌的啤酒。与朋友聚会时,啤酒也可能被其他烈酒、葡萄酒或者水代替。这种方法的力量来源于探索消费情境中的替代品,即在需求前景范围内,这种产品的替代与典型的经济学课堂上所讲的替代效应是不同的。

为了企业的未来发展,安联可以通过选择不同的替代产品来替代家庭财产保险、汽车保险甚至投资基金,来保护企业的发展。在安联分析的重要的消费者动态中,与替代品相关的分析结果是未来保障机制的替代方案。问题的关键是判定生活方式不同以及需求不同的不同消费者是否准备用替代产品去替代个人责任保险产品。

与替代相关的问题是干扰品:即引进或改进其他消费领域看似无关的产品或服务,虽然这种产品或服务暂时未对本领域的产品消费或使用产生影响。试想,可以车载的 iPod 对于汽车内的立体声音响设备和汽车后备箱内的 CD 转换设备的影响。消费者现在不会将其汽车内的音响和 CD 转换设备扔掉。但是,他们可能会改变他们使用车载音响的方式,当然对于在汽车后备箱内装入第二套 CD 转换设备的需要就减少了。在这种情况下,对于立体声音响设备以及音乐产品的购买而言,iPod 就是一种干扰品,而非替代品。

那么,受人欢迎的辅助性产品或服务,对于个人责任保险产品又会产生何种影响呢?家庭财产保险部门曾经对于辅助性产品或服务,比如钥匙服务(如果你的钥匙丢了,锁匠会为你提供免费的开锁服务)或者水管维修服务(如果水管破裂,安联公司附属的水管工将会解决这个问题)进行评估。这种类型的服务,都代表个人责任保险产品的潜在干扰品。

促进品、补充品和促成品。这些是指消费者在某个消费阶段所使用的品牌、产品或服务。上等葡萄酒要配纽约特选长牛排和奶酪蛋糕点心,这是这一消费时刻的重要组成部分,而在某些国家,一杯浓缩咖啡则必不可少。CD 必须配备 CD 播放机才能使用。而一袋乐事薯片增强了三明治消费过程的体验。雀巢(Nestle)奇巧(Kit Kat)巧克力也可能起到同样的作用,而不是三明治消费的补充。促成品与主要产品或服务之间并没有直接联系,但却同样起到了补充的作用。iPod 不仅仅是一种数字音乐播放器,它同时还促进了音乐与图片库的管理。[5]

对于安联及其个人责任保险来说,消费者经常表达出来的计划未来的目标包括为上大学而储蓄,或者为退休生活储蓄或者在生命的某个阶段作出重大改变等诸如此类的活动。某些新型的个人责任保险可以视为这些活动的补充品,因此,可以与其他金融产品搭配起来提供给消费者。

完全不同的消费者市场。对比完全不同的消费者或者极端的消费者是一种极其有效的分析工具,能够识别新的机遇。1998 年,我们对于

第四章

位于巴黎的李维斯（Levi Strauss）公司进行了调查研究。其中有好几天都用来研究歌星麦当娜（Madonna）辉煌的演唱事业中不断重塑自我的能力。其中一个研究小组画了一幅由多个同心圆组成的地图。他们将生活在边缘的人放在了最外一圈，在中间一圈放的是那些自认为很酷、很时尚的人。在最里面的一圈中，放置的是那些普通的消费者。从这幅图研究小组发现，麦当娜的成功在于汲取了处在边缘的人们的新思想和新想法，利用其自身的偶像地位，首先将这些新的理念传达给了那些自认为很酷的追逐时尚潮流的人们，这些人又对大众产生了影响。这就向我们阐明了一点：机遇就存在于我们中间，藏匿于我们所看到的表象背后。从完全不同的消费市场的角度绘制需求前景能够帮助我们发现看不到的创新机遇。

这种方法的另外一个案例是印度的 CavinKare 公司。公司的 Fairever 品牌是联合利华印度公司旗下 Fair&Lovely 产品的竞争对手。联合利华公司的这款产品在印度肌肤美白祛斑产品市场中占有很大份额。联合利华将其产品定位为"护肤专家"，专门针对发达地区的年轻消费者。而 CavinKare 公司面对印度农村数百万消费者进行了成功的营销，而这一市场的消费者每月的收入只是四美元。这是一个争夺非消费人群的经典案例。如何竞争呢？通过提供如茶包大小的小包装产品的形式。每包售价仅为几分钱。CavinKare 公司 CEO 兼主席 C. K. 阮甘纳桑（C. K. Ranganathan）说，Fairever 的成功得益于准确地捕捉到了印度的非消费者的需求前景。公司发现为非消费者服务不仅仅是降低价格或者提供有价值的产品。实际上，经济能力较弱的非消费者和城市里的消费者一样，也需要同等质量的商品。需求前景中所显示的成功模式表明，拥有同样需求的农村消费者，在农村环境中有着不同购买模式，这些模式非常普遍，但是数量较小。[6]

安联采用这种方法，对生活在德国农村和城市中的不同消费者进行对比研究。因通过不同的代理人网络销售的力度不同,这两组消费者之间的差异也非常明显。安联还对决策方式和行为不同的两组消费者进行了对比。一组消费者极其保守,对于保险产品了如指掌,通常不需要依靠保险代理人就可以分析不同的保险替代产品;而另外一组消费者则具有完全相反的特点,其中包括故作"无知"的消费者。[7]

第三个镜头:行业视角

三个重要的思维模式有助于从行业的角度探索新的机遇:(1)通过研究行业传统理念与消费者日常生活中的信念和行为,挑战行业内的假想、传统理念或者现状;(2)研究环境中的变化,包括那些通常被定义为不连续性的混乱,而且还要评估这些变化对于消费者日常生活的影响;(3)探索替代商业模式。

挑战行业内的理念。挑战行业内的理念,要求首先确定行业内根本的观点,而后通过与需求前景中所描述的消费者日常生活现实进行对比分析。[8]比如,德国第二大折扣零售商——Lidl & Schwartz 公司的创始人成功挑战了零售行业内根深蒂固的观点,即大幅折扣必然意味着只能提供自有品牌或者与名牌产品对应的未注册的品牌产品。这种观点是由大幅折扣商品第一大零售商 Aldi 的商业做法引发的。Lidl & Schwartz 公司另辟蹊径,在商店内引进著名品牌的产品,精心挑选商品以保障店内商品流量的最大化,从而发现了另外一片天地。这种做法改变了大幅折扣即为质量低下甚至声名狼藉的产品代名词的观点,因此扩大了市场,市场范围远远超出了 Lidl & Schwartz 预先设想的范围。

正如前进保险公司(Progressive)一样,安联公司决定探索挑战保险行业传统销售渠道的可能性。在这一阶段的调查研究中,对于在超市销售保险产品的可能性进行了探索,主要是观察顾客在收银台结账时,是否愿意购买某种保险产品。在英国,具有创新精神的乐购超市(Tesco)

第四章

曾经做过类似保险产品消费的实验,这是花旗集团CEO桑迪·韦尔(Sandy Weill)常常提及,但却从未实现的建造"金融超市"梦想的直接体现。

安联要寻找的答案是:"如果顾客可以购买一年的个人责任保险,那么是否也有可能购买一天的保险呢?"安联还考虑到了一些附加服务,这些附加服务可以改变安联的整个服务表现。安联可否提供安全顾问服务,比如建议顾客如何让家变得更安全,避免孩子在家里受到意外伤害?另外一个问题是:"如果一种保险产品不提供受到伤害后金钱方面的赔偿,结果又如何?如果有一种产品可以替代金钱赔偿,那么,这样的产品意义何在?"

在挑战行业传统时的根本问题在于,不能局限于"我们如何打破行业传统或者改变行业思维逻辑?"而是应该围绕着与消费者生活的相关性这一主题进行研究。打破行业传统或者改变行业逻辑并不值得一试。在当今复杂的市场环境中,简单地从购买者的价值角度去思考问题太过抽象,也过于宽泛,无法获得深刻认识。然而,将打破行业传统以及改变行业逻辑的框架作为分析工具,用来研究精心构建的综合需求途径时,则有很大的帮助。

观察环境变化。需求前景可以为探索环境的不连续性提供丰富的信息。例如,从零售商的角度去认识主要食品的消费趋势。2002年,美国居民家庭内食品消费首次高于家庭外的食品消费支出。这样的拐点促进了美国全食超市公司(Whole Foods Market)和韦戈曼(Wegman's)食品公司的发展。

请认真思考这样一个问题——商业市场中潮流的变化预示着什么?2005年,有史以来,美国公司购买的诸如网络电话(VoIP)这样的网络通信设备首次超过了传统的电话设备。[9]当两种潮流发展的速度存在差异时,通常就会产生机遇,尤其是这种差异对需求前景产生影响时,更是如此。

私人资产管理公司 Veronis Suhler Stevenson(VSS)预测,全新的媒体广告包括有线电视广告、卫星电视广告、网络广告以及电子游戏广告将在未来的五年内以每年17%的速度增长,到2009年将达到690亿美元。同时,传统的广告(现在为8 580亿美元)则只会增长7.3%。[10]在美国,2004年媒体方面的消费支出增长了6.5%,达到1 780亿美元,这一数字已将超过了在广告方面的支出,在广告方面的支出为1 760亿美元,只增长了3.2%。[11]这些重大的改变表明,向消费者传达信息方式发生了重大改变。营销人员在营销方面的支出将会转向雅虎或者谷歌这样的搜索引擎。

安联在这种消费情境下探索该以何种方式走向市场以及接触消费者。如何改变与消费者的沟通方式?销售网络的未来角色是什么?新媒体如何为保险代理人网络提供支持?如何教育消费者?

探索新的商业模式。一种有效的研究是寻找新的商业模式,并且思考如何使这种新的模式对需求前景产生影响。一种全新的商业设计或商业创新模式是否会更准确地捕捉到隐藏在需求前景中的相关需求环境?这些问题至关重要。我们在探索新的商业模式时,应该探索公司作为一个整体的全部布局。这包括价值定位、目标消费者划分、销售渠道、公司实力、协作者和合作伙伴、成本结构和收入模型,以及公司如何赚钱。我们是在寻找能够适用于另外一种消费情境的模式。[12]

宝洁公司的品客(Pringles)薯片在与菲多利公司的知名品牌——乐事薯片的竞争中成功获得了部分市场份额,这很大程度上归功于宝洁公司在市场上应用了新的商业模式。该商业模式的每一组成部分本身与菲多利公司的模式相比,从销售系统到产品设计,到货架期,再到包装和制造,都有所不及。但是,各个环节综合在一起,却大幅降低了宝洁公司的成本结构,从而释放了一些资金。宝洁公司则明智地将这些资金运用到了品客的品牌建设上。而菲多利公司,正如在本书第三章所讲述的那

第四章

样,直到多年以后,才发现了藏在眼皮底下的机遇。通常,正是某种商业模式的成功制造了一个迷雾,迷住了公司的双眼,使得公司无法看到显而易见的机遇。

安联公司的研究小组建立了几种极端的商业模型,并将这些商业模型与根据消费者视角构建的需求前景进行比较。这种比较引发了激烈的讨论,在讨论中产生出了几种非常具有现实意义的新想法和新机遇。

采用结构化思维方法而非头脑风暴

在介绍重新界定机遇空间和三个镜头的概念时,一位经理这样说道:"所以首先要绘制需求前景,然后再进行头脑风暴。"

虽然需求前景可以为公司开辟新的探索领域,识别新的机遇可以成为一种轻松,甚至是令人心旷神怡的体验。然而,这一过程并非是采用头脑风暴的方法就能够实现的。重新界定机遇空间,需要运用结构化思维系统思考,而非想法的自由表达。

结构化思维和头脑风暴两者之间的差别似乎微不足道,然而,这些细微差别却至关重要。头脑风暴被广泛认为是一个思维碰撞的过程,不受任何形式和框架的限制。头脑风暴具备其自身价值,比如,构思新产品、提供多种选择方案,这些想法有些很古怪、疯狂,而有些则很有价值。但是,结构化思维围绕着消费者的需求前景、需求环境以及消费者日常生活有针对性地进行。其目标不是思考问题,而是解决某个问题。从这个角度看,结构化思维的方法更类似于 TRIZ(创造性解决问题的方法),这是一种称之为结构性创新思维以及解决问题的方法。[13]

安联研究小组采用的解决问题的方法和创新思维是由耶鲁大学管理学院经济学教授巴里·纳尔巴夫(Barry Nalebuff)和耶鲁大学法学院的依恩·艾尔斯(Ian Ayres)教授提出的。在《创新 DIY》(Why Not)这本

书中,纳尔巴夫和艾尔斯阐述了一种解决问题的方法,这种方法由以下四个基本问题决定:[14]

1. 克罗伊斯(Croesus)会怎么做?
2. 你为什么感受不到我的痛苦?
3. 这种方法还可以应用在其他什么地方?
4. 可以弃之不用吗?

纳尔巴夫和艾尔斯以萧伯纳(George Bernard Shaw)笔下的"非理性的人"那样的激情写道:"理性的人顺应世界,而非理性的人却坚持尝试让世界适应他。因此,世界的进步都依靠非理性的人。"他们以一个非理性的现代人——霍华德·休斯(Howard Hughes)为例证明他们的观点。霍华德·休斯在 TiVo 数字录像设备和卡带式影像录像机出现之前,就购买了拉斯维加斯电视台,这样,他就可以满足饱览汉弗莱·博加特(Humphrey Bogart)电影的愿望了。他们还列举了富庶的吕底亚(Lidya)国王和克罗伊斯的经典案例作为论据。在古希腊神话中,克罗伊斯以其无尽的财富和贪婪的胃口而闻名。

安联提出的问题是:"克罗伊斯会如何解决这个问题?"克罗伊斯会支付个人责任保险的保险费,还是仅仅从他无尽的财富中拿出一些钱来会赔偿不小心对他人造成的伤害? 在购买个人责任保险时,克罗伊斯会卖力地讨价还价吗? 还是愿意冒险,干脆放弃购买个人责任保险?

如果消费者的计划期限是一个月而非一年,安联能够将付款方式由年付改为月付吗? 乐购在超市销售保险。安联能够和连锁超市形成联盟,在超市销售其保险产品吗? 一家南非的保险公司为消费者提供选择,可以终身参保,并且愿意在出现保险事故之后依然向顾客销售保险,只要有足够长的期限能够收回保险费即可。

如果一个关键的购买因素涉及"筹划未来",安联就会去了解,虽然个人责任保险目前主要定位于承保相对较小以及远期的风险,这个保

第四章

险产品也完全可以被定位为承保灾难性事件的保险产品。目前,个人责任保险的广告画面呈现的是客厅中蹒跚学步的孩子在哇哇大哭,因为他弄翻了他朋友的小车,而且把泰德熊弄坏了。安联考虑的是这样的广告信息明确了这样一个事实,即个人责任保险覆盖的是某些情况,可以保护消费者免于高达数百万美元的责任损失。

与筹划未来相近的目标是"未雨绸缪"。个人责任保险能够助消费者一臂之力,将孩子送入大学?如果消费者每年缴纳个人责任保险费,而且从孩子出生之日起直到18岁没有任何索赔,在孩子18岁生日时,安联支付给消费者一笔现金,作为孩子上大学的部分学费,这样做会产生怎样的效果呢?

从与消费者的面谈中有了这样的收获,绘制了需求前景,并且进行了三大镜头的演练,安联在慕尼黑总部举办了一次论坛,在论坛上,公司的高级管理人员进行了一次各种不同观点的大讨论。来自于公司不同业务部门的经理和高级管理人员组成了一个跨职能部门的突破小组。在论坛结束时,个人责任保险的全部机遇空间得到了很大的拓展。突破小组发现了将近40种切实可行的新产品和服务构想,这些新的想法和机遇是基于下列标准筛选的:

> 发展潜力低的想法会即刻被去除,即使这些想法看上去很容易实施。
> 发展潜力巨大但是实施起来难度较高的构想会暂时被搁置。
> 发展潜力巨大而且易实施的想法将会立即被研究。

最终,安联开发了几种能够即刻付诸实施的创新产品。而更重要的是,安联在拓展整体机遇方面的工作卓有成效,不仅扩大了某个保险产品的机遇空间,而且还拓展了整个保险产品类别的机遇空间。公司还为未来的创新制定了框架。

试验结果

试验项目和个人责任保险论坛结束之后,曾任客户关系部经理、现任公司 CEO 的迈克尔·迪克曼(Michael Diekmann)将公司与消费者之间的密切联系作为研究小组工作的重点。公司的目标是通过设计创新产品或服务,改善消费者的购买以及消费体验,藉以提高消费者忠诚度,留住消费者,最终达到增加消费者满意度的目的。

在安联历史上,以创新而著称的一些做法,比如实施新的价格体系,是典型的从产品角度进行的创新行为。而现在安联寻找的是一种更广泛的解决问题之道,能够使公司达到创造客户优势的目标,从而使客户不仅自己购买安联的保险产品,成为长期客户,而且,还会向同事和朋友推荐安联的保险产品。

对于托马斯·萨莫而言,个人责任保险公司从这次试验项目和论坛中获得的最明显的收获就是营销部门和保险产品部门的管理人员能够共同合作,集思广益,实施新的想法,促使这个多职能小组积极行动,共同享受成果。"我都记不清有多少次,这个项目的参与者来和我说过,'你知道,我们五年前就有了这个想法,但是因为没有实践的框架,最终都不了了之。'"

螺旋式上升

安联最终踏上了一条崭新的可持续发展的道路。到 2005 年,安联在世界范围内金融服务公司排名中位居第四(花旗银行位居榜首),并且在《财富》(*Fortune*)杂志世界 500 强企业调查排名中,重振往日雄

第四章

风,成为世界第 14 大商业企业。安联的子公司遍及世界的 70 多个国家,而且许多公司都具有很强的赢利能力。

重要的是,安联的故事到此并未结束。DIG 模式一旦在公司内部得以实施,就像是一个接力赛,处在不断盘旋上升的模式。模式中的所有因素都参与了这场接力赛,一棒接一棒,推动公司不断前进。如果安联将这种旁观者的视角嵌入企业,随着时间的推移,公司将会有更大发展。

本书下一章将重点讨论构建机遇空间。DIG 模式发展到这一阶段,为公司提供了有效界定机遇空间的训练。既然公司已经打开了机遇之门,现在则是重新考虑解决何种问题(能够解决什么问题)的时候了,也是将这些创新产品摆上桌面,向"现实中"的消费者进行展示的时候了。从创新的角度所得出的经验是:与进行产品、技术、服务或者新的营销方法创新不同的是,构建机遇空间要求围绕着需求优先的平台进行创新。这样的创新关注的是,如何改变人们的日常生活或工作。正如下一章中所讨论的那样,与现行的脱离消费环境进行创新以及由公司内部视角出发的创新行为相比,以需求优先为创新出发点的战略、创新和营销行为更富有意义、更有价值。我们用整章的篇幅介绍需求优先的发展平台,因为这个创新与发展的平台对于公司来讲至关重要。一项对于 1955 年以来名列《财富》杂志 500 强的 93 家公司的研究表明,发展迅速的公司与其他公司最大的不同在于,快速发展的公司追求的是以发展平台为基础的发展。[15]

在下一章中的通用电气公司医疗集团的 Carestation 医疗器械案例,讨论了整个公司所采用的 DIG 模式,并且,围绕着构建机遇空间进行了重点讨论。

第五章　构建机遇空间

2003 年 10 月 9 日，通用电气医疗集团宣布以 20 亿欧元的价格收购芬兰医疗设备生产商 Instrumentarium。在此收购完成之后，该集团又宣布以 95 亿美元的价格购买英国安玛西亚公司（Amersham plc）的所有股票，从而完成了对该公司的收购。[1]

乍一看，通用电气公司似乎已经牢牢掌握了医疗影像、病人监测、麻醉技术、重症监护以及医疗信息系统等大多数先进医疗领域的专业人才以及产品组合。但是，对于 CEO 杰夫·伊梅尔特（Jeff Immelt）而言，这些收购行动的意义更加深远。这些收购就是伊梅尔特公开宣称的"发展平台"。这些收购的实际意义，并不完全在于为解决消费者问题而提供的技术或产品，而更深远的意义则是，通过这些收购，实现方法、实力、产品以及服务系统的整合，使各方面紧密地形成一个整体，并且，自然地融入到医疗服务商和病人日常生活中尚待开发和探索的各种领域。

发展平台是时下公司内的时髦词，是世界商业术语的经典词语。[2]正因如此，这个词非常容易被过度使用，也很容易被误解。所以，请允许我们首先要明确这个词的准确含义。我们所说的发展平台有以下几层含义：

第五章

> 发展平台可以详细阐述一种新的产品、服务或者一套方法,或公司实力与消费者完成其主要项目、任务和目标之间的联系。发展平台的目标是整合并改变消费者的消费体验。发展平台预示着开发客户优势的轨迹意义非凡。

> 发展平台至少具有两个层面:(1)需求层面,消费者在其日常生活或工作中如何看待其工作、生活中的任务和活动,因此,称之为需求优先的发展平台;(2)供给层面,或者公司资源和实力层面,可能会包括一种新产品品牌或者公司实力的各个层面。这两个层面确定了这个新产品、新的品牌概念、解决之道或者一套方法的作用,并且通常意味着发现从单个产品角度无法看到的创新与发展的新机遇。

> 发展平台可以确保公司避免为创新而创新,或者仅仅因为某种技术的存在能够改善产品而进行创新,而不是针对这个消费者行为进行创新和创造全新的消费体验。发展平台有助于公司避免短视行为,仅仅围绕着某种产品或服务进行创新。通常,发展平台可以将公司不同部门的实力、技术、产品和解决之道加以综合利用。

> 发展平台不仅意味着一系列的产品或服务(这是产品平台)。发展平台是为产品和广义的能力和方法构建机遇空间的一种方法。一个真正意义上的发展平台拥有比现有产品更多的丰富内容,而且发展平台还包含着新的起点和指导方针,为未来产品的推陈出新提供有效帮助。

伊梅尔特谈到,GE通过收购 Instrumentarium 和安玛西亚公司获得了新的发展平台,他看到了一种方法,一种为培养相关产品的不断创新而构建机遇空间的方法。

在前一章中，我们曾介绍了一种从需求优先的角度去探索创新与发展的新机遇的方法。但是，这些机遇本身并不能创造价值，这些机遇必须付诸实践才可能产生价值。这些机遇本身并不能导致生产变革和可持续的客户优势，同样，只有加以实践才能产生这些结果。DIG 模式并没有停留在识别机遇或创新的阶段，还包括其他更加深入的阶段：利用这些机遇、创新和结构，重新界定和划分机遇空间（通过确定需求优先发展平台的方法得以实现）以及为行动绘制战略蓝图。

GE 医疗集团的 Carestation 麻醉剂输送系统的开发，为这一模式提供了很好的例证。该案例重点关注的是公司如何构建机遇空间。Carestation 的中心目标是解决麻醉师所面临的挑战，即在各种不同的手术过程中实行麻醉剂的输送。

从产品到需求优先的发展平台

我们有必要了解一下，位于赫尔辛基的 Instrumentarium 在被 GE 收购之前所采取的创新方法。Instrumentarium 是在 20 世纪之初由几位医生创立的。当时的业务是大规模进口医疗设备。在被 GE 收购之前，该公司已经发展成了一个资产达数十亿美元的医疗集团，旗下拥有众多光学医疗器械零售公司以及生产餐厅厨房设备、电路板、家庭婴儿保健产品和高端医疗设备的企业。

最令 GE 医疗集团感兴趣的是 Instrumentarium 的欧美达（Datex-Ohmeda）医疗器械公司，该公司本身就是 1998 年 Instrumentarium 公司旗下的 Datex（数据专家的缩写）公司与位于美国威斯康星州麦迪逊的 Ohmeda 公司合并的产物。合并之后的欧美达控制着世界医疗器械市场的主要份额，处于迅速发展的麻醉监控及输送设备领域的领先地位。

Instrumentarium 和欧美达之所以能够成功地为手术室提供高质量

第五章

的医疗器械,其秘诀在于公司长久以来和赫尔辛基大学医院保持密切合作的优良传统。公司长久以来一直从医院的实习医生中招收年轻的工程师,不仅如此,公司还积极鼓励这些雇员继续与其前任雇主保持紧密联系,为其提供咨询服务。20世纪80年代初,在Datex公司工作的200多名工程师中,很多人都一直在赫尔辛基市内及周边的医院内兼职从事顾问医师的工作。而医院也积极鼓励他们深入了解Instrumentarium公司开发生产的日益复杂的医疗器械如何在医院和手术室中发挥作用。

在20世纪90年代中期,Datex公司引进了第三代麻醉系统(AS/3)和麻醉剂输送仪(ADU)产品组合。这些新的产品将麻醉监测仪(AM)和麻醉记录系统(ARK)整合成了一套成熟先进的组合产品。2001年,欧美达公司负责产品组合的小组向市场推出了一套性能更为先进的麻醉剂输送系统。这一小组成员之一就是汤姆·海格布罗姆(Tom Haggblom)(曾为麻醉护士及欧美达公司营销与产品开发部专家,后来成为GE公司生命保障部门的医疗主管)。海格布罗姆将这些新的整合产品称之为"平台",而不是产品。

平台的概念是源于海格布罗姆所属的市场组合小组所开展的一系列研究探索。该小组对手术期(麻醉前、中和之后的)市场进行了认真研究,寻求拓展产品范围的可能性,将严格定义在"麻醉工作站"内的产品,拓展到医院内其他使用医疗器械的部门。

实际上,海格布罗姆小组已经创造出了需求前景的雏形,而且以此为起点,正在进行创新。而正是这种独特的产品开发方法吸引了GE,使得GE锁定了Instrumentarium公司,作为其潜在的高价值收购目标。

Instrumentarium公司的产品开发方法很大程度上依赖于其系统化的医院和客户信息。公司麻醉输送系统的成功开发是欧美达公司五百多名科学家和工程师,以及来自于世界不同国家的麻醉师和麻醉护士顾问共同努力的成果。他们的任务是识别和确认处于其自身工作领域最前沿麻醉师的特殊需求。

客户的需求

客户的需求奠定了 DIG 模式各个因素的基础。在 2003 年 10 月收购 Instrumentarium 公司之后，GE 公司通过在 Instrumentarium 公司产品开发的公式中引进新的因素，将 Instrumentarium 公司的营销方法移植到了 GE，奠定了 DIG 模式的基础。

"我们经常宣传我们需要了解客户对于这些设备的观点。"瑞斯托·洛斯(Risto Rossi)回忆说。瑞斯托·洛斯是 GE 的一名经理，20 世纪 80 年代末加入 Instrumentarium 公司，当时为整合病人监测系统和医院信息管理产品方面的专家。"医生的眼中没有任何成像仪器、任何监测仪器和输送仪器。早晨 7:00，医生走进手术室，他们不看也不关心这些仪器，他们看到的只是能够帮助他们最迅速、最准确地完成手术的工具。在手术室这样高度紧张的环境中作出正确决策取决于医生凭借直觉迅速判断出病人情况的能力。"

为了将这个全新的视角扩展到公司更多部门(也为了纠正固有的成见)，GE 雇用了一家由曾为芬兰航空公司(Finnair)飞行员创建的人因学专业公司进行研究。向人因学专家寻求帮助是非常明智的举措。GE 员工迅速意识到了手术室内的手术过程与驾驶飞机之间的联系，这是非常宝贵的收获。

芬航飞行员兼医院研究项目小组成员阿托·海洛沃(Arto Helovuo)解释说："对于飞行员而言，起飞和降落最为关键，因为起飞和降落消耗的精力最多，而且必须全神贯注。对于麻醉师而言，在手术前配制正确比例的麻醉剂并且观察病人的生命体征就像飞机起飞，而使病人复苏是关键时期，就好比是降落。"

第五章

将手术室当做飞机驾驶舱的比喻是一个非常恰当的确定问题的方法,可以将手术室中的关注点由单纯的人力技巧转移到范围更加广泛而且是与最终目标联系更加紧密的信息管理上来。飞机驾驶舱和手术室的对比对于解决手术室快速现代化中所出现的根本问题非常具有启发性。手术室的现代化类似于空中客车公司装备了电子操纵飞行控制系统的飞机,将飞行员的职责和技术从传统的操纵杆使用技能转向信息管理和分析的能力。

一组来自全球的营销人员,在工程师和设计师的支持和帮助下,采取了下一步措施:组建由工程师和行业设计师组成的观察小组,在不同国家、共计25个各自工作的手术室的真实环境中拍摄操作使用麻醉剂输送仪的工作过程。观察小组成员不辞辛苦,长时间地记录下了临床医师的所见所闻以及所触摸过的仪器、他们的对话对象以及所接触的人员以及这些行为的原因。在这一过程中,他们只是拍摄,但是没有直接和医生进行过任何讨论。这种研究公正、有组织,而且不妨碍医生工作。

在拍摄完成之后,研究小组将录像资料转化成数据库,数据库中包括多种问题、研究人员观察到的、推测出的以及医师们表达出来烦恼等内容。研究人员将从录像资料中归纳出的四百个"问题表达句"提供给芝加哥15位著名医师,其中包括13位麻醉医师和两位注册麻醉护士,请他们挑选出最具代表性的问题,方法是通过在坐标纸上对问题进行排序并绘制成图,作为理想的手术室的再现。

尼尔·桑迪(Neal Sandy)是GE医疗集团的战略营销负责人,他回忆说,这些基础性工作的目的是从多方面认识数据中所反映的问题,并且从消费者角度去了解不断变化的产品平台。在GE医疗集团价值150亿美元的业务中,这个认识过程涉及"横向而非纵向地认识问题,因为在医疗产品领域中呈现的发展机遇跨越了GE许多其他业务领域"。

研究小组发现了问题以及医师们的烦恼,而这些问题和烦恼对于医师们似乎已经司空见惯,觉察不到了,因为多年与同样的仪器打交道,医师们已经形成了补偿行为或者迂回办法。颇具讽刺意味的是,以前这些产品导致了许多医师现在的问题和烦恼,但是,消费者和医师都已经不再将这些问题视为问题了,直到研究人员向他们明确地指出并和他们进行讨论时,才意识到这些问题的存在。例如,在研究之前,消费者已经习惯了跨越并绕过各种仪器的缆线。很少有医师为这种仪器的摆放而烦恼,直到他们看到 GE 公司提供的创新产品——Carestation 麻醉剂输送系统,其缆线管理和配置简洁大方,医师们才意识到这种烦恼。Carestation 麻醉剂输送系统将不同"解决方案"集合在一台仪器(工作站)上,可以完成输送麻醉剂并可以对此进行监测。

Carestation 麻醉剂输送系统(2005 年推出第一台产品)的开发是基于许多对手术室内消费者需求环境的细微但重要的发现。Carestation 麻醉剂输送系统这一重大的产品开发突破,也发生在 GE 公司内部,在 GE 医疗集团,管理人员必须向公司商业委员会提交创意想法,作为"创想突破"行动的一部分。"创想突破"来自于公司各部门,是一组"大想法",这些想法被提交给商业委员会以供讨论,如果将这些想法付诸实践,将会为公司带来超过一亿美元的营业收入。("创想突破"是 GE 公司全球行动计划。这是一个非常好的例子,可以阐释公司如何将旁观者的视角嵌入到创新行动中,本书第九章将会详尽阐述。)

Carestation 麻醉剂输送系统正式被指定为创想突破行动的一部分。公司立即从 GE 的不同业务部门,包括信息技术业务部门、生命支持系统部门下属的麻醉学部门以及监测仪器部门,抽调人员组建了专门

第五章

的开发及营销小组。这一由多部门人员所组成的小组的根本任务是列举出业务动机。首先，如果将不同部分进行整合，那么消费者将会享受更好的临床效果，医师们也会在工作过程中享受到更好的工作效果。第二，市场对于整合麻醉系统的需求日益强烈，同时，也扩大了由不同公司(P&Ls)生产的软件和硬件产品的市场。

在这一点上，显然，收购安玛西亚公司对于 GE 公司发展平台的建设做出了重大贡献。前任安玛西亚公司执行官让·米歇尔·科索瑞(Jean-Michel Cossery)现在出任 GE 医疗集团的首席营销官，他被指定为 GE 医疗集团所有创想突破行动的营销总监，在与小组成员讨论时，他发现虽然 GE 一直关注的是确定未来医疗技术的发展，而安玛西亚公司的制药业方面的专业背景将这一重点转移到了更多的关注临床方面的发展，因为制药公司需要提供某种新药的完整临床实验报告才能通过主管部门认证。这种做法对于 GE 医疗集团的创新方法是一种重要的补充，最终产生了全新的、卓有成效的需求优先的发展平台。

从发展平台到公司组织的变化

GE Carestation 作为创想突破行动的指定项目促使公司结构的调整，推动小组内的非营销部门的技术人员将精力不仅集中在获得工程和技术解决方案上，而且还将部分精力集中在了除此以外的领域。无论是 Instrumentarium 公司、安玛西亚公司还是以前的 GE 医疗集团的营销方法，本身都无法独立地成功构思出 Carestation 并将其定位为 GE 的长期发展平台。Instrumentarium 公司带给 GE 的观察方法，虽然本身就具有创新性，但是也不足以创造创想突破。安玛西亚公司确定的严格的制药认证方法本身也不可能推动创想进程的前进。GE 医疗集团日臻完美的技术方法需要注入来自于安玛西亚公司和 Instrumentarium 行之有效的技巧，共同推动由需求角度发展而来的产品平台向需求优先的发展平台演变。

构建机遇空间和相关卖点

公司开发出切实可行的需求优先的发展平台之后,需要制定路线,按照以下三种方式中的任意一种去创造客户优势:(1)通过以全新的方式使产品或服务与消费者的日常生活产生互动;(2)通过以消费者都无法描述的方式改善消费者的日常活动和任务;(3)通过满足消费者新的或者尚未表达出的需求的方式或者通过利用消费者的欲望、梦想、幻想和渴望的方式。这三种方式的目的是掌握更大份额的需求环境。在任何一种创造客户优势的场景中,不仅是具有创新性的某个单一产品或服务,或者是一组产品或服务,为公司创造出了客户优势。而且,公司实力、产品、服务、工具和方法的特定组合,成功捕捉到了由需求环境中提炼出来的需求前景,这个特定的组合才是最重要的。明确清晰的定义和阐述这个组合阐明了消费者如何将这一发展平台吸收同化成自己日常生活的一部分。

那么,构建机遇空间的重要步骤就是确定公司相关业务的卖点。从消费者的视角去分析公司与其他公司竞争的空间和市场在哪里?公司可以在哪些领域竞争?

另外一个重要的因素是如何决定所识别机遇的优先顺序。这些机遇本身或者将这些机遇结合在一起如何抓住需求环境,创造出整体的、具有变革意义的产品消费或产品使用体验,最终实现可持续的客户优势?哪些机遇包含那些能够成为公司卖点的不同需求组呢?又该如何开发利用这些卖点呢?图5-1展示了需求优先的发展平台与本书中其他概念之间的关系。

第五章

图 5-1 从需求环境到公司卖点

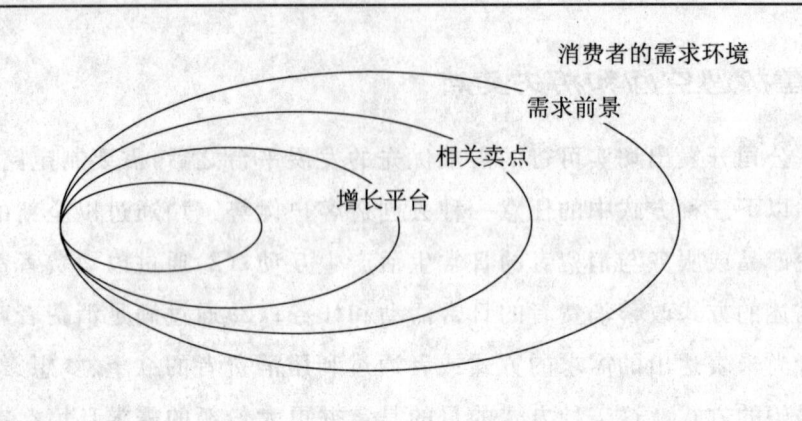

```
              消费者的需求环境
           需求前景
        相关卖点
     增长平台
```

如果深入探究，可以将思路转向建立能够实现消费者优势的发展平台。如果史蒂夫·乔布斯仅仅将 iPod 作为苹果公司炫耀强大的计算机产品系列中的附属产品，也许 iPod 最终会被淹没在 iMac 的附属产品之中。但是，将 iPod 作为一个独立的需求优先的发展平台（一个能够帮助消费者管理音乐的平台），则促使乔布斯必须与音乐公司签订合约，得到下载音乐的授权，从而产生了 iTunes 音乐软件和 iMusic 音乐商店，而且，还说服了两千多家供应商为 iPod 提供量身定制（诸如 Bose 公司生产的 SoundDock 便携式数码音乐系统）的产品。正是这种明智的选择使得苹果公司能够去创造深受欢迎、改变行业面貌的产品使用体验，而更重要的是创造出具有变革意义的产品使用体验，并且能够建立真正的客户优势。从产品角度来看，与 2 000 美元一台的电脑相比，iPod 价格低廉——从 199 美元到 399 美元不等，使人自然而然地将其作为一个延伸产品。无论从需求优先的角度看，即消费者在日常生活中管理音乐的需求（选择、购买、收听、存储和删除音乐），还是从需求环境规模的大小来看 iPod 的机遇空间，乔布斯决定将 iPod 作为单独的发展平台实在是明智之举。想一想,要将一个价格为399美元的iPod存储空间装满,需要花费10 750美元,而现在平均每个iPod只下载存储了25首歌曲。从产品的角度看,iPod所面临的巨大机遇可能已经存在,就隐藏在表象之后。

下面将简明扼要地系统介绍构建机遇空间的步骤:

1. 进行逻辑分析

确定一个发展平台的逻辑推理的出发点通常为探索需要考虑的产品、服务、品牌、能力或者研究方法构建需求前景的方法。GE医疗集团的研究小组采用十几个步骤,邀请旁观者和公司行政管理人员置身于手术室考察,并且通过观察手术室内的情况,为Carestation构建了需求前景。GE公司的战略营销集团中的尼尔·桑迪被公开命令从消费者视角(在这个案例中是指麻醉师)认识整个GE公司、公司全部业务中的新想法、新技术和新方案的发展平台。另外一个从构建需求机遇的逻辑推理需要从病人所经历的三个关键阶段去进行:病人接受麻醉前、麻醉中和麻醉之后。或者从更广泛的意义上讲,构建需求前景应该围绕着病人手术期和手术之后的需求进行。因此,分析需求前景,了解前景中出现的规律,就显得尤为重要。

从消费者行为或者消费者角度以及需求背后的消费者行为过程和模式的基础出发,探索其中的逻辑关系能够确保所有创新活动的初衷(产品创新、能力创新、技术、方法和品牌建设计划或者其他营销启动活动的创新)都是关注将这些创新准确地和消费者最为关心的行为联系在一起。这样,发展平台才能够改变消费者日常生活中那些促使问题的解决、产品消费以及使用的行为。

2. 探索其他选择

确定需求优先的发展平台基础的逻辑关系是一个创造性的过程,而

第五章

且通常要求进行试验,并且允许出现错误。一种有效的压力测试方法是需求组中的行为模式与其他新的因素交叉混合,比如组成 Carestation 系统的不同组件。GE 能够从消费者的角度了解到各个组件与消费者需求之间的联系。也可以从尚未得以满足的需求领域中识别机遇,并且可以寻找机遇,对于现有以及全新的需求组中的技术加以利用。

下面,请看柯达公司(Kodak)的案例。柯达公司长期以来一直被其有限的视野所困,这种情况是由公司创始人乔治·伊斯曼(George Eastman)所研制开发的以赛璐珞为材料的卤化银胶片产品所致。如果柯达公司的管理者能够及早地评估构建需求前景的其他选择,他们完全可以就数字技术达成一致观点,并且轻而易举地发现其中呈现出的巨大机遇,而不会像现在这样,使数码技术在柯达公司中退而求其次,仅仅作为柯达公司现有业务的独立延伸。如果从消费者需求中的消费者行为以及旁观者的角度完全可以清晰明确地看到,消费者的日常目标正在从购买相机向回忆管理这个更大的目标转移。

从需求优先的角度分析柯达的机遇空间,可以从消费者活动入手,消费者在管理自己与回忆相关的事务时会怎样做?他们最关心的是什么?这与产品角度正好相反。在产品角度关注的是产品的性能,比如快门速度、价格和照片清晰度。但是在品牌角度关注的是品牌对于消费者可能起到的作用、对消费者情感和自我表达方面的作用。或者,以消费者为认识的出发点,则会根据某种产品对消费者进行划分。从需求优先——消费行为而非消费者行为的角度来看,人们围绕着记忆管理的活动是拍照、编辑照片和冲洗照片(通过不同的方式冲洗照片,或者拿到照相馆去冲洗,或者付费在线冲洗。)、共同欣赏照片以及存储照片。莫汉比尔·索内(Mohanbir Sawhney)和同事们为这种记忆管理程序提供了有益的替代方法。[3]

能够证明这些替代方法是否有效,方法是研究需求前景中已经清晰呈现出来的有价值的全新发展平台。例如,将记忆管理过程中各种活动进行组织,使柯达想到了在线记忆管理的方法。柯达公司利用这个机遇,采取行动,购买了一家刚刚成立不久、名为 Ofoto 的公司,并将该公司的软件技术进行了整合,据此向消费者推出了一项新的服务,称之为柯达轻松共享图片库(Kodak EasyShare Gallery)的网上照片服务项目。这项技术远不止是一种产品,而且完全有可能成为柯达公司的一个成熟的发展平台。

3. 定义需求优先的发展平台

确定发展平台需要利用整个公司的力量,包括研发部门以及销售部门,而且要围绕着深化产品或服务、品牌或公司能力而进行,这样才能增加消费者将发展平台中的产品或服务融入到自己日常生活中的概率,从而为消费者创造出一种完整的、具有变革性的体验。

GE 医疗集团需要决定是将 Carestation 只运用到手术室中,还是将其扩展到重症监护室和病人术后恢复室中。从产品的角度而言,GE 需要确定 Carestation 是否能够涵盖其整个产品组合,还是仅限于某些层次的产品,比如说中高端产品,而不是低端或者所有层次的产品。需求优先的发展平台将公司的实力、产品和服务这些重点内容集中在了相关的需求组上,就像音乐表演舞台上的激光束一样。

4. 评估机遇空间

如果发展平台是从旁观者需求的角度制定的,那么,对机遇空间进行一些量化分析和估计也是切实可行的。通过对发展平台的量化分析,或者从民族学的研究中总结出定性和主观性的结果,都可以为公司制订下一步行动计划奠定坚实的基础。正如质量管理大师 W. 爱德华兹·戴明(W. Edwards Deming)曾经观察到的那样:"除非你是上帝,否则任

第五章

何人都必须依据数据说话。"

GE医疗集团根据量化分析的数据能够判定麻醉师对于各种麻醉医疗器械的使用情况以及麻醉师在手术室之外的职责。而Carestation发展平台的规模则是从消费者的角度进行判定的。

总体来看,可以在几个产品层次进行量化分析。首先就是需求优先模式中的全浸泡式调查过程(DIG模式的第一部分)。对于这些定性的面谈信息进行量化分析至关重要。菲多利公司的定量分析集中在测量某个时刻的发生率和普及情况。正如第三章中所描述的那样,菲多利公司的研究涉及35名消费者,在30天中,记录了每位消费者的平均20件与食品有关的活动,一共收集记录了21 500件与食品有关的活动,并且将这些活动分类,归纳成了几个需求组。而且,根据调查参与者的日记内容和与其进行的四小时深入讨论的信息内容,两位编码员对21 500项活动的每一项都进行了评估及编码。

根据需求环境的重要因素,比如情境因素(现实因素、社会因素、自然因素和文化因素)、需求和情感、所使用的产品和品牌以及其他因素,研究人员对这些活动进行了评估。在将这些活动划分为不同的需求组之后,菲多利公司利用这些经过编码的需求环境因素,对需求组进行量化描述。在完成了需求组量化这个最初的步骤之后,菲多利公司利用前面的研究信息和数据对需求组进行了交叉划分。总之,这些分析对机遇空间的规模作了相对较为准确的估计。

第二个可以量化分析的层次是机遇空间或者发展平台。在这种情况下,量化分析的目标不同以往。从第一个层次的量化分析中可以了解到,机遇确实存在。但是,却无法确定机遇在不同的消费者市场中的大小,也无法确定每个发展平台定位的是哪类消费者。第二个层次的量化分析有三个目标。第一个目标是确定与相关机遇空间和发展平台相对应的消费者群体的大小。这一信息有助于公司锁定利润最大以及最为切实可行的发展平台。第二个目标是根据发展平台进行人口划分。我们利用那些与发展平台最为匹配的消费者的人口信息、行为以及态度作为划分标准。第三个目标是从人口的角度确定不同发展平台之间的人口重叠部分。这个目标非常重要,因为如果所有发展平台和人们价值观念都凸显出一些共同的主题,这样,就存在着一种机遇,公司可以利用这个机遇,通过统一的创新产品、产品定位以及宣传结构同时锁定几个发展平台,这种量化分析程序之后,紧跟着的是标准化的调查研究方法,包括信息收集、分析和解读,通常是利用互联网对于消费者以及消费者所记录的信息进行调查。将需求优先的发展平台和不同的市场划分联系在一起很重要。可以将所有现有的对于市场、产品和品牌与发展平台和整体机遇空间连接到一起,并对此进行量化分析。

虽然量化研究分析结果是研究内容的关键,但在评估机遇空间和发展平台时,也需要考虑其他因素。这些因素包括为获得新实力和核心竞争力所进行的投资、不同组合(比如研发部门、营销部门以及销售部门)之间的协同作用。比如,从产品品牌的角度看,关键的问题是机遇是否存在于尚未注册的品牌之中,在某个特定消费平台中,消费者是否能够接受这些品牌。关键是要考虑启动发展平台的时机。启动发展平台并在市场上获得成功能够对未来启动其他发展平台产生重大影响。在启动发展平台之后的一段时间,可能会获得额外的信息,可以改变发展平台的发展方向。这类额外的信息以及其他因素可以利用不同的方法,比如真正的选择或者决策分析等,对发展平台的启动及其对于公司未来发展的价值进行量化分析时加以限制。[4]

预备,开始

现在,需求环境成为重点,机遇清晰可见,需求优先的发展平台(从

第五章

　　所有机遇中总结归纳出来的)也是大有可为。一切都已准备就绪,各就各位。公司该如何前进呢?

　　下一章将讨论 DIG 模式中的最后一个因素:制定战略蓝图。这是一套别具特色的指导方案,是公司为自己所制定的方案,确保公司能够约束自身,启动发展平台,直到公司按部就班地完成后面的程序。本章中的案例分析是美国道富银行(State Street Bank)。该案例为讨论战略蓝图提供了背景资料。男士日用洗护用品品牌艾科(AXE)的案例阐述了如何在实践中启动发展平台。

　　这些战略性的问题包括:公司最初应该关注哪个发展平台?为什么?采取战略行动的时机以及后果是什么?公司如何最大程度地获得客户优势?需要采取哪些必要的产品创新措施?GE 医疗集团为什么决定将重点集中在手术室中的麻醉剂输送而非医生的办公室或者其他环境中呢?如何决定将对技术的关注与对药理学的关注结合在一起的程度呢?这些是制定战略蓝图时所要回答的问题。

第六章 制定行动的战略蓝图

那些没有明确定义、构建、分析和选择机遇空间的公司通常会追求虚无缥缈的美丽梦想,梦想或许有一天能够实现产品或服务的创新突破,然而,最终都未能付诸实践,梦想依然是梦想。这类公司试图加速创新进程,仅仅关注改善某种单个产品,而且常常会浪费宝贵的资源和精力,因为它们所提供的新产品没有获得成功。而且更为糟糕的是,它们未能站在公正的、以需求优先为目的的旁观者视角上认识问题,从而错过了最佳的发展机遇。

尽管如此,明确几种切实可行的需求优先的发展平台本身并不能保证公司获得持续的成功。在此环节中,真正重要的是训练和行动:首先应该追求哪一种发展平台?采取何种启动方式来促进需求环境朝着赢利的方向发展?是否应该为另外一个领域配置更多的资源?如果能够看到机遇,什么样的战略行动组合才能真正带来客户优势?

在这个环节中,也存在着一些危险,即 DIG 模式进行到这个阶段后,会出现些后退迹象,因为公司一次只考虑一组机遇,或者形成单一层面的认识。在这个阶段,很容易退步到从公司内部的角度看待问题;在这个阶段,需要加强产品设计这个环节,在这个阶段,要改变消费者使用产品的方式。当然,必须使消费者喜欢才行。而且,要将我们独特的快

第六章

速雏形设计生产过程付诸实践。这样,很快就可以见到成果。然后,经过测试,产品很快就可以上市销售了。

而更加困难的是提出更为深入的问题,促使公司明确行动的具体步骤以及指导行动的明确原则。这也是为什么 DIG 模式的最后阶段是制定战略,指导启动全新的发展平台,从构思到行动,从最高的战略层次一直到针对消费者日常生活的营销行动。在我们的创新模式中,也可以在此阶段进行突破性创新,正如本章中所讨论的内容一样。

以业务为基础,随需应变,创造机遇

金融服务公司在追求客户优势的过程中,通过持续不断地对需求优先的发展平台进行优化和实践,可以制定新战略,拓展新业务,美国道富银行正是这方面的最佳案例。

道富银行的鸡蛋图

在作为 CEO 执掌道富银行波士顿公司(道富银行当时的名称)之后不久,一次飞行途中,马歇尔·N.卡特(Marshall N. Carter)坐在飞机上,手里绘制着一幅流程草图。[马歇尔·N.卡特曾在道富银行的主要竞争对手——大通银行(Chase Manhattan)任职 15 年,负责该公司的保管业务部门。]卡特后来回忆说:"我当时在飞机上画的这幅草图中,一条轴线代表消费者,一条代表地域,还有一条代表市场,第四条轴线代表潜在的产品。"[1] 而这幅图中的中心区域后来被公司员工戏称为"鸡蛋图",他在这个位置画了个方框,方框内写下了"客户"两个字。

卡特回忆说:"我当时在飞机上是想用一幅图描绘我所负责的业务。"卡特毕业于西点军校(West Point)民用工程本科专业,后来又获得了系统分析专业和公共政策专业的研究生学位。卡特对此的解释是:

"我整个教育背景涉及的都是利用简单灵巧的装置告诉人们我们的位置以及我们前进的方向。"按照卡特的估计,道富银行正在朝着"产品生命周期的成熟阶段"前进。

卡特接任道富银行 CEO 职位之时,这家著名的金融机构还是一家业务高度集中的组织,主要业务集中在资产托管上。资产托管服务包括为公共养老基金和私人养老基金以及共同基金管理机构等这样的机构投资者提供会计记账和证券跟踪等金融服务。这位美国海军陆战队的前任指挥官了解他所面临的局面,很大程度上类似于一种缓慢吃力的爬山行动。卡特回忆说:"顾客需求增长迅猛,因为金融行业的重点已经由业务处理转移到了金融信息服务。客户的需求与日俱增,目的是满足其日常工作和生活的需要。"

在 20 世纪 20 年代,位于波士顿的道富银行是早期共同基金的参与者,因此在该方面的业务非常具有优势。道富银行成立于 1792 年,是由波士顿快帆船船长财团建立的。道富银行已经成为早期为证券行业提供保管服务的市场领导者。在卡特前任威廉姆·埃杰里(William Edgerly)掌管道富银行期间,银行的业务已经呈现出多样化的特点,而且已经将公司的优势业务——证券保管业务的集中处理也得以强化。到了 20 世纪 90 年代中期,道富银行已经成为美国最大的共同基金证券保管机构,为美国 41% 的注册基金提供保管服务,与前五年相比,旗下保管的资产价值以每年 35% 的速度增长。道富银行还位居世界外币兑换业务(名为 forex 或者 FX 的业务)的第三名,在指数基金业务中位列第二。

1991 年末,卡特加入道富银行时,卡特的观点被公司上下广泛引用,卡特认为金融技术正在迅速"改变着金融服务,商业化权利的天平也正在由金融服务机构向顾客倾斜"。卡特手画的简单鸡蛋图形将"客户要求"放在了最上端,并用一条弧线表示出在 1988 年银行交易是如何主导这些客户要求的。1988 年之后,交易业务下降,但信息服务量却激增。

第六章

　　大部分提供保管服务的主要金融机构一直将交易处理作为自己的核心业务。卡特对于摆在公司面前的机遇的评价却不同于行业共识,他有充足的理由相信,金融信息服务是一个蕴含众多机遇的宝藏,有待开采。这种认识敦促他立即开始从道富银行顾客的日常生活着手进行研究探索。他开始系统地将银行客户的日常投资过程进行分解。该过程被分解为界限分明的三个阶段:(1)**交易前期阶段**,在此阶段,投资者对市场作出分析;(2)**交易阶段**,在这个阶段,交易开始启动,客户开始设立账户;(3)**交易完成后的阶段**,在此阶段,交易记录将被保存。保管业务作为道富银行的历史保留业务,占每笔业务收入的16%。交易阶段的收入占60%,交易之前的服务占24%。卡特后来说:"我们公司业务所面临的最大困难是由交易处理到信息服务的巨大转变。传统上,银行喜欢压缩业务处理,但是,却不知道如何处理所收集的信息。"根据卡特领导进行的研究,每一只股票的销售都会产生25条不同的信息。但是,一直以来,道富银行都紧随其竞争对手,小心谨慎地"完成分内之事",并将主要精力局限在与跟踪交易后的信息流动相关的业务。但是,如果信息服务是未来的发展机遇,那么,道富银行的优势仅仅存在于交易之后的阶段。

　　鉴于道富银行核心客户不断变化的需求前景,卡特利用所画的简单业务流程图为公司探索需求机遇。他根据客户的资产规模、年龄、财富或者与银行业务关系的长短这些典型的银行业标准,以及技术变革对于所有客户的日常活动的改变对客户进行划分。客户的日常活动是指那些在客户日常工作以及生活环境中所从事的活动。在卡特将投资过程划分为三个需求组(交易前、交易中以及交易后这三个阶段)之后,卡特及其管理团队清晰地认识到,他们对客户大部分的活动都不甚了解,应该了解更多这方面的信息。

　　出于有意将公司从保管业务转移到交易和交易前的领域中,卡特正

制定行动的战略蓝图

式领导成立了一个调查小组,通过与 20 多个国家的大客户进行深入的访谈来识别客户的目标以及需求前景。在这些访谈中包括这些定义式的问题,每个问题都与调查的目的相关:

1. 您最关心受托人的哪些责任?
2. 与投资服务伙伴之间关系中,哪些能够使您感到安全放心,哪些又令您感到不安和焦虑?

其中一个战略性问题是道富银行到底是个银行、一家金融服务公司还是一个全心全意为客户提供金融信息服务和应用数据处理业务的公司,或者三者兼而有之。这个问题是促使卡特站在旁观者的角度上重新开始塑造公司形象的主要动因。这些核心能力中,哪一种能力(或者是能力组合)能够将道富银行的机遇空间最大化?在与金融行业中的主要对手的激烈竞争中,卡特和他的团队一起,参加了无数次客户见面会,与客户进行过上百次的深入访谈,所有这些努力都致力于从活动参与者中收集信息,这些信息都是围绕着客户完成他们紧急任务中最为关键的特定目标和活动。这次调查研究的结果是,卡特带领他的团队进行了一系列的以结构性思维为基础的讨论,讨论的内容是关于道富银行所提供的每项业务、产品以及服务在公司中的作用。每一项业务都只需要围绕着这个问题进行认真思考,即这项业务如何为客户创造价值?

这种以结构化思维为基础的讨论是制定行动战略的最佳例证。从某种程度上讲,卡特是带领着团队经历了一个决策过程,决定哪个需求组与道富银行的关系最紧密。卡特促使团队成员了解每个需求组中包括哪些产品或服务以及其他问题。这些产品和服务如何与机构投资者的日常活动、目标和工作产生联系?道富银行应该在哪些领域提供增值服务?未来将在哪些领域提供增值服务?

第六章

同时,卡特还提出了以下这些问题:道富银行代表什么?它期望代表什么?这些问题明确表达了公司的宗旨、核心目的、志向和愿景。在这些讨论中,他们制定了详细具体的战略目标,明确了公司的竞争优势,确定了公司的具体业务范围——不仅限于交易后的业务领域,而且还同样关注包括交易前期、交易过程以及交易后期的整个投资过程。(见图6-1)

图6-1 投资过程——道富银行的需求机遇

交易前目标	交易前目标	交易前目标
·保持投资组合的均衡并根据基金公司的目标进行运作	·迅速、准确并有效地处理交易	·获取所有交易和账户活动的精确报告
活动	**活动**	**活动**
·获取投资绩效的数据 ·关注投资趋势	·证券立项(initiate securities) ·授权相关FX外币兑换交易 ·证券借贷	·接受自动交易确定 ·接触所保管的包括证券在内的所有数据
服务/产品	**服务/产品**	**服务/产品**
·基本数据 ·新闻 ·市场数据 ·统计分析工具 ·绩效管理软件	·交易管理工具 ·买卖盘传递 ·交易执行 ·证券借贷 ·货币兑换 ·现金管理	·保管 ·资产/基金会计管理 ·绩效以及统计分析

大胆尝试

世界上没有哪一家公司能够像道富银行那样,将自己准确定位在为金融机构提供服务上。也没有哪家这样大声誉的公司能够像道富银行那样从机构投资者那里赚取如此高额的收益。更没有哪家公司能够像道富公司那样将投资总额中很大比例的资金、如此多的产品、强大的技术开发力量、管理时间以及公司人才投入到预测和满足机构投资者的需求中。道富银行与其他银行以及非银行竞争对手的区别在于道富银行利用所有可以利用的资源全力支持世界范围内机构投资者的特殊要求以及特殊流程。道富银行在拨开眼前的那层迷雾、站在旁观者的角度上重新认识公司之后,才发现了这些事实。

目前迫在眉睫的问题是产品组合战略或者业务范围的问题。在这些问题中,最棘手的则是一个悬而未决的问题,即道富银行是否应该继续保留历史长达两个世纪之久的商业银行形象——这一唯一连接波士顿捕鲸船和中国快帆船时代的纽带。卡特认为,阻碍资产剥离最大的障碍是"我们被公司收入羁绊住了"。"商业借贷只代表我们资产的8%,但是却占收入的19%。"但是,从公司大客户的角度来看,他们与商业银行的业务联系正在日渐疏离。如果从需求优先的角度来分析产品组合,尽管对于公司业绩而言,剥离银行的即时成本会增加,而且有人会担心这样会割裂公司与公司历史之间的文化联系,但是,这种业务剥离势在必行,不可避免。

卡特团队所开展的研究确定了通过开发新产品和服务来增加公司价值。这种机遇似乎主要存在于技术和信息服务中。这些新产品和服务代表的是发展平台、工具、方法、实力。几乎公司所有的资源,包括最新整合的销售力量,都被投入到了开发新产品和服务、构建发展平台的任务上,以弥补公司现有产品和服务中的不足,填补交易过程中和交易之后的业务需求之间的鸿沟。道富银行的 FX Direct 外汇交易服务业务是该公司最为成功的新型服务项目之一,在推出该项新业务之前,道富银行与包括 IBM、施乐(Xerox)和富达基金(Fidelity)在内的几家大客户进行了紧密合作,之所以选择这些公司,是因为这些公司之间并无直接竞争。卡特回忆说:"我们邀请这几家公司的相关人员一起进行讨

第六章

论,鼓励他们之间互相讨论,而后再和我们一起讨论,讨论的内容都是围绕着他们对于外汇交易业务系统的需求。"新的 FX Direct 外汇交易服务业务就是这些对话的直接成果。

几年之后,客户希望能够上网实时访问道富银行数据库的需求日益强烈。但是,道富银行并不希望授予客户直接访问公司主机的权利。于是,道富银行提出了另外一种方法作为替代方法。即开发一种装在计算机上的工具,这个工具最终是由位于波士顿的一家国防防御工程承包公司研制而成,该公司在为军队提供压力测试方面的经验极为丰富。卡特非常自豪地说:"我告诉他们,所有的系统都必须可以在国际范围内使用,要具有一定规模,而且必须能够经受得住每天千百万次点击的压力测试。在我 2001 年走出那个公司的大门之后,该系统的点击量上升到了每天三亿次,而且,虽然有如此大量的点击,系统依然完好无损。"

在这个以需求优先为基础的战略重新定位的九个月之内,重新整合过的道富集团(名称中既没有波士顿,也没有银行)不仅对分析家修正过的公司目标有了新的认识,而且,对于卡特回报所有股东的远大抱负也有了新的认识。这突破了道富集团停滞不前的银行收益与市盈率之间 14~16 的比率,并上升到了 22~30 的收益率。这通常与诸如彭博社(Bloomberg)信息技术公司和 ADT 数据处理公司这样的高业绩和高发展的公司有关。现在,道富集团已经成为全美共同基金的第一大金融服务商、全美第一大养老计划服务商、全美第一大养老资产投资管理公司、世界第一大外汇交易服务提供商。

行动的战略蓝图

行动的战略蓝图是一种伞状工具,用来确定公司为实现其愿景和目标所应该选择的行动和活动。该工具为公司提供了一个基本的战略框架,用来优先开发发展平台,实现公司的发展目标。该工具还可以确定与客户相关的发展平台的启动计划。确定行动战略主要从以下三个方面进行考虑[2]:

1. 目标。我们要努力达到什么样的目标?
2. 优势。我们必须拥有何种资源和怎样的实力才能达到这个目标?
3. 范围。我们需要在哪个领域与他人竞争?

目标决定战略的细节。优势决定实施战略的方法,而范围则是指从客户角度确定竞争的范围。

目标

目标是激励公司采取行动的主要动力,实现目标将会获得回报。这些目标应该表述简洁,而且可以衡量。这些目标应该具备一定的延伸性,但同时也要贴近现实,具有可实现性。但是,不应该将目标与愿景混淆。目标只不过是为实现公司的中心愿景而必须到达的里程碑。

战略目标可以从广泛的目标中选取,包括获利、公司规模、市场客户份额或级别,以及股东回报率等。这些目标可以采用绝对的表达方式来定义,比如,成为行业翘楚,或者以相对的表达方式来表达,比如,占据某种比例的市场份额。但是,为此目标制定明确的时间限制至关重要,比如,在三年内或者到10年后要达到某种市场份额。

制定这些重要的目标,可以明确公司战略蓝图如何影响及改变客户体验,以及公司如何"拥有"更多的客户生活。道富集团争取更加深入地渗透到公司现有产品组合所涉及客户活动中的特定目标,与那些取得

第六章

某种市场份额或者赢利水平等更加广义的目标相比,对于公司的未来意义更为深远。相比之下,一个将占据最大市场份额作为目标的公司所采取的行动,完全不同于那些根据对于客户日常生活贡献大小制订目标的公司。

优势

战略蓝图的第二个部分确定的是公司采取哪种比竞争对手更为独特、更胜一筹的行动。确定优势所在、了解优势来源是制定战略的核心。长久以来,优势一直是相对于竞争对手而言,包括所占市场份额和公司实力。战略制定的传统思维也基本围绕着"我们的核心竞争力是什么?让我们以此为基准"。从传统意义上讲,公司通过市场划分和公司拟定服务的目标客户定位等方法来获得优势,确定公司为这些客户服务的优势所在,以及公司的产品和服务在为客户服务时的效果如何。

道富银行是如何确定自身优势的呢?关键在于在打造公司与客户关系的过程中与客户合作,为公司和客户双方都创造价值。道富银行的优势来自公司对于客户日常活动或者涉及交易前期、交易过程以及交易后期所有活动体验的改变。道富银行的优势还存在于集技术解决之道、方法和实力于一身的发展平台整合及业务流程的精简。道富银行的调查研究中一个重要发现是客户在选择金融服务商的过程中,需要一个简练的决策过程。道富银行不仅仅为客户提供产品、服务或解决之道,而且还从客户的决策过程——客户优势或者客户体验优势的角度确定其优势所在。那么,道富银行是如何实现这种优势的呢?单纯降低交易成本并不足以体现公司的优势。卡特团队的技术创新在这方面无疑更胜一筹。然而,他们的技术创新是根据他们对于客户在投资过程中的行为以及总结特定日常活动的观察结果而总结出来的客户需求进行的。

卡特的战略目标关注的是如何将道富银行的客户需求拓展到交易后期的活动中。道富银行的优势之一是将公司的产品、服务和解决之道完美地融入到机构投资者的投资过程中。道富银行的另外一个优势是这些经过整合的产品和服务改变了客户体验。道富银行所采取的密集型战略扩大并深化了与客户之间的联系，客户工作日的每一分钟都与道富银行相关。这种包括目标、优势及范围（OAS）的战略蓝图（见表6-1）显示了改变战略思维是如何获得竞争优势和客户优势的。

范围

确定范围可以回答下列问题：我们想要在什么样的沙箱中进行操作？传统观点对于范围的认识仅限于以特定的产品和服务划分特定的客户群体。可以根据不同类别划分范围，比如客户、营销渠道、技术、地域、产品和服务、价值链和需求优先的发展平台，尤其是针对这种具体情况而言。另外一个重要的划分范围是根据公司对于客户选择、公司希望满足的客户需求、需求状态或者客户行为以及公司为客户提供的产品和服务。从追求客户优势的角度来看，战略范围能够确定在客户日常生活环境中公司所提供的产品与客户活动及目标之间的联系方式。

道富银行将其客户定义为"世界范围内的机构投资者"，并且一直保持和加强这个相对狭小的客户范围。公司并未试图拓展其客户范围，成为一个"金融服务超市"。而金融超市的战略是摩根士丹利这家著名的投资银行（Morgan Stanley）在与添惠（Discover/Dean Witter）公司合并时所追求的战略，目的是为将顶级金融巨头的产品带给普通的市民，为零售客户提供一站式金融服务。

第六章

表6-1 OAS 行动战略蓝图

	来源	目的
目标	利润	所有客户需求
	市场份额	改变客户的产品使用体验
	收入	
优势	竞争优势	客户优势
	区别于竞争对手	融入客户生活中
范围	产品类别/行业/产品范围或客户划分	客户工作的具体情境
		客户的活动、目标以及首要任务

细节决定成败

精心制定的战略能够表达出公司的目标、优势以及客户范围,并且能够准确地把握公司前进的方向——发展的方向、发展的方式以及发展平台。如此制定出的战略还明确了公司每个部门、每个员工的职责。然而,一种战略不仅仅需要公司员工实现,还必须被公司客户认可和接受。换言之,这种战略必须能够与消费者或者客户的日常生活的相关触点相连。

公司该如何确保这种联系呢?答案是通过为客户创造良好的体验计划和战略启动计划。

绘制战略蓝图的关键步骤是"付诸实践",而且,在许多战略讨论中都缺少对这一关键步骤的讨论。启动计划可以使公司从由外及内的视角向由内及外的视角进行循环转换。因为公司现在需要将客户使用或者消费体验(使用目的)与实际的交易或购买(产品购买)相连,并且与公司、产品以及心目中的品牌相连。

绘制客户购买体验图

确定客户的购买体验,公司必须了解客户是如何认识某个公司及其所提供的产品或服务的；客户对某个公司产品的熟悉程度；他们如何购买产品；如何使用产品或服务，最终又是如何放弃这些产品或服务的。

公司在绘制客户购买体验图时，应该站在公正的旁观者角度，应该对绘制需求前景时所用的研究方法加以修改，使之契合此时自身的需要。

第三章中曾经阐述了菲多利公司是如何在消费者的日常生活中促进休闲食品的购买和消费的。菲多利公司利用生活中的一天这样的场景来绘制需求前景。这样的情景同样可以用来根据一部分消费者信息了解客户购买周期。菲多利公司利用35名消费者一个月所记的日记，绘制出了一千多种不同的场景，战略制定者和营销人员从这些场景中能够了解到消费者购买休闲食品的方式、喜欢的读物、经常光顾的商店以及他们的购物方式。

在道富银行的案例中，产品使用体验涉及机构投资者在其日常工作中的交易前期、交易过程以及交易后期的活动中体验道富银行金融产品或服务的方式。从与采购专业人士、计算机专业人士以及客户数据使用者的谈话中，可以获得重要认识。

分析交易过程

对实际的购买点进行分析可以获得一幅触点地图，这幅地图可以罗列出客户与公司或产品之间所有接触的位置和方式。从品牌的角度来看，这样的评估有助于确定这些触点的相对重要性，从而确定出那些相对重要的触点，确定与品牌定位相关的最佳触点，促使这些触点从现在的位置向预期的理想触点发展。[3]

更重要的是，这可以作为探索如何改善或者改变这种购买循环模式的出发点。可以采用多种方法简化流程，精简购买手续，或者通过数字媒介与客户互动来改变业务流程。我们可以看看互联网是如何改变音

第六章

乐的购买方式以及 Netflix 是如何利用互联网和传统的邮寄服务创造出了 DVD 光盘租赁系统。

现在的重点转移到公司应该采用何种方法或者何种营销活动促进客户购买过程,并且需要判定哪些方法最为有效。这要求公司综合考虑和分析客户对于某些营销活动的反应、公司的竞争战略以及公司实力。

道富银行确定了三种旨在保持与客户联系的营销和业务开发活动,其中最为重要的是销售力量。考虑到行业关系的性质、购买行为的复杂性以及机构投资者在金融产品的体验中以完成任务为最终目标的产品体验性质,道富银行的个人销售力量是银行客户优势的重要来源。第二种营销方法就是道富银行的整体形象以及品牌战略。卡特认为,这种营销方法对于通过强有力的公司品牌和公司形象计划来宣传道富银行的基本定位至关重要。因为这种营销方法可以触及所有公司客户,包括从公司员工到高级管理人员,再到客户和其他股东,尤其是金融界的高端客户。[4]第三种是公司认为非常重要的产品、实力、工具、技术和服务的组合,因为许多新技术不具备应用的条件。因此,客户对于道富银行某些特定产品、技术和能力的认识对于客户购买决策以及购买行为都会产生重大影响。

启动计划

对于客户购买公司现有产品以及使用现有产品有了全新的认识之后,公司最终可以绘制出战略蓝图,并且可以确定下一步骤。

道富银行的战略计划主要关注以下三个重要因素:

1. 对销售力量和服务团队进行重组。
2. 联合各自独立的销售以及服务团队。向相同的客户群体推销同样类别的产品会使得客户产生厌烦的情绪,也降低了道富银行的效率。而新的战略是将分散的销售和服务团队集中在一起,为客户提供全心全意的服务。这一变化使得公司的重点由产品转向了客户优先的销售和服务。

道富银行从公司外面聘请了一家咨询公司为公司制定品牌战略、公司形象以及品牌改变等方面的重大计划。这项计划针对那些重要的利益相关者:客户和潜在的客户、公司员工、员工市场、投资者和股东,以及金融市场分析家。这项计划包括公司的根本战略、产品设计和开发一个长达三个月的电视广告推广活动,继此之后则是利用印刷品进行宣传活动。这项变革计划是根据客户和员工的综合触点图进行的,包括对于所有的营销和销售文字资料进行彻底的改编,重新进行设计,设置全新的网站、全新的标识,并且在集团内部员工中间进行宣传、推出全新的宣传录像和公路宣传的彩旗、全新的公司介绍资料、重新设计的年终报表、为面对客户的销售和服务团队量身定制的宣传材料、一项名为销售呼叫计划的团队销售培训计划、提出管理宣言、进行新闻发布以及公关活动。至于与投资方的关系,公司还制定了衡量财务绩效的标准。在集团内部,公司对所有关于人事招聘和管理的员工资料和人力资源政策都进行了修订,包括实行新的绩效评定标准,对于销售和服务团队的工作进行评估。

3. 新产品和服务扩大了道富银行的业务,使其业务范围不仅限于保管和金融交易后期的服务。[5]道富银行还大力投资开发交易过程中以及交易后期的一些增值服

第六章

务,并通过电子邮件的形式传达给客户。在交易的前期,机构投资客户的目的是收集其投资组合中的公司信息,而且这些客户希望能够有效地管理这些投资组合。为了设计完美的产品,道富银行购买了投资组合管理软件,并且和一家名为 Bridge Systems 的公司结成战略联盟,为公司开辟了另外一个销售渠道。在交易阶段,道富银行采取了一系列综合措施,包括收购莱迪斯公司(Lattice),该公司主要提供先进的、事件驱动的电子交易系统。这次收购为道富银行增加了交易管理工具、订单发送以及现金管理工具。因为在交易过程中,会有多笔交易同时进行,管理投资组合的工具有可能会从美国的资产管理扩大到全球资产管理,从管理美国国内的固定资产到管理全球客户的固定资产。这些机遇拓展为公司的未来发展创造了条件,远远超出了道富银行传统的外汇交易范围。

艾科公司:行动的战略蓝图

男士个人护理品牌艾科(AXE)的案例阐述的是如何根据特定环境——一个成熟的消费品类别,或者是某个男士目标群体日常生活中的某项活动,制定行动的战略蓝图。我们在这里讨论这个案例是利用该案例和道富银行的公司与公司客户之间的情况进行对比,两个公司同样有效地应用了 DIG 模式中的关键因素,同样在消费者的目的点或者消费点采取了有利的行动,并且都有效利用了消费者日常生活的社会文化环境。[6]

英国—荷兰联合利华这个消费品巨头 1983 年在法国隆重推出了艾科品牌。(该品牌在英国、爱尔兰和澳大利亚是以 Lynx 品牌进行销售的。)即使是该品牌最忠实的使用者也会惊诧,20年之后,艾科品牌的产品已经成为了全世界男士个人护理产品类别中首屈一指的品牌。现在,艾科品牌在世界60余个国家中都有销售,掌握了欧洲、拉丁美洲、亚洲及美国迅速增长的男士护理产品市场10%～20%的份额。单单"身体喷雾剂"(联合利华和艾科开发的个人护理产品类别下的子产品)这个产品就占据了美国该类产品1.8亿美元市场份额的83%之多,2005年年销售额超过了1.5亿美元。根据媒体调查公司(Media Research, Inc.)2005年的一项调查研究显示,2005年艾科产品的销售量整体增长了27%,而在2004年,其中针对艾科产品的目标群体——年龄18岁到24岁年轻男士的个人理容产品的销售量在美国市场占据了38%,从2004年8月到2005年8月,销售增长更是跃居62%,增幅令人惊叹。《广告时代》(Advertising Age)的资料表明,艾科产品已经超过男用护理品牌Old Spice,占据了此类产品的领先位置,而Old Spice投放市场不过四年,增长也非常迅速。在美国这样的成熟市场中,艾科产品能够获得如此成就,实在令人惊叹。[7]

发展平台创造客户优势

艾科能够取得如此骄人的业绩,很大程度上归功于联合利华公司明确了卖点,即抓住了年轻消费者的目标——求偶游戏这个至关重要的内容。在产品推出之后的几年当中,联合利华的重点一直放在了系统深化和扩大如何"获得女孩的青睐"这个话题,以及艾科产品在追求女孩的过程中的作用上。在美国市场上推出此类产品的成果就是最好的例证。

2002年8月,在欧洲市场上连续获得了20年的成功之后,联合利华将艾科产品投放到了北美市场上,并且投入了高达一亿美元广告宣传费用,针对其目标客户群体进行宣传,目的是使目标客户相信,在他们忙于这场旷日持久的求偶游戏时,艾科产品可以助一臂之力,并可以起到

第六章

决定性的作用。在一则幽默诙谐的电视广告画面中,一群大胆可爱的婴儿正在舔着商店橱窗内裸体女模特身上预先注入散发着浓郁艾科产品香芬的关键部位。在一则恶作剧式的广告中,一个热情四射的女孩正在往展示用男模特的身上喷洒香水,被她的男朋友发现了,她的男朋友将男模特的头打掉了,而这个女孩在一旁无辜地抗议道:"罗杰,我们刚才只是在谈话!"

这些广告的目的是在电视网络播放标准所允许的范围内,尽可能大胆直白地传达这样的信息,这种包装在四盎司容量有黑色光泽的盒子中、价值 3.99 美元到 4.99 美元的喷雾剂经过精心设计,旨在区别于祖父母辈所使用的香体棒,正如宝马 5 系汽车和通用汽车公司的奥兹莫比尔 Toronado 汽车之间的区别一样。

在急速下降的香芬产品市场中,在全球首次推出艾科香体喷雾剂(这种产品特别将香体棒的止汗功能和古龙香水的香味结合在一起,之后,联合利华的竞争对手也相继推出类似产品,抢占这块市场。),使得男士梳洗行为发生了根本性的改变。正如在产品外包装的使用说明中所描述的那样:"只需手持罐体,与身体保持 6 英寸的距离,喷洒全身,包括胸部、颈部、腋下以及你希望散发香气的任何部位。"每隔一段时间,艾科就会推出不同类型的香芬,以保持该品牌的新鲜感。比如,新近推出的阿波罗系列(Apollo),可以使一个男孩腋下散发出"混合花香的香味";还有奥里翁(Orion)系列"古老的希腊神话中的著名猎手,猎户星座以其命名。这款产品香气怡人,混合着树木和水果的香气,令人精力充沛、心旷神怡"。

根据联合利华的一项调查,2002 年夏季推出艾科产品三年之后,年龄在 11 岁到 24 岁的年轻男士中有 35% 的人都已经养成了喷洒香水的习惯。到 2005 年,宝洁公司也推出了一款竞争性的名为红色地带的香体喷雾剂产品。吉列也推出了 Tag 产品,为宝洁公司的 Old Spice 产品进行了有效补充，而 Old Spice 一直在这类产品中保持领先地位。（在两个母公司合并之后，吉列品牌也被收归宝洁公司产品旗下。）尼尔森市场调查研究有限公司（ACNielson）的调查研究表明，到 2005 年，艾科在抗汗剂和香体剂产品类别中的市场份额已经增长到了 11.7%，而宝洁公司的 Old Spice 产品的市场份额已经萎缩至 10%。

艾科自认为不仅促成了年轻男士消费者行为模式以及求偶习俗的改变，而且还极大地刺激了该类产品的销售量，方法是通过强烈建议年轻男士如果每天多次在全身喷洒香体剂，将会更加吸引女孩子。以此来增加使用量和使用者。正如该产品在美国市场投放不久，《商务 2.0》（*Business 2.0*）杂志品牌广告中该产品丝毫不加掩饰的广告语所说的那样："男人体味不佳，又想要追到女人，为了成功达到目的，他们必须解决问题。"[8]

凯文·乔治（Kevin Geogore）是联合利华副总裁兼负责香体剂产品的总经理，他坚持认为，广告的成功之处在于公司决定避免使用竞争对手惯用的强调产品"功能性"的广告方法。艾科产品的承诺与众不同，强调的是可以将这款产品作为求偶游戏中的先进武器，而不是单纯提供一种能够"止汗和消除身体异味"的产品。

走出产品性能的误区

乔治解释说："一直以来，香体剂市场都是一个强调功能性产品的市场。所有的厂商都提供同样包装同样功能的产品，止汗去味。"而艾科产品的承诺和一系列产品特点包括为赢得求偶游戏的胜利提供幽默诙谐的建议和专业知识。根据《纽约时报》（*New York Times*）的报道，乔治特意表明："我们在某种程度上颠覆了这种产品的使用功能。过去，这种产品一直用来祛除不佳的体味——使人闻不到异味，都是从负面来强调产品的功能，而现在，都是从积极的方面进行宣传，强调

第六章

的是如何能够追到女孩子。"9

艾科产品取得令人瞩目的成功的原因之一在于联合利华利用成熟完善的战略俘获了全世界年轻男士的心（该品牌产品风靡印度）。该战略的目的是让艾科产品造就"艾科男士"，无论他身在何处，不论是在大学校园、在自助洗衣房洗衣服、在联谊会、在俱乐部消遣、网络聊天室聊天，还是打电脑游戏，都要了解和使用艾科产品。

艾科产品一次更为成功的尝试是在Y时代人的非传统世界中进行营销活动，将一组产品广告艺术性地转变成家庭录像的形式，在艾科产品网站上（www.theaxeeffect.com）独家播放。这些无法登上黄金广告时间大雅之堂的短片，利用图片艺术地描绘了年轻貌美的女孩被喷过艾科香水的橄榄球运动员所吸引的场景。乔治认为，这种广告方式是对于以往销售香体剂的传统方法的蓄意颠覆，传统的广告通常描绘的都是"傻乎乎的橄榄球运动员大汗淋漓，喷过香体剂后则异味全无"。而艾科产品营销中，这些功能不是来自于产品本身（止汗和去味），而是由情境所激发出来的。这种营销方式可以改变消费者的行为：活泼可爱的拉拉队女生在艾科香味的魔力下变成了温顺的女妖。乔治解释说："我们销售的不是24小时全天候的保护。我们销售给消费者的是自信。"

在开展第一次活动四个月之后，联合利华惊喜地发现，大概有170万的年轻人曾经登陆艾科产品网站，虽然这次营销投入没有超过100万美元，但却使得艾科产品在推出后的第一年内就掌握了美国20亿美元男性香体剂市场将近5%的份额。

除了采用这种大胆冒险而且颇受争议的营销活动之外，艾科还充分利用其他媒体，比如：手机以及各种不同类型的网站（包括www.theaxeeffect.com，www.gamekillers.com，www.theorderoftheserpentine.com 和 www.pimpmyfraternityshower.com）的博客和电子游戏进行宣传，因为这些网站能够反映出年轻消费者市场的动态以及年轻人不断变化的兴趣。但是，艾科并不满足于完全依靠非主流媒体进行宣传。艾科花费了大量的时间和资源，有目的地开展"艾科男孩"活动，从全美排名前25名的大学中招募一组年轻男士作为"艾科形象大使"。而且，艾科每年都在位于芝加哥的公司总部内举办一场为期三天的盛装娱乐表演，在表演中，联合利华的观察小组成员都会从艾科产品形象大使那里"了解到很多新鲜事物"，了解到风靡美国的求偶游戏的诸多变化。

联合利华公司负责消费者和市场观察部门的经理艾莉森·泽伦（Alison Zelen）认为："我们与目标客户同呼吸、共生活。"她认为自己的首要任务就是物色"艾科男孩"，这样，她和她的团队才能够帮助艾科男孩"追求到心仪的女孩"。泽伦、乔治以及艾科北美品牌管理团队的成员一起合作，有效利用被联合利华称为消费者纽带的调查研究方法，花费大量的时间与目标消费者群体在现实生活和网络中进行交流和互动。在全球范围内，艾科开展了一项名为青年委员会的项目，这个委员会为全球范围内的营销团队提供诸多机遇，使它们有机会用两三天的时间完全融入到目标消费者的生活中去。

艾科将男士生活划分为不同的"生活空间"，泽伦这样解释说："这些生活空间从工作到交友，包括约会、学习、体育锻炼、看电影和交际。"这种方法有别于几个小时的焦点小组讨论。这种方法是通过与目标客户共度几天的时间进行观察和研究。青年委员会刻意对艾科产品避而不谈，甚至不向委员会的成员询问任何关于艾科产品的问题。但是，艾科产品营销团队的成员会前往像阿姆斯特丹、洛杉矶和橘郡这样以年轻人为主导的时尚热点之地，将自己融入到当地的文化中，感受当地文化。

联合利华进一步采取了行动，在网上保留着一个虚拟的"在线社区"，到这个空间的网友由300多个18岁以上的年轻男士构成，并且他们乐于回答"有关他们生活的任何问题。艾科营销小组在一天24小时之中任何时间提出的问题都可以随时得到答案。比如：我们是否应该在

第六章

卫星广播中做广告？是否可以在电影院中做广告？"凯文·乔治和艾莉森·泽伦都坚持认为，解读消费者行为，来自于对消费者行为的细致观察。这一直是联合利华与消费者保持联系的主要方法。

利用三年时间启动发展平台

泽伦坚持认为，每年推出一款新的香体剂是艾科全球品牌战略中不可或缺的一部分。Essence、Touch 和 Unlimited 仅仅是联合利华每年所推出的新产品的代表。事实上，在这些产品背后，蕴涵着更为深刻的含义。这些产品的推出代表着一个发展平台的启动；代表着联合利华公司为寻求将艾科产品融入到消费者日常生活中所作出的努力；代表着联合利华通过艾科产品与消费者产生互动，将产品品牌和消费者最为关心的类似求偶游戏这样的内容联系在了一起。

Essence 产品系列的灵感直接来源于对消费者所进行的民族学方面的调查研究。这项调查研究明确了在追求爱情的过程中长期困扰男人和女人的态度暧昧的问题。一些来自求偶游戏中的轶闻趣事表明，女人似乎更倾向于来自"坏男人"的性挑逗，她们同时还表达出希望其男性伴侣具备骑士风度，体贴入微，善解人意。

Essence 系列产品于 2003 年夏季研制成功，并推向市场。这款产品直接针对的是根深蒂固的后女权主义。正如泽伦所言："每个男人身上都集中了一些令女人又爱又恨的优点和缺点。男士们该何去何从呢？"显然，如果想解决这一矛盾，他们必须使用 Essence。然后，在心中暗自祝福自己好运。联合利华公司的网站上的 Essence 产品承诺"可以帮助男士展现其温文尔雅的风度等这些令女孩心驰神往的迷人气质，同时也可以使他们充满活力、充满冒险精神、高超的追求女孩的技巧以及勇挑重任等这些女孩所需要的品质。这些品质亦好亦坏。而这些正是女孩子所追求的。"Essence 系列产品的成功面市得到了百比赫广告公司

(BBH)的鼎力支持。该公司制作的电视广告描写的是在一个年轻女孩的家中,有两个相貌很像的双胞胎男士,一个活泼调皮,一个彬彬有礼,两个人都想和女孩约会,而女孩对这两位男士的个性都非常倾慕。广告的最终画面是三个人一起步入一个俱乐部的舞池,两个双胞胎逐渐融为一体。这个广告的主题是"男人的本质就是集优点和缺点于一身。"这一主题表达了一个复杂的心理学问题。而这一问题在众多的啤酒促销广告中鲜有涉及。

Touch这款产品于2004年夏天面市,其产品形象定位为"现代、清新水润的松木清香",目的是能够勾起年轻人在第一次接触女孩子时所产生的那种妙不可言的、令人心情荡漾的感觉。而Essence所表达的产品理念是比简单的身体接触更加复杂的感觉。对此,泽伦这样解释道:"这款产品的理念是不用触摸的触摸。"这款新产品的成功问世同样也是源于对年轻人的调查研究,研究年轻人对一见钟情的感受。"一个男孩子看到一个女孩子甩头发时,也会令他怦然心动。"泽伦说,"再加上这款产品的名称——触摸(Touch)的暗示与Essence产品相比,这款产品更加具有生理上的诱惑性,而心理暗示效果比较弱。"

为宣传Touch所制作的广告描写的是在一个充满异域风情的热带国度的汽车站内,一个年轻人正坐在那里等候汽车。一位身材较好、年轻貌美的女子从远处走来,这位女子满头大汗,而这个年轻男子正在低头拉上自己的长筒靴。"这款产品与身体接触无关,而是关于不用接触的触摸。能够为后面可能发生的事进行铺垫。"为宣传推广Touch这款产品,艾科在酒吧里举办了"黑暗聚会"的活动,在昏暗无光的酒吧里,参与聚会的男孩和女孩在黑暗中相互接触,而且只能通过触摸的方式来认识对方。他们在黑暗中共同进餐,而为他们服务的服务员都佩戴着夜视镜。他们在黑暗中翩翩起舞,所有这些活动的目的都围绕着宣传这款新的香芬品牌。

第六章

2005年夏天推出的新产品——Unlimited本身就是消费者调查的直接产物。在这项市场调查中,该产品目标顾客中所有参与调查者都会回答以下这个问题:"求偶游戏进行的如何?"泽伦说:"Unlimited产品的推出是基于全球范围内开展的调查研究,调查的内容是如何才能赢得女孩的芳心。我们会请在求偶游戏中胜出的男士坦白地告诉我们成功的诀窍、战略和技巧。"

当然,联合利华的调查研究不仅限于提问。而且还包括细致入微的观察,观察所有与产品相关的领域,观察哪些战略能够起作用而哪些不能。泽伦说:"我们观察消费者的行为。"从观察中我们发现了一些普遍规律,有些男孩是"破冰者",他们风趣幽默,面对女孩能够谈笑风生,能够打破沉默,他们如此行动,很可能是为了某位心仪的女孩;而有些男孩则属于桌球运动中"母球型",能够将一群女孩化整为零,分成几个小组,各个击破。而"羽翼型"男孩则可以借口朋友喜欢某个女孩的朋友而和这个女孩套近乎。

在美国播放的Unlimited产品广告宣传片与在全球播放的广告有所不同,因为北美公司的工作团队认为美国本土的广告必须具有美国特色。"我们自己制作了广告宣传片。广告描写的是一个男孩和一个时髦女郎坐在一家寿司餐厅内,他们俩身后的鱼缸里有一条美人鱼游来游去。下一个场景则是这个男孩和美人鱼以及美女在一起。以后的场景是他在一家赌场中和一个美艳的发牌员在一起。他吻了她的手。最终所有人一起走进了酒店的套房。在所有场景结束之后,闹钟声响了起来,可见,他一直在做梦。"Unlimited产品针对的是众多男士梦想拥有"所有正确的方法",以保证他们拥有无限的力量,可以征服女人。

Unlimited产品的推出也是由一场广泛开展的网上运动所促成的。这场运动的目的是时刻与目标消费者保持对话,主要的方式是通过免费的在线虚拟游戏来展示男士征服异性的"无限"魅力。在这一寄托男性梦想的网络游戏中,男孩可以在一群虚拟女孩身上试验一系列曾经被证实有效的与女孩搭讪的技巧,这些网络女孩拥有机器人的身体和智能,能够精确记录游戏者的所有操作步骤。这个游戏是由位于美国华盛顿州雷德蒙德市的WildTangent网络游戏公司开发的。如果游戏者每次都能够正确地运用艾科产品赢得女孩的芳心,他都会得到高分回报。

这项游戏又得以进一步完善和发展,他们创建了虚拟真人秀,在这个真人秀中,有两个"普通的男孩",一个叫伊万(Evan),一个叫盖瑞斯(Gareth)(这两个人是以现实生活中的一个即兴戏剧表演组合为模板的)。公司为这两个人提供了25 000美元现金,资助他们乘游船环游全国,他们将自己标榜为"诱惑试验品",将旅途中追求异性的成功经验和失败教训写成博客,公布在网络上,并配以未经编辑过的录像,供全世界的网民观赏娱乐。

潮流

艾科今日的成功背后是一套卓有成效的商业营销战略。与早期其他品牌的宣传推广不同的是,联合利华这次针对艾科品牌的宣传推广活动仅限于几种全新的香芬,并且围绕着如何获得异性的青睐这一关键主题,将更多的资金投入到了针对目标市场进行深入的宣传营销上。艾科产品被定位为这方面的专家、导师和秘密武器。

与其他营销成功的品牌不同的是,艾科一直关注着同样的顾客群体和目标市场。在拓展艾科品牌时,联合利华本可以采用"推陈出新"的发展战略,推出高端产品,提高价格。这样的市场划分无可厚非,而且通常被专家建议采用去捕捉各个不同的客户群体:老年人、年轻人,以及所有吉列和宝洁产品的忠实客户。然而,艾科却选择将力量集中在了创造客户优势上。艾科与其目标群体就求偶游戏这一主题进行广泛深入的对话。全新的营销宣传战略通过这种网络推广和口碑传播活动将艾科

第六章

产品与如何在求偶游戏中取得成功相关的一系列主题活动紧密地联系在一起。艾科创造了潮流。

本章对 DIG 模式进行了定义和阐述,在本书第三部分中,我们将讨论公司在实施某个品牌管理战略时所面临的问题。我们在这一领域花费了五年的时间进行深入研究。在下一章中,我们将探讨如何将新品牌嵌入到新的发展平台。公司该如何在现有公司文化中真正采用旁观者的视角?曼哈顿时代广场能够告诉我们什么呢?

第三部分 制定实现客户优势的战略

HIDDEN IN PLAIN SIGHT

第七章 创造客户优势

某种程度上讲,即使我们对于战略蓝图的描述再详尽,也无法捕捉到 DIG 模式的全部,以及该模式对于公司战略、营销和创新的深远影响。即使再详细的分析和推论,甚至于用一本书也无法尽述。

对于一家公司来讲,为了成功地实施 DIG 模式,决定将创新产品作为产品的拓展或者全新的品牌,这个决策相对容易。在完成对于消费者消费体验的调查分析之后,可能会决定开发新的品牌,这种决策也比较简单。然而,在特定的公司环境、激烈的商业环境以及错综复杂的产品组合中,经历这样的痛苦决策过程则另当别论了。因为在这样的环境中,不同的品牌之间可能会争夺有限的公司资源,不同竞争对手之间的竞争也会将"产品多样化"提升到新的高度,从而会对公司现在的市场地位产生威胁,尤其是必须在一周之内完成下一个季度报告的情况下("我们能够完成任务吗?"),作出这样的决策更是艰难。

因此,本章和第八章中,我们都将探讨品牌战略和产品组合的问题。在开始实施 DIG 模式时,实施品牌战略似乎是事后诸葛亮之举,实则不然。伴随品牌战略的是诸多期望和许诺,这样会极大地限制公司从不同的角度看待问题的能力。品牌本身也是一种力量,品牌越有名,随着时间的推移,灌输给品牌管理者的由内及外的视角就越有效。

第七章

毫无疑问，品牌将最终成为连接公司创新与发展战略和消费者需求环境的重要纽带。品牌组合是一个公司所有产品品牌的组合，构成消费者需求环境的一部分。品牌组合战略确定品牌组合中各个品牌的位置、作用以及各个品牌之间的关系。关键是必须对各个品牌进行管理，避免这些品牌限制公司看待问题的视角。

本章中宝马公司的案例，为探索公司如何利用品牌的力量将公司和消费者联系在一起、如何使产品受到消费者欢迎、如何在强有力的产品组合的基础上发展公司业务以及如何准确了解需求环境和公司未来的机遇奠定了基础。

之所以选择宝马公司作为案例，是基于对宝马公司几个关键因素的研究。首先是宝马公司成熟的品牌管理系统，这个系统不仅将宝马公司和其产品进行了定位，而且在宝马集团内部将消费者意见、市场营销、研发、技术和销售计划统一了起来。第二个因素是品牌组合成功，使宝马公司由一个统一品牌公司演变成为一个品牌群。这种转变使得宝马公司成为整个汽车行业中销量最高、利润增长最高的公司。第三个因素，但不是最后一个因素，是全新的品牌模式的出现，颠覆了传统的品牌模式。宝马集团向市场投放了迷你汽车系列，这款车型已经成为宝马集团不断扩大的品牌组合中的一员，这就是这种全新品牌模式的最好诠释，也展现出 DIG 模式在现实中的力量。

在第八章中，我们从宝马集团和其他公司的经验中总结归纳了五点建议，可以指导公司将这些方法运用到品牌战略以及与 DIG 模式相关的营销战略中去。

宝马集团的案例

2005 年 1 月，位于慕尼黑的宝马集团宣布，公司有史以来第一次实现了汽车销售量超过了一百万辆。确切地说,2004年,宝马集团售出了1 208 732辆宝马新系列汽车、迷你汽车(MINI)和劳斯莱斯(Rolls-Royces)——这三个"顶级"品牌。这三个品牌现在构成了宝马集团的品牌组合。全世界都有宝马新系列、迷你汽车和劳斯莱斯源源不断地下线,运到世界各地的汽车经销商那里销售。从2003年以来,宝马公司汽车的销售量增长了9.4%,创造了销售纪录。

宝马集团的销售额同期增长了6.8%,攀升至443亿欧元。利润较前一年增长了11%,达到了35亿欧元。这种业绩与美国的汽车巨头——通用汽车公司(General Motors)相比更胜一筹。与宝马集团相比,通用汽车公司虽然每年售出的汽车数量接近宝马集团汽车销售量的10倍,但是,通用汽车不得不遗憾地宣布,在2005年的第一个季度,公司亏损约10亿美元。

2004年,宝马集团汽车业务部门的营业利润超过了通用汽车公司、福特汽车公司、德国大众汽车公司和法国雷诺汽车公司的利润总和,宝马集团主席赫尔姆特·潘克(Helmut Panke)因此自豪地向媒体宣称:"我们公司的产品组合以及在国际市场上的表现与以前相比,非常出色。我们将坚持不懈、不遗余力地开发利用呈现在我们面前的市场潜力和机遇。"[1]

宝马集团确实也是这么做的。几个月之后,在2005年第一个季度结束时,潘克宣布,公司发展历程中又呈现出了一个新的里程碑:宝马集团第一个季度售出了239 387辆汽车,超过了宝马集团在高档汽车市场中的主要竞争对手——位于斯图加特的梅赛德斯-奔驰汽车公司的226 400销售量。

"能够战胜公司的劲敌,公司上下所有的人都感到欢欣鼓舞。"潘克在宝马公司力推的宝马1系列产品和顶级7系列车型的揭幕仪式活动前的招待会上这样谦虚地说道。

第七章

宝马集团2003年至2005年间的业绩稳健增长令公司管理方非常兴奋,尤其是经历了2000年销售不佳的局面之后,尤为如此。五年前,宝马汽车滞销,在全球仅售出70万辆。这一切源于1994年宝马汽车公司收购了濒临破产边缘的具有传奇色彩的英国罗孚汽车公司(MG/Rover)。实践证明这场收购注定是一个错误。后来,新的管理层将公司重点集中到修复挽救这场联姻上,方法是将技术创新和质量与宝马汽车豪华成熟的气质相结合,这些努力使得罗孚汽车的销售量大增,极大地鼓舞了宝马公司的士气,使得宝马公司的业绩大增,也确实为宝马公司创造了奇迹。

在全新的机遇空间中培育宝马新品牌

在宝马集团内寻求赢利增长面临着众多全新的挑战,包括一个更为复杂的产品组合,而一个更重要、更为紧迫的任务是对品牌产品进行积极有效的管理。必须明确产品品牌的内涵以及品牌故事,目的是最大限度地密切联系各品牌之间的联系和相互作用。管理品牌必须对品牌进行准确定位,以便在不断变化的消费者汽车需求环境中寻求最佳机遇,同时提升宝马核心品牌的市场竞争力。这是制定品牌组合战略时所面临的最大挑战。宝马集团所面临的最紧迫的挑战是成功地从一个拥有宝马3系列、5系列以及7系列产品三个核心品牌的统一品牌(a branded house)转变成为一个品牌群(a house of brands),从而能够拥有更大的空间来接纳集团品牌组合中的新成员:劳斯莱斯和迷你品牌系列。[2]

鉴于复兴顶级小型汽车以满足最为挑剔的汽车消费者想象力的目标,宝马集团决定从支离破碎的罗孚产品系列中接纳早已被弃之不用的迷你品牌似乎非常具有先见之明。迷你系列产品形态各异,非常具有创意,于2001年面市。在此之前,陆虎(Land Rover)被廉价出售给了福特汽车公司。与类似配置的本田思域系列产品（Honda Civic）相比，迷你系列产品以其平均3 000美元的溢价，刚刚上市就受到了消费者的追捧，确立了其在小型汽车市场中的偶像地位。

宝马集团决定采用品牌群的战略是源于对宝马核心品牌之外的机遇空间的研究和探索。汽车行业根据价格将汽车产品进行分类，并且根据汽车产品是后轮驱动还是前轮驱动划分市场。潘克对于宝马品牌潜力的透彻分析基于这样的一个现实，宝马集团的竞争对手在战略上寻求同时占据高端市场和大众市场，但是，宝马集团却刻意选择集中打造品牌组合中的三个顶级品牌，并集中所有精力在所有价格点上保持领先地位，从售价为两万美元的迷你系列到售价为25万美元的劳斯莱斯幻影系列。虽然迷你汽车系列产品在所有市场中的成功毋庸置疑，但是，宝马集团仍然不遗余力地将这个最顶级的纯英国汽车品牌——劳斯莱斯进行精准定位。潘克认为，"劳斯莱斯必须重新进行市场定位，而且必须重新加以强化，使其成为汽车市场中的巅峰品牌。"潘克不得不承认："在过去的15年到20年间，这个品牌已经丧失了部分市场。"某些人谣传宝马集团正在考虑推出一款"经济型"劳斯莱斯轿车，潘克驳斥了这个谣传，他说："如果过早地推出价格相对低廉的劳斯莱斯，我们将无法保证这个品牌在市场中的领先地位。"

在所有的市场中，宝马集团一直保持旗下的三个品牌在所有价格范围内以及市场前沿处于领先地位，这个承诺从未动摇过。这个承诺促使宝马集团必须避免大众化汽车生产中的误区和错误。潘克认为，"这两个市场完全不同，在大众化汽车生产中，公司不得不保持低廉的成本。但是在高端汽车市场中，公司必须为顾客提供一种精神价值。如果顾客决定购买宝马或者奔驰汽车，他们希望得到一种特别的品质。这辆车必须具备某种能够打动他们的特殊品质。"

几十年前，宝马公司作为一家知名的统一品牌公司，正值鼎盛时期。

第七章

当时,其品牌组合中只有几种旗舰车型,公司的核心客户对于非常简单的宝马三种车型:3 系列、5 系列和 7 系列汽车产品已经心满意足。这三款车型(除了车型大小有所区别之外),其他方面非常雷同。宝马集团的设计师自豪地说:"一种香肠,三种规格。"这种简单的设计风格是宝马品牌缩小市场定位战略的全部。但是,仅仅在狭小的高端消费市场中保持品牌实力存在一些问题。如果仅此而已,宝马品牌将如何捕捉到新的机遇呢?

创新之前,必先革新

如果要捕捉到新的机遇,方法之一就是进行革新,将宝马品牌定位为能够更好地应对日益变化的社会潮流的品牌,推出新车型、改变产品的视觉效果或者提高宝马汽车的设计水平。[3] 1990 年代末美国的情景很好地诠释了这种努力。在这个时期,雅皮士时代日渐衰落,其文化氛围也逐渐消失,虽然这些"社会奋斗者"多年来已经构成了宝马汽车核心客户的基础(那句永恒的广告语"登峰造极"就是这种市场定位的最佳诠释),而且,这些客户都已经成家立业,事业有成。在某种程度上,这些客户在青年时代对宝马汽车向往已久,但是,他们现在已经超越了这一阶段,对于这种千篇一律的"香肠式"汽车款式已经感到厌倦,开始追求诸如沃尔沃(Volvo)旅行车、运动型多功能车(SUV)以及像梅赛德斯这样的宝马夙敌所生产的豪华车型,更不用提及他们对于最新引进的日本丰田汽车公司的豪华品牌——颇负盛名的雷克萨斯(Lexus)的追捧了。

宝马公司刻意做出了颇具争议的举动,冒着疏远核心客户群的风险,推出了新款的 SUV 车型 X5、X3 系列,以及奔放的 Z3、Z4 系列跑车,所有这些新款车型都与人们心目中的宝马汽车形象迥然不同,所有这些举动的目的是创造一个全新的宝马产品形象。宝马集团的美国汽车设计师克里斯·班格尔（Chris Bangle）所设计的新款宝马车型具备复古未来风格、艳丽夺目的视觉效果，这些车型无疑非常抢眼，但是也招致了那些狂热的宝马汽车迷们的质疑，因为这种设计太过疯狂，与神圣传统的宝马风格相去甚远。[4]刊登在《华尔街日报》(Wall Street Journal)头版的文章中，潘克坚定地认为："我们必须要做到与众不同。"他不断重申他的这种观点，鼓励宝马的设计团队能够坚持自己的设计理念。"我们做好了冒险的准备，因为这种设计可能会将宝马这个品牌带进死胡同。"[5]尽管如此，宝马公司仍然采取了行动，推出了一款宝马小型货车，能够容纳七位乘客（宝马集团内部将这款车型称之为"功能性空间概念车"）。宝马的举动就像促使清教徒狂饮一样，或者更加客观地讲，宝马集团似乎是在取悦那些中年人和全职妈妈们，而对那些英勇的赛车手却弃之不顾。

21世纪的第一个10年已经过半，对于一个成立在第一次世界大战期间，主要生产飞机发动机的宝马集团（Bavarian Motor Works——巴伐利亚发动机公司）来讲，制定品牌战略所面临的最大挑战将是拓展客户范围，捕捉发展机遇，创造利润，同时保持世界上前所未有的客户忠诚度。

从统一品牌到拥有品牌群

在宝马集团收购罗孚和劳斯莱斯（以及将迷你系列和劳斯莱斯纳入品牌组合）之前的80多年间，宝马一直是一个品牌，一家管理这个单一品牌的公司。正如索尼或耐克这样的统一品牌一样，其产品组合是按照传统统一品牌的产品组合方式进行的。从战略角度看，这种组合方式意味着宝马这个品牌历史上既代表着产品本身，又代表着公司，宝马公司的战略重点也集中在与宝马品牌名称相关的产品品牌上。宝马商标标

第七章

识中的三个字母缩写被蓝白相间的棋盘式图案所围绕，仿佛使人想起了巴伐利亚王国时期的蓝白色图案，代表着一个公司旗下的所有产品价值，从摩托车到公司品牌。

然而，到了1990年代中期，收购之后重新进行了董事会选举，产品组合也随着收购有所扩大，对于一个较大规模的产品组合进行有效管理则变成了首要的管理挑战。管理层同时还面临着另外一种压力，在保持宝马品牌全球品牌识别度的同时，还必须在各个重要市场上（尤其是欧洲和美国市场）创建品牌的不同风格。

在收购罗孚汽车公司之后，宝马集团旗下聚集了公司产品组合中的全部三大品牌：宝马、劳斯莱斯和迷你系列。这三大品牌成为宝马的主力品牌。要保持这些品牌的领先地位，宝马公司面临的挑战是不仅要使原有的发展空间最大化，而且还要将劳斯莱斯和迷你系列这两个品牌的发展空间最大化。而在不同的市场中管理同一个全球品牌使得这一挑战变得更加严峻复杂。比如，在美国市场上，宝马品牌是通过"登峰造极"这一广告语来体现该品牌产品的定位。这一定位强调的是品牌识别中与产品本身、生产技术和驾驶体验相关的某些方面。而在欧洲，宝马的定位则相对宽泛，其广告口号是"纯粹驾驶乐趣"，其定位与在不同文化中消费者追求日常生活中各种乐趣的表达方式以及拥有和驾驶宝马汽车的体验密切相连。

管理拥有统一品牌公司的重任落在宝马集团战略管理团队的肩上。这项重任是作为公司整体发展战略的一种辅助战略。事实上，如果没有迷你系列汽车的骄人业绩以及劳斯莱斯的稳定销量，宝马集团2004年的汽车销售量是不可能达到一百万辆的。如果没有成熟的品牌管理系统和品牌组合管理方法，宝马集团可能会遭受品牌解体的严重局面。

从品牌形象到品牌识别

品牌知名度和品牌形象的概念是基础概念。而品牌识别却是一种战略概念。品牌形象仅仅是一种很强烈的品牌识别的结果,是衡量品牌质量的一个标尺,其作用类似于体温计。但是,品牌识别系统表现的是一种战略平衡,是建立知名品牌的起点。品牌识别明确界定了品牌的定义以及寓意。产品特点决定产品的命运,正如古希腊哲学家赫拉克里特(Heracleitus)所说的一样。一个品牌识别系统完美地将公司和公司战略结合在一起,毫无痕迹。正如第六章所讨论的那样,公司战略涉及战略定位以及需求环境的复杂性和动态特点。[6]

在产品种类不多、定位以产品某种性能为主的时期,品牌形象作为一种品牌战略工具行之有效。例如,沃尔沃汽车(Volvo)从汽车安全性能的角度进行产品定位。赫兹(Hertz)汽车租赁的定位使其在汽车租赁业务市场中位居首位,而安飞士(Avis)虽然屈居第二,但是仍然在进行不懈的努力。现在,这样的定位战略仍然得到了"市场定位主义者"(positionistas)这类营销人员的强烈支持。但是,这种定位战略可以作为宣传目标,却无法确定在复杂多变的消费需求环境中捕捉机遇的战略。这种方法过于简单狭隘,无法对复杂的品牌组合进行准确定位。[7]

在1994年宝马集团收购罗孚公司及其附属品牌之前,宝马的品牌管理主要停留在品牌管理的技术层面上。出发点仅限于产品本身及产地,在美国市场上着重强调公司的德国技术传承以及汽车的优良品质和性能。随着1975年宝马集团启动了著名的"登峰造极"广告攻势之后,宝马的品牌形象得以最终建立。这一经典活动的灵感来源于这样的决策,即在继续强调汽车优越性能这一品牌核心的同时,赋予品牌丰富的情感因素。

第七章

到了 1980 年代,宝马集团开始积极主动地开展品牌定位活动,尤其是在美国市场,宝马一直被定位在高端市场上,通过强调驾驶激情和产品优越品质,确定了以情感和产品功能为中心的品牌战略。在确定了这种战略之后,宝马集团明确地将产品定位在了年轻富有的男性驾驶者群体上。这部分群体已经拥有宝马汽车,但是很有可能随着年龄和收入的增长,在未来的某一天转而购买梅赛德斯奔驰汽车或者美洲豹汽车(Jaguar)。到了 1990 年代初期,宝马公司才刚刚意识到这种狭隘的产品定位本身存在的致命危险,而且确实已经有部分客户转而购买了其竞争对手品牌的汽车,因为宝马的雅皮士产品形象已经无法表达其核心价值,宝马集团因此才决定扩展其产品品牌组合。

随着 1994 年宝马集团收购罗孚汽车以及 1998 年获得劳斯莱斯命名权之后,宝马公司的产品库中拥有了五种特点鲜明的品牌,每个品牌都需要积极有效的管理,以便充分开发利用这一产品组合尚未发掘的潜力。宝马集团从罗孚和劳斯莱斯身上获得的是一个产品平台,而非发展平台。宝马虽然收购了这两家公司,但是却未能从中获得崭新的思维,未能重新思考如何构建消费者需求环境,或者思考与消费者建立联系的全新方式。除了现有的产品平台之外,宝马集团需要为这两个品牌制定发展战略。需要将罗孚汽车打造成何种品牌?如何根据这一品牌所处的新的环境以及宝马集团的产品组合打造该品牌。根据宝马公司打造顶级品牌的承诺,宝马集团振兴一直委靡不振的迷你系列汽车的决策则有些令人匪夷所思。因为迷你汽车在英国的市场地位与大众的甲壳虫在德国或者雪铁龙 2CV、雷诺 R4 汽车在法国的市场地位相同。而宝马汽车本身的定位却只是打造顶级品牌。因此,宝马集团决定在集团现有产品组合中将这个被市场长期遗忘的产品打造成一个顶级品牌。

宝马集团日渐成熟的品牌管理方法明确将重点集中在了通过制定战略框架将宝马、劳斯莱斯和迷你系列三个品牌与世界不同地区的市场定位联系在一起。同时,还瞄准了这些市场中的细分市场。宝马集团的经营团队的目标是捕捉到需求环境中的全新领域,创造全新发展平台,从而将宝马集团品牌之间的重叠部分降到最低。这个发展平台创造了一种独立的业务,能够确保与宝马相关的品牌价值的更好发展。同时,品牌本身也有别于宝马品牌和劳斯莱斯。宝马集团的产品组合中,迷你系列在汽车界的地位已经等同于 iPod 在音乐存储和播放器中的地位。

超越定义品牌的品牌形象,宝马、迷你系列和劳斯莱斯品牌的定义是根据一套综合的品牌识别系统而确定的。这套综合品牌识别系统旨在回答如下关键问题,比如:

> 我们期望创造什么样的核心价值?
> 该品牌的含义是什么?
> 我们期望他人如何评价这个品牌?
> 该品牌与消费者的关系如何?
> 新的品牌识别如何能够捕捉利用不断演变的汽车行业需求环境吗?

以上这些问题的答案经过组织加工,即可成为一套逻辑清晰的管理系统以及一个品牌识别结构。这一结构为宝马公司量身定做,是由宝马品牌管理团队开发设计的。宝马品牌的核心是"乐趣"。正如那句著名的广告语"驾驶的乐趣"所表达的那样。[8]

宝马集团最终决定将宝马集团发展成为宝马、迷你系列和劳斯莱斯品牌的影子背书品牌群(Shadow endorser)。这一战略增强了公司广告的可信度,并且提供了迷你系列和劳斯莱斯这两个大品牌各自的概念车。反之,宝马、迷你系列和劳斯莱斯这三大品牌又可以作为宝马集团的背书品牌。

第七章

在全球范围内管理品牌识别系统

宝马品牌在全球范围内的品牌识别是围绕着纯粹驾驶乐趣的理念而确立的。[9]乐趣的核心价值在欧洲被广泛宣传,主要关注"纯粹的驾驶乐趣"的方方面面。这种乐趣表现在以下七个方面:(1)驾驶的乐趣;(2)创新与进步的乐趣;(3)享受美好事物的乐趣;(4)生活的乐趣;(5)成功的乐趣;(6)拥有的乐趣;(7)实现真正价值的乐趣。

乐趣的宽泛层面因宝马汽车的动感和速度得以传播,强化了产品的性能。在欧洲,宝马品牌的识别来源于驾驶本身的感受。而在美国,宝马汽车的销售量占整个美国汽车市场的1.5%。带有传奇色彩的德国精确标准和大师级的卓越性能是最为重要的品牌识别标志。与美国相比,宝马汽车在欧洲较为常见,该品牌占据了整个德国汽车市场的7%。请看美国与欧洲市场中宝马品牌的市场定位差异。

> 在欧洲,"乐趣"这一品牌识别因素更为广泛,而且是非常通行的卖点。这一识别因素不费吹灰之力将节油、力量和速度这些与乐趣截然不同的产品性能特点完美地结合在了一起。然而,在美国,这一核心概念被转变为一种更为明确的定位,着重宣传"登峰造极"这一品牌识别标志。

> 宝马品牌在美国市场的定位更加倾向于以产品为中心,而且正在朝着极端化的方向发展。这种精准的市场定位更适用于一个较大的市场——考虑到美国市场的潜力,这种战略非常英明。从情感的角度来看,这一战略满足了核心市场中的消费者掌控的需要、追求驾驶体验以及享受科技的需要。

与美国市场相比,宝马在德国拥有更大的需求环境份额,而且,其宽泛的市场定位反映了客户优势的程度，品牌识别系统可以变换不同方式，以满足需求，充分利用不同市场的机遇。在美国，产品多样化的首要问题是产品的卓越性能和专属性。但是，相比而言，德国却是一个优质产品品牌的天堂，拥有保时捷（Porsche）、梅赛德斯和奥迪这些著名品牌。通过卓越的产品性能来实现产品多样化可能很难达到目标。品牌的乐趣核心，作为一种情感因素更加能够打动人心，因为这种情感完全可以独立存在于对汽车本身的感受上。乐趣来自于美丽的人生、运动、进步、完美、精准和体验。乐趣将产品变成了日常生活中的一部分。

从品牌识别到需求优先的品牌战略

宝马集团的品牌管理体系的演变非常具有代表性。如果没有这种体系的确立和不断演变，公司很难实现跨产品、跨市场的多品牌管理，从而进行创新，获得发展。如果缺乏这样的体系，公司很难捕捉到当今的发展机遇，也很难充分利用核心品牌的品质和价值，并且强化这些核心品牌的品质。宝马集团所采用这种"影子背书品牌"的战略是在避免核心品牌解体的情况下，进军全新市场的最为有效的战略。

根据我们的经验，一个品牌管理体系也会制约公司的创新和发展。与公司内的其他体系和业务流程一样，品牌管理体系对于品牌的定义可能过于严格。这样将会使各个品牌之间产生界限，加速扰乱人们视线烟幕的产生，导致公司资源和行动都围绕着该体系而非公司总体发展目标而运转，尤其是当围绕着产品而非需求优先的发展平台进行品牌定义时，这种情况就会随之发生。尔后，品牌管理通常就会沦为撰写品牌指导的资料。

如果一个品牌管理体系运转良好，那么，在不断变化的消费者需求环境中，就会在品牌识别这一根本问题上对公司形成一种挑战。那么，

第七章

这个品牌管理体系就可以调动公司员工,激发员工的创造力和想象力,引导公司制订正确的创新与发展行动计划。品牌将成为公司内外的一种文化。我们将在第八章和第九章中从两个不同的角度对这一过程进行探讨。

从公司外部的角度看,一个品牌的产生来源于对消费者日常生活的深刻了解以及对需求环境的全面了解。但是,品牌也可以成为公司外部文化的一部分。迷你汽车对于宝马集团品牌组合的补充充分说明了这种品牌文化的发展过程。

宝马迷你系列

新的迷你系列汽车植根于1960年代英国迷你系列或者迷你库柏(Mini Cooper)车型。该车是当时汽车行业的偶像品牌,针对的是当时的大众消费市场。在这个渊源之外,新的迷你系列汽车,车如其名,但是,英国味道已经非常淡薄,而是更加倾向于宝马的风格。迷你系列那种超越时间的恒久设计标准体现在汽车内外的每个细节之中。汽车仪表盘的中心位置上依然保留着速度计。但是在仪表盘下面的每个零件都是按照宝马集团的生产标准而生产的,与老款的迷你汽车相比,新的迷你系列汽车的仪器仪表较大,也比较气派,体现了最为先进的汽车技术,与老款迷你汽车形成鲜明对比的是,现在的迷你汽车系列定位为顶级汽车品牌,目标消费群体与老款迷你汽车完全不同。

迷你系列汽车的成功源于该品牌清晰明确的品牌识别、针对当今特定的年轻人文化的市场定位、迷你系列在宝马集团品牌组合中的作用以及宝马因势利导地启动这一定位的行动计划。

迷你汽车定位是集小型汽车的优点和无与伦比的独特魅力于一身的汽车类型。它令见到它的人一见钟情,它浑身散发出老款迷你汽车的那种玩世不恭和标新立异的气质。它完全独立于宝马品牌之外,更倾向于成为运动、活力和驾驶乐趣的代名词。如果宝马拥有的是一种唯我独尊的尊贵气质的话,那么,迷你系列则更具亲和力。

除了保留了老款迷你汽车的一些特点以及区别于宝马品牌的一些特点之外,新款迷你系列似乎更像一个全新的概念车型。迷你汽车是设计师站在旁观者角度上设计出来的,其设计灵感很大程度上来自于当今的社会文化环境,它广泛确定了年轻人消费市场,目标客户的年龄在25岁到35岁之间(尽管驾驶者的年龄可能远远超出了这个年龄范围)的年轻人,他们自由开放、受过良好教育。这个消费群体非常珍爱宝马汽车的优良品质,同时,出于自我表达的原因,又非常抗拒顶级品牌。

请看迷你汽车品牌的识别和语言元素。完全不同于老款迷你汽车和宝马汽车,新款迷你汽车的设计基于这样的一个框架——黑色背景中点缀着简洁鲜明的色彩。这款迷你车型采用了当代的流行元素,至酷的黑色是技术文化的象征。其简洁流畅的车身外形也是重要元素之一。迷你车型的目标消费者不仅注重汽车的设计,而且也非常注重汽车设计的前卫性。他们追求时尚品牌。最新、最先进的技术是他们选择产品的一个很重要的因素。他们支持反正统的观点,反对正统的观点(宝马汽车)。如果新款迷你汽车仅仅是简单的复古汽车,像雷鸟汽车(T-Bird)和大众新的甲壳虫汽车一样,将会被认为非常无聊,毫无新意,甚至与当今的文化格格不入。为了融入到当今目标消费者的生活中,迷你系列需要更多的激情和力量。

新款迷你系列非常符合当今的文化环境,在这种文化环境中,宜家家具非常流行,无处不在,这种文化的前提是好的设计也很平易近人、触手可及,低价的服装零售商Zara和H&M解决了最尖端的流行时尚一定是昂贵的这一长久存在的矛盾。而新款迷你汽车汲取了当今的文化符号和潮流,证明了顶级品牌并不一定专属某个特定

第七章

群体。

新款迷你车型的推出,从某种程度上讲就是品牌的行为方式,这种行为方式是持续不断地与品牌的目标群体进行互动,建立品牌识别。这部分目标群体非常熟悉媒体,拒绝被标签化。在推出迷你车型的前15个月之内,迷你车型负责人在网络上建立一个虚拟的世界,令人奇怪的是,在这个虚拟世界中,没有任何关于新款迷你车型及其规格的介绍。所有的交流都只围绕着迷你车型背后的创意、价值和概念展开。而且网络上的内容在不断更换,关注的都是音乐、时尚、艺术和设计,这个虚拟网络世界只是作为纯粹的娱乐以及与特定观众之间的对话渠道。在这个网站中还举办拍卖,拍卖那些像环球广播这样的炫酷高科技产品。这个网络世界是真实环境的完全文化表达,包括目标观众的生活、故事、生活原型、文化符号和代表符号。这个网络世界早在病毒性营销和口碑营销这样的营销专门词汇尚未被发明出来的时候就已经出现了,但是,这个开办15个月之久的虚拟世界达到了同样的效果。新款迷你汽车在适当的地点成为了一个与适当的群体之间交流的共同话题。

随着时间的推移,这种渴望拥有迷你系列产品的文化氛围日意浓厚,迷你系列与目标群体之间的交流也发生了变化。而迷你这一产品也在这时被逐渐引入,最初是在网络世界中,后来又不断出现在各地各种各样有目标群体参与的活动中,无论是在米兰、巴黎,还是在伦敦、新加坡举办的各种展览会、艺术活动和时尚聚会,都可以看到迷你汽车的身影。更重要的是,迷你汽车的营销从未脱离开环境,因为迷你不只是一种车型,它拥有更为丰富的内涵。迷你汽车是2003年上映的《偷天换日》(The Italian Job)影片中的"主角"。迷你汽车甚至被创造性地安排在了大众文化活动和集会中。想象一下,迷你汽车出现在NBA篮球比赛的观众席中,会是怎样的情景。将一台迷你汽车放在观众席中,需要占据不止一个座位,而是20个。我们不妨将这种精明的营销方式和其他营销方式进行一下对比,比如在比赛中场休息的时候出现在大屏幕上或者自豪地宣布是这场比赛的赞助者。这种营销方式似乎更适用于宝马,或者甚至连宝马品牌都不适用。

全新品牌建设模式

宝马集团对于迷你品牌的建设诠释了一种全新的品牌建设模式。这一全新的模式不仅仅简单地围绕着某个产品而进行,也不是简单地将某个高质量的产品与其功能性、情感诉求和自我表达等方面的特点联系在一起。相反,这种品牌建设始于一种文化概念以及消费者的日常生活环境。这种模式源于并发展于公司外部,完全颠覆了传统的品牌建设模式。[10]迷你汽车与其他复古车型相比,其经久不衰的成功与宝马公司采用这种全新的品牌建设模式密切相关。

这种模式与需求优先的发展模式密切相关,而且会自然而然地按照这个发展模式发展。战略制定者在深入了解消费者的需求环境并且绘制了需求图景之后,需要确定消费者生活、工作和娱乐的文化环境。然而,需求优先的发展模式并不是简单地停留在发现和了解文化以及文化的发展过程上。这个模式还进一步关注构建机遇空间以及启动需求优先的发展平台的战略思维。

在雷富礼出任宝洁公司 CEO 的早期,他促使宝洁公司采用这种极端的思维方式,目的是拓展对于宝洁公司产品品牌的了解以及这些品牌在捕捉消费者需求环境中所起到的作用。是应该将佳洁士品牌打造成最好的牙膏品牌,还是将其定位为口腔护理方面的专家?而决定将佳洁士品牌打造成口腔护理方面的专家则需要改变观念,站在公司外的角度了解这一品牌。这要求宝洁公司必须了解消费者的日常生活环境、健康以及口腔护理对于消费者的重要性。正如第二章中所讨论的那样,对于品牌机遇空间的重新了解是宝洁公司成功的关键因素。

第七章

　　事实上,这样的思维方式对于企业来讲意义深远。如果哈兰德公司早在20世纪初不是将自己定位为一个海运公司而是一个运输公司的话,公司现在的情况又将怎样呢?从世纪之初至今,在不同文化中这都不失为一个非常伟大的想法。如果那样的话,哈兰德公司可能已经发展成为一个比UPS、汉莎(Lufthansa)和联邦快递(FedEx)联合起来的规模都要大的公司,而不会只是一个海上运输公司。如果UPS选择将自己定位在全球供应链管理公司而非运输公司,那么情况又将如何?对于道富集团而言,伴随公司成功转型的是对于公司业务的重新定义,这种定义是围绕着信息业务而非能够赚取利润的业务交易而进行的。加拿大传媒巨头汤姆逊公司的CEO理查德·哈林顿(Richard Harrington)继承了价值几十亿美元的报业业务之后,他将公司带到了一个新的领域。他卖掉了大部分报业资产;同时,又通过一系列的收购行为,花费逾80亿美元创建了汤姆逊公司,一个为金融、法律、科学、健康和教育市场提供综合信息服务的公司。而史蒂夫·乔布斯是否会将苹果单纯视为一个电脑公司呢?

　　需求优先和旁观者的视角几乎不断地在挑战现行的业务定义、品牌战略和公司的意义。从需求的角度看待问题,会赋予公司创新与发展计划更为深刻的含义,而且这个视角本身也应该起到这样的作用。但是,若要起到这样的作用,只有从消费者日常生活的社会文化环境角度去考虑消费者的需求才能实现。站在旁观者的角度上看待问题,这个问题就变成了如何开发摆在公司面前的机遇。

　　本章将以英特尔公司的简短案例结尾,强调要从多个角度看待品牌管理的挑战的重要性,包括普通的视角以及需求优先的视角。英特尔公司的案例阐述了从旁观者的角度如何能够改变品牌,改变公司战略以及公司本身。

英特尔公司的理念

1985年,具有17年历史的英特尔公司主要业务还是生产信息存储器的业务。英特尔公司和其客户都将其数字信息存储在芯片上——由英特尔合作创始人罗伯特·诺伊斯(Robert Noyce)在1959年发明的犹如威化饼薄厚、精细焊接的集成电路。英特尔公司的第一款产品是一个64位的内存条。[11]随着时间的推移,摩尔定律准确地预言集成电路上的微型元器件的数量每18个月会加倍一次,该定律是1965年英特尔公司另外一个合作创始人戈登·摩尔(Gordon Moore)在一篇著名的演讲稿中提出的。英特尔公司开发的内存条上晶体管的数量日益增长。那时,这些内存条是世界上最棒的。

英特尔公司处于存储芯片业务的始祖地位毋庸置疑。它具备所有的先行者优势,包括在将近10年的时间中几乎占据了100%的市场份额。到1970年代初,几个美国厂商参与了竞争(包括已经被人遗忘的Unisem和Mostek公司)。随之迅速被实力强大的行业巨头英特尔公司打败,因为英特尔公司拥有先进的技术优势。到了1980年代,日本存储器制造商通过提供质量和价格都优于英特尔的产品,从而对英特尔的领先地位产生了威胁。正如英特尔公司的总裁安德鲁·S.格罗夫(Andrew S. Grove)后来回忆的那样:"1980年代,竞争开始对我们产生威胁。"英特尔公司对于竞争的回应是将产品质量标准由"达标"提高到"优良"。

虽然如此,日本的厂商依然不断涌入,而且竞争能力越来越强。格罗夫后来回忆说:"他们的主要武器是提供质高价优的产品。"到了1985年,格罗夫坐在办公室里,和表情凝重的摩尔一起,面对着"一个严峻的挑战"。

第七章

　　我们的心情沉重。我透过窗户,看着远处主题公园里的摩天轮。而后,我转过身来面对戈登,问道:"如果我们被免职,公司雇用了一名新的CEO,你认为他会怎么办呢?"戈登毫不犹豫地回答说:"他会让我们抛弃存储器业务。"我瞪大了眼睛,盯着他,表情麻木,然后说:"为什么你和我不能走出这道门,再走回来,我们自己干呢?"

　　格罗夫和摩尔象征性地解雇、重新雇用自己的决策是一个坚强的胜利者的故事。他们本身就是平等就业机会的雇用者,在经过多年来坚忍不拔的奋斗,面对残酷的现实做出了一些极端和戏剧性的反应。然而,这也可以被看做是一个关于走出个人狭隘的视角、拨开眼前迷雾、看清眼前无限机遇的故事。

　　格罗夫,这位过去的"战略拐点"大师用心灵之眼看见自己(和摩尔一起)走出了英特尔公司的大门,又看见自己回首英特尔,从公司外面的角度发现了新的事物。这个新事物就是英特尔公司不再介入存储器业务,而在一个更新的、利润更高的微处理器业务领域中蓬勃发展。他正确地预见到了英特尔公司的未来。他为公司及其产品拓展重新界定了机遇空间,这样,公司才能够重新定位,不仅仅是为了生存,而且为了公司未来的发展。

第八章 加深客户关系并吸引客户

发展新兴市场、进行公司改革、拓展相邻市场以及构建全新需求优先发展平台,都会带来无数品牌管理方面的新挑战。品牌管理所面临的挑战之一就是加深品牌与客户之间的关系,吸引客户。如果无法做到这一点,公司就无法创造客户优势。加深客户关系,吸引客户可以遵循以下五大原则。

1. 挑战传统观点

战略制定者所面临的最为严峻的挑战是认识到公司现行的经过深思熟虑制定出来的战略需要改进。管理层已经投入了大量人力、物力和财力去开发实施市场定位、撰写清晰明确的品牌寓意。公司的愿景和使命已经拟定并公布,品牌识别体系和结构已经确立,品牌战略手册已经撰写完毕,所有关于品牌在各个消费者触点的表达方式的文件都已经明确。品牌的市场定位也可能已经付诸实施,结果也在消费者调查研究报告中得以阐述。传播渠道的合作者也已经得到授权,他们懂得如何辅助执行品牌定位。好的品牌建设原则都支持品牌建设的一致性。

当所有关键环节都已经完成的时候,却非常有必要直面公司和品牌

第八章

现状,认清不断变化的需求环境中的现实,站在一个旁观者的立场上,从需求优先的角度,冷静、客观地认识公司,挑战市场定位背后的传统观点。

请看美国艺电有限公司(Electronics Arts-EA)的案例。美国艺电公司是一家电脑游戏公司,发展势头良好,占同类游戏公司之首。如果请你为这家拥有强势游戏传承,并且拥有制作风靡一时的《周一晚足球赛》(*Monday Night Football*)和《疯狂橄榄球》(*Madden NFL Football*)电脑游戏这样成功记录的公司制定发展战略的话,你肯定会将重点放在公司优势、强化核心竞争力上,并且将秉承公司一贯战略,顺其自然发展。但是,你绝对不能这样做!该公司所面临的需求环境在不断变化(比如说,游戏业会成为主流)。品牌定位已不再是每五年一次的战略性行为,而是一个动态的、持续不断的过程,而且要基于明确的、非常有效的品牌识别体系。这要求战略制定者根据游戏行业中日益加剧的分裂局势,挑战人们将艺电公司看成一个电脑游戏公司的共同观点。对该公司进行更恰当的定位、重新界定该公司机遇空间的方法是将公司看成一个体育管理、媒体和生产公司,一个像耐克一样的体育产品公司,或者像福克斯(Fox)、MySpace.com一样的娱乐公司或者这些公司的任意组合。[1]

品牌战略必须朝着一个更加重要的焦点转移,即品牌和企业如何在消费者生活、工作和娱乐中改变消费者的消费体验,并且要确定如何将产品的情感因素与有形的产品特点结合起来以及令消费者信任该产品的充分理由。这种转变代表着品牌战略重点从产品向消费者,或者说是向处在具体的社会文化环境中的人们转移。宝洁公司必须确定其Dawn Direct Foam牌泡沫餐具洗涤剂的定位不再围绕着去油污的特点展开,而是围绕着促使孩子参与家务劳动的挑战这一主题进行。如果你作为柯达公司的战略制定者,你真的认为柯达只是在经营胶卷业务吗?你是将柯达定位为一个能够为人们提供最好胶卷的公司,还是一个管理人们生活中的美好回忆的公司呢?

这样的"重新定义"为公司和品牌创造了全新的视角,可以使公司发现品牌建设的全新方式,品牌建设不仅可以通过传播宣传,而且还可以通过直接创造新的互动体验来实现。这种体验可以创造品牌。如果这种体验本身就是某个市场原生文化的一部分,那么,品牌的建设则可以通过文化的自然发展进程得以实现。如果品牌建设能够在公司定义明确的需求优先的发展平台范围内进行,效果将更加明显。创造这样的体验和过程不仅需要传播和创新,而且还需要发挥公司具备的全部实力。媒体可以成为新的创新工具。利用媒体进行品牌建设的最大益处是品牌最终可以吸引消费者,确保消费者认同并接纳某种产品或服务,从而使这种产品或服务成为其生活以及所处的文化环境中的一部分。

2. 使品牌融入文化

获得客户优势的另外一个关键步骤是促使公司围绕着整体战略以及发挥品牌和产品组合在捕捉尽可能大的需求环境份额中的作用而运行。宝马集团的案例就是这方面最好的佐证。公司组织安排了一个非常成熟、连贯的程序,确保公司所有努力、活动以及整体的创新与发展计划都围绕着建设多个大品牌的公司战略而进行。

宝马公司每推出一款新车型,都汇集了多个部门几百名员工几年时间的辛苦努力。他们来自不同部门,从工程部、设计部、生产部、营销部、采购部到财务部以及创新与研究中心,宝马称之为 FIZ。[2] 这种努力包括在一段时间内,让一个团队的员工全部深入到现实世界消费者需求环境中去体验。

同样,从品牌的角度,宝马集团也利用这种方式以确保宝马员工能

第八章

够深入透彻地了解公司主要品牌是如何融入到新的品牌群中。宝马集团品牌学院的作用是勤勉细致的公司作风的最好体现。2002年,宝马集团创立了自己的品牌学院,这是一个最先进的学习中心,位于慕尼黑,毗邻宝马集团独特的由多个汽缸形状建筑物组成的总部。品牌学院成立基于这样一个理念:集团员工通常对任何公司内部的品牌建设方法都持怀疑态度,而且公司的品牌建设方法必须远远超越汽车行业中所创造的任何方法。[3]

来品牌学院学习的学员大多都是公司高级行政管理人员和高层经理、经销商及其他关键岗位的员工。在一天的学习中,学员将有机会了解公司产品品牌的相关知识,而且还可以在特定的品牌产品实验室中体验产品。在一天的学习结束之际,学员们已经参与了各种各样具有挑战性的活动,包括从传统的课堂学习到制作品牌电影以及亲手制造一辆汽车。

品牌学院实际上是一个品牌群。在品牌学院中,建有各种样式的套间以及全封闭体验中心,设计的目的是从多个视角去诠释品牌最显著的特点。公司的多个大品牌战略在这个环境中得以准确执行。每年有超过2 500人在品牌学院里学习,为宝马集团成功进行品牌定位构建了坚实的基础,从而为集团的顶级品牌组合创造了美好的未来。

从管理的角度看,将整个组织或公司从一个统一品牌转变成一个品牌群,要求公司制定相应的制度,并且要在公司文化中实施改变管理程序的措施,使得所有品牌的价值意义能够得到一致传播。品牌学院的发展始于重要信息必须传达到公司的每一个角落的决心。在"应该采用何种模式在公司内部传达这些重要信息"这类问题的基础上,这些重要信息重点关注以下两点:品牌对于宝马集团的重要性以及多个大品牌组合战略对宝马集团总体实力的重要性。这个决定的目的是促使宝马集团员工更加敏锐地认识到品牌的重要性,激发员工对于品牌的信心,最重要的是，促使员工了解和体验品牌产品。

品牌学院提供给学员学习经历的目的旨在回答以下这些问题：

> 品牌的优势是什么？
> 各个不同品牌以及宝马集团的意义何在？
> 如何区分宝马集团旗下的不同品牌，这些品牌如何区别于竞争对手品牌？
> 宝马集团如何管理品牌组合？

品牌学院的训练设施能够使学员完全投入到一个多视角的环境或者是"心理学习路径"中进行充分体验。这个环境或者路径主要采用可以感受的方法阐述在一个规模较大品牌群内的三个品牌的核心价值。这些品牌的价值可以通过以下多个层次来体现，包括敏感度或称为灵感、可理解性、稳定性以及可实现性或可实施性等。

宝马集团品牌学院的真正独特之处在于这是一家永久性的机构而非一个过渡性组织，大多数公司通常只会在代理商募集期间或行业展览会上设置类似的机构，或者通过行业电影或录像的方式进行类似的培训。品牌学院是一个学员可以随时回去通过真正的体验而非概念深入了解品牌的地方。这是公司的中心，甚至像一个神坛，如果你愿意，可以随时回来，为集团的内部营销计划来搜集灵感。最重要的是，这是一个能够说服最固执的工程师的地方，使他们能够认识到有比设计、技术、产品及其性能更重要的内容。这个中心为不断了解和加速品牌和产品之间的差别提供了一个永久的平台。这是一个能够刺激内部营销的中心。

即使在培训项目结束之后，学员与品牌和品牌内容之间的联系也不会消失。学员还可以通过网络平台，利用已有的品牌知识，将品牌建设工作转入日常业务中。

第八章

宝马集团主席赫尔穆特·潘克回忆说:"顶级品牌向顾客传达的是一种情感价值。当顾客决定购买宝马或者奔驰汽车时,他们期望拥有一种特别的气质,也就是汽车能够带给他们何种感受的问题。"[4]在品牌学院,这种情感完全可以体会得到。

3. 寻找客户

将品牌纳入公司文化之后,公司需要向客户宣传这一品牌,将品牌和客户联系在一起,吸引客户关注品牌。战略制定者也需要通过启动需求优先发展平台来引导这一过程。最终,公司所面临的挑战将是促使消费者接纳公司品牌,并将该品牌纳入消费者的生活中,将品牌变成他们所属文化的一部分。

将品牌变成文化的一部分,要求该品牌融入文化之中而非独立于文化之外。在一个需求组内,品牌与消费者之间的相关性、联系以及品牌对于消费者的吸引力是中心问题,超过了产品多样化以及"整理繁杂的产品品牌"的问题。

将品牌变成文化的一部分,行之有效的方法就是将传统的宣传模式逆转过来。[5]那么,传统的宣传模式是什么样的呢?传统的宣传模式呈漏斗状,是一个下行的过程。经过这样的宣传,消费者对于品牌从认识到发生兴趣,到期望拥有,最终发展为购买和成为忠实客户的阶段。在漏斗的最顶端是通过企业宣传而认识某个品牌产品的整个人群,漏斗的最末端是一个远远小于顶端人群的那部分真正购买产品的消费者。在每一个下行的阶段,广告和其他营销手段都是用产品和品牌信息对消费者进行信息轰炸,将数量不断减少的消费者推向购买产品的最终目的。

然而,在全新的、倒置过来的宣传模式中,需要将更多资源运用到距离需求组中所确定的产品消费及使用点最近的阶段中。要做到这一点,需要针对消费者日常生活环境中每个需求组所涉及的消费者活动和消费者触点，启动诸多行动计划。相比之下，通过昂贵的传统媒体渠道所传达的过于简单的一个字或者一句话的作用和价值都较小。例如，如果需要为帮宝适这个品牌定位，与其通过进行最高频率（尽可能多的次数）向最大受众（尽可能多的人群）宣传其超级干爽的卖点，不如通过宣传如何促进儿童发展来吸引消费者。这可以包含许多具体的计划，比如每天、每周或者每月的计划，这些计划也可以涵盖儿童的每个发育阶段，从孕期到新生儿，到蹒跚学步的幼儿阶段，再到24个月大或者更大一些的学龄前儿童阶段。制定这些计划的宗旨是为父母和孩子创造变革性的体验，这种体验包含了帮宝适以及该品牌的承诺所发挥的作用。这样做的目的是通过将产品、服务或品牌嵌入到消费者的日常生活、文化环境，以及消费者日常生活中所涉及的故事、素材和心理模型中去。精心安排消费者去体验该产品，以此达到掌握不断变化的需求环境的动态，了解需求环境的复杂性。这样，品牌宣传与消费者的产品消费及使用体验是同步的，而不是与消费者以往的学习模式同步。

启动广泛的行动计划不仅仅意味着用10个环节弹奏出营销宣传钢琴曲，以广告、印刷品广告、赞助、组织活动以及其他促销方式为序曲，而且意味着充分利用现有及潜在的机遇，以及先进的科技、营销、娱乐以及媒体，与消费者个体进行对话。这种方式使我们脱离了过去只有在电视、广播、iPod、个人电脑、手机，甚至是室外广告牌上播放的视频和音频广告形式。这种宣传方式包括打扰式营销、许可式营销和病毒式营销，这些营销方式不仅邀请消费者积极参与，而且还促使消费者以诸如博客、视频博客、照片博客等所谓的用户自创媒体的形式亲身参与制作媒体宣传。

所有这些努力都需要以媒体不可知论者或者媒体中立论者的态度进行积极主动的管理，在需求优先的发展平台上将替代宣传方式创造性

第八章

地结合起来。这已经不再是我们投资宣传以引起消费者注意的宣传方法了。我们喜欢将这种新的方法比做石油钻井,在钻探油井的时候,油钻的最大力量是用在地腹中蕴含石油的那个区域,而不是钻头钻入的土地上。同样,我们倒置过来的漏斗(实际上已经不再是漏斗形状了)将全部的资源运用到了消费以及产品使用周期的每一个阶段,目的是在最后一个阶段使消费者的影响最优化。这样,公司的产品或者品牌以特定、有形的方式与消费者所处的环境产生了联系。传统的宣传模式可以称为大众市场认知模式,因为这种模式的目标是将受众和频率最大化。而这种新的宣传模式可以称为1 440分钟宣传模式,因为这种模式寻求的是将产品或品牌在消费者生活中所占的时间份额最大化。如果身为星巴克的管理人员,你肯定期望占消费者每天1 440分钟里的更大份额;如果你在帮宝适公司,你不仅期望消费者认同帮宝适产品的超级干爽,而且也希望介入到孩子出生前到早期发育的整个阶段中。

大众汽车的振兴

将漏斗倒置过来和在整个产品消费或者使用过程中投入资金进行宣传的作用不同。前者将品牌建设演变成了一个文化发展过程,形式更加自然,更加真实。这种全新宣传模式的精彩应用案例非美国市场中德国大众汽车的振兴过程莫属。这一振兴计划始于2006年春天德国大众汽车公司推出的大众GTI车型,那款独具魅力、颇受年轻男士、汽车改装爱好者以及忠实的大众汽车迷们的喜爱的"小巧火箭"式汽车。这些汽车迷们追求速度,而且在迷你小钢炮汽车市场上,GTI款车型一直以来都比其他任何一款车型的速度要快。这些大胆尝试及努力不仅表现在对汽车的品牌宣传上——宣传产品性能和特点,而且还表现在围绕着文化和信仰,尤其是GTI车型目标客户所强烈推崇的文化而进行的品牌建设上。所有这些努力突出了那些叛逆者的信仰——蔑视、挑战规则、拒绝权威,这一切是美国年轻男性文化的核心。当代叛逆的表达方式令詹姆斯·迪安(James Dean)显得太过极端,太过叛逆。现在日常生活中的反叛主义,则是以一套较为温和而且众所周知的"可以理解的"行为得以展现。研究表明,迷你钢炮狂热者这一市场更倾向于厌恶遵守限速规则,更喜欢开快车,愿意出高价购买更大马力的汽车。他们喜欢按照自己的意愿对汽车进行改装。但是,有些人却认为汽车改装,尤其是改装日产汽车,过于夸张、招摇。

大众公司选择美国文化中的叛逆文化,围绕着 GTI 车型的推出,开发了符合目标客户所推崇的文化的象征符号、图像、设计图案以及表达方式。正如大众公司负责品牌创新的行政主管克里·马丁[6](Kerri Martin)所言:"我们希望吃掉文化,并且成为文化的一部分。"GTI 车型一个重要的标志就是"迅捷"(Fast),这是一个外表独特、顽皮的品牌形象。该品牌形象是叛逆文化的具体表达。大众汽车邀请了 5 000 名 GTI 车型爱好者登陆迅捷计划网站(ProjectFAST.com),参与全美范围内的调查及实验,探讨关于迅捷的社会和心理概念。通过这次活动,大众公司才得以推出迅捷这个品牌形象。通过回答一系列的问题,活动参与者可以设计出他们"自己"的迅捷。例如,其中一个问题就是,如果迅捷有眼睛的话,那么它的眼睛应该是什么形状的?这个网站之旅以创造出迅捷形象为结束。最后,网站会出现这样的文字:"网站里面最多的,除了我们之外,还有一个迅捷。根据我们从上千名参与者那里收集的数据,迅捷的形象应该如此。也许你从未想过你的迅捷是什么样子的。但是在我们设计 GTI Mk V 这款车型时我们想到了。我们思索过迅捷的气味、重量以及早餐该吃什么,这是我们所想到的一切。因为我们这个 GTI 能够使你的迅捷快乐。"而后,网站浏览者就会看见他们创造的能够代表他们速度需求的这个顽皮形象。并非巧合,这个灵感来自于兔子的形象

第八章

标志的特点与GTI车型的几个关键特征非常相似。例如,迅捷的嘴巴与GTI车型黑底红色的潜水箱护罩形状相同。迅捷的尾巴可以更换,这个设计灵感来自GTI Mk I车型的高尔夫球形档把,早在GTI车型尚未面市之前,该网站就已经成了网络上的热门话题,网站点击量超过了十万次,很快,有人就在eBay网上开始拍卖迅捷,其价格迅速上升到600美元。如果你购买一辆GTI汽车,就可以免费得到一个迅捷。汽车代理商也反映展示厅的试驾者大幅上升。通过邀请目标客户参与小测验这类游戏,GTI与目标客户之间的对话得以进一步深入。小测验的内容是:"你对迅捷了解有多少?参加我们的测验,你就会找到答案。"这个测验被印在了一个非常有创意的小册子上,并分发给了参与者,风格与一般的汽车宣传材料迥然不同。

GTI面市营销的另外一个重要特点是汽车配置网站。汽车爱好者可以在网站上自行配置自己的GTI,配置完成之后,可以和赫尔加(Helga)女主宰者一起进行试驾。赫尔加也是大众随后推出的电视广告中的主角,广告的另外一个主角是沃尔夫冈(Wolfgang)——德国小说中的人物,喜欢"将改装车恢复原貌"。这个汽车配置网站吸引了无数人点击。三个主要的电视广告也被众多网民下载,在YouTube网站的视频点击次数超过了200万。室外广告牌广告也用醒目的标题广告语为这种营销助威,比如:"再见,讨厌鬼。""德国技术"和"像迅捷一样快"。有许多人撰写博客,引起了关于GTI车型的激烈讨论,一些爱好者还创造了他们自己的网站。

所有这些努力将消费者融入到了GTI的上市活动中,并且引起了消费者对这款产品的注意。各种上市活动都经过精心策划安排,目的是引导潜在的购买者,与他们进行沟通,促进了品牌文化进程的发展。所有这些活动的策划和构思在GTI面市前早已酝酿成熟。德国大众汽车公司对于最终的销售情况和汽车展示厅内络绎不绝的人群感到非常欣慰。

侧重现实环境中的品牌体验以及使用，完全改变了品牌宣传的方式。相比之下，提高大众市场品牌认知度的方法是利用购买漏斗或者品牌漏斗将消费者进行过滤，其效果则相形见绌。利用适宜的形象标志、适当的情境符号、适当的时机以及正确的文化表达方式进行品牌推广显得尤为重要。在适宜的环境中，掌握融入文化发展进程也非常重要。这种品牌推广方法对于各种机构和组织的品牌建设和推广尤其有效，比如联合国、像 M. D. Anderson 癌症中心这样的著名医院、一所大学，乃至一个国家，这种方法都非常奏效。

建设国家品牌

让我们来研究一下德国的案例。宣传德国国家形象及其现代性的活动随处可见。但是，这些活动的效果和力度都无法与 2006 年德国国家形象宣传活动相比。2006 年，德国主办了 2006 年国际足球联盟（FIFA）世界杯足球赛这一足球界的最高赛事。众所周知，足球是德国文化中的重要标识，是德国人日常生活的重要组成部分。下面的故事是全新的国家品牌建设和推广模式的极佳案例。

德国足球队教练尤尔根·克林斯曼（Juergen Klinsmann）曾经是德国的一个电影明星，以前也是一名足球运动员，曾经为德国队赢得 1990 年世界杯并在 1996 年欧洲足球锦标赛立下赫赫战功。他退役后住在美国的加利福尼亚。2004 年，克林斯曼出任德国国家足球队教练。他接手的球队由一群相对年轻的球员组成，在 2004 年欧洲足球锦标赛的首轮比赛中即被淘汰出局，这对德国来说是一个无法想象的局面。德国球迷对于即将到来的 2006 年世界杯德国队的前景众说纷纭。大多数人都持否定和极端悲观的态度。德国人的失望情绪非常浓。

第八章

在这种社会背景下,德国国家队在世界杯比赛中的表现——获得了第三名的成绩,可谓非常成功。最重要的是,在德国的德国人以及世界其他地方的德国人空前团结,共同欢庆德国国家队的成功。他们将这个主办世界杯的机遇变成了一个积极的、令人难忘的经历,而且也展示了德国人的价值、文化和形象。

德国国家形象得以重塑得益于几个因素,这些因素共同创造了一个完美的品牌建设环境,其中很大程度上要归功于德国队新的主教练克林斯曼的决策。首先,他将2004年欧锦赛中失利的队员组建成了国家队。尽管这支球队在比赛中失利,队员在国际赛事中经验不足,以及媒体和公众中有人唱反调,克林斯曼依然以球队为中心进行着不懈的努力,为球队注入积极的团队精神,并且给他们制订了一个令人难以置信的目标:赢得世界杯!克林斯曼认为这个目标是唯一可以接受的目标,原因在于德国的足球文化以及德国国家队在国际比赛中的辉煌战绩。

克林斯曼随后挑选了约阿奇姆·勒夫(Joachim Loew)、安迪·科普克(Andy Koepke)和奥利佛·比尔霍夫(Oliver Bierhoff)作为教练助理共同管理德国国家队。这三个人都有过辉煌的足球生涯。每个人都很聪慧、成功,每个人都拥有健康的体魄,浑身散发出自信和积极进取的气质。他们是德国足球界的典范,在德国,他们是成功的楷模。无论是个人还是他们组成的团队,都能够帮助将克林斯曼的旨意传达给德国足球队队员和德国民众,示意德国已经为征战世界杯作好了准备。

这个由美国归来的处于半退休状态的总教练和三个颇受欢迎、拥有成功足球生涯的前足球运动员组成的管理团队为德国国家队注入了希望,同时又创造了一种弱者的形象,令人同情、怜悯,同时又非常友善的团队形象,但同时,这个队伍又无所畏惧,并且愿意追求唯一的目标:全力以赴,力争最佳战绩。

克林斯曼找到了一种方式,能够将团队的士气传达给大众,在世界杯开始前就牢牢吸引住了大众的注意力,为球队赢得了球迷的支持。首先,确定球队踢球的风格,这是比赛成功的重要因素。克林斯曼开创了一种风格,既保留了德国传统的力量优势,又兼顾了现在球队年轻队员的能力。这种风格强化了德国球队的形象,即这支球队是由德国球员组成的本土球队,而且抱着必胜的决心。克林斯曼继而又增加了球队的曝光率,目的是让德国公众了解这支球队。克林斯曼鼓励球队增加曝光率,而不是进行封闭式训练,逃避媒体宣传。他甚至将球队安排在世界杯总部——德国首都柏林,这样,球队就在德国的"心脏"内进行训练。他甚至允许球员在休息时间离开训练基地,自由安排自己的时间。他多次通过媒体宣传以及公开训练等活动向公众表示,球队是德国的球队,是德国人民的球队。德国队的赛前媒体曝光率空前频繁,德国队或者教练的每一次努力、每一次行动都有报道,媒体曝光的形式包括媒体报道、深入讨论以及网络和生活中人们的口口相传。

克林斯曼本身的个性、严格专注的领导风格以及信心也强化了球队的一些基本核心价值。他的执教风格变成了德国队的一剂催化剂,而且动员了德国公众以及全世界球迷。德国队在世界杯赛中取得第三名的成绩,这一结果大大出乎人们的意料。德国上下举国欢庆。赛后第二天,大概有一百万德国球迷向德国队致谢。因为德国是本届世界杯赛的东道主,第三名的战绩对于德国队来讲,是作为完美的东道主退出比赛的最佳时机。

教练在打造球队形象的过程中掌控了方向,使得球队及其所付出的努力成为德国国家的重要价值、职业道德以及信仰体系的一种象征,这些品质首先征服了德国民众,而后又征服了球迷以及许多参加以及没有参加世界杯的其他国家的人民。作为球队的教练,克林斯曼本人造就了这支球队,他通过非传统的方式,使得球员团结一致战胜困难,取得成功,他本身就是这些品质的化身。这种领导模式是包括德国

第八章

文化在内的诸多文化中的秘诀。这种模式已经成为一个品牌故事,不断吸引着人们。虽然克林斯曼无法预计德国队能够取得多大的成功,因为德国队的声誉来自于世界杯赛,但是,作为一名教练,他制订了较高的目标,采用融合的方法,成功地宣传了德国文化,成功塑造了德国的国家品牌。克林斯曼的领导模式以及德国队在世界足球联盟世界杯赛舞台上的成功已经成为德国公众和球迷们脍炙人口的故事,也是在世界上任何一个地方都可以通过所有可能的宣传方式得以放大的一种文化进程。[7]

市场的另外一端是那些受益于这种品牌建设新模式的小品牌——那些特殊产品品牌,比如生态旅游或者客户基础狭小的运动项目。比如像 Tauck 世界旅游公司(Tauck World Tours)这样的公司,为客户精心安排最为精致的旅游探索和体验,如果将市场定位在精心选择的客户群上,这种品牌定位策略与面对公众营销的策略相比,将使公司受益匪浅。对于这样的小品牌来讲,品牌营销不是通过市场定位和目标定位去征服市场,进行营销,而是要采取一种吸引的策略,创造更加强有力的品牌理念。所谓的长尾理论中所讨论的许多品牌都将受益于这种营销模式。而软广告作为这类品牌的营销效果要逊色不少。在软广告中,产品及品牌不露痕迹地融入到电影、电视节目、音乐、游戏、剧场演出中,展示品牌与环境之间的关联。这种营销方式效果之所以较差,是因为这些品牌在广告中太被动。这类环境中立的品牌宣传通常只能起到一种宣传品牌形象、品牌理念以及新的广告语的作用,只不过其方式更加聪明,规模更大而已。例如,劲量电池(Energizer)利用兔子的故事来展现电池的超常寿命,还有更洁白的衣物能够使婚姻生活更加愉快等,都是这种软广告的例子。

相反,能够融入到文化进程中、紧密结合消费需求环境并且具备文化敏感性的品牌宣传,正如德国足球队在世界杯赛期间的故事所展示的那样,反而能够吸引消费者,缩短从学习到产品使用和消费的目的点之间的距离。使得品牌宣传更加平易近人,能够和消费者产生互动,而且更加直接,影响范围也更广泛。从某种程度上讲,这并非是完全意义上的品牌宣传,而是拓展对话渠道。这种模式试图通过确定在消费者日常生活中能够接触到消费者的时间、地点和方式,尽最大可能加深与消费者之间的关系。在消费者生活、工作和消费的时间、地点吸引消费者,并非通过打扰他们的生活来引起他们的注意,而是增强他们日常生活中的体验。期望达到这一目的的公司,必须准备成为媒体不可知论者以及媒体中立者。

宝洁公司的案例阐述了在新的品牌建设模式下进行营销的方法,以及用其他形式吸引和联系消费者的途径。宝洁公司通过使用大规模的口碑宣传方式打开了与消费者之间的对话渠道。这个渠道就是Vocalpoint网站,一个拥有60万女性会员数据的网站,这些女性会员都拥有庞大的社会网络,在这个网站上,她们可以与许多妈妈一起进行交流。[8]那种传统的针对目标消费者传递营销信息以及产品信息和产品特点的营销模式已经失效了。

宝洁公司不仅通过购买电视黄金时段广告的方式,而且还通过在iVillage或者MySpace.com这样的社交网站上招聘"联络员"或者通过监测网络播客(podcasting)、博客以及照片共享等网站这样的方式,对消费者进行市场划分,以此作为营销的开端。这些网站虚拟世界是消费者与他人甚至是陌生人分享、自由发表自己的观点、感受以及日常生活内容的平台。例如,人们在照片共享网站上可以上传照片,供他人欣赏。有些人将日记以博客的形式放在网上与他人分享,现在已经有超过1 400万人开博了。而播客则是指消费者自己制作一个视频或者音频片断,这些片断都可以下载到iPod播放器上,因此而得名:播客(podcasting)。播客和博客或者照片共享网站,都是消费者向他人倾诉他们此时

第八章

此地的烦恼和各种感受的方式。

4．利用环境和文化符号

自古以来，营销人员从书本上学到的建议都是围绕着向消费者传递富有情感色彩的信息。另外一个营销技巧则一直以来都是超越品牌进行品牌建设，并且能够表达消费者的个人情感。哈雷—戴维森（Harley-Davidson）摩托车通过强调强烈的个性、将拥有一辆摩托车的感受极端化，通过强调社会中诸如爱国主义和独立自主等这些根深蒂固的社会文化价值观，使人们对哈雷-戴维森摩托车有了狂热崇拜，并带来了一项极其成功的业务。驾驶一辆哈雷摩托车所代表的不仅仅是骑着摩托车从甲地到乙地。正如哈雷公司执行官在《成效领导》（Results-Based Leadership）一书中所言："我们所销售的商品是一种能力，这能够让一个43岁的会计穿着黑色皮夹克，骑着摩托车穿越小镇，所有的人都惧怕他。"[9] 实际上，就产品本身而言，无论是摩托车还是与摩托车相关的产品，都为表达一种与全美国哈雷摩托车驾驶者之间强烈的情感联系、归属感以及信息提供了一个基点。哈雷品牌已经成为希望通过拥有一辆哈雷摩托车来进行自我认同的人们的港湾。

美国运通信用卡（American Express）和维萨信用卡（Visa）公司构建品牌的方式与哈雷公司完全相同。美国运通的经典宣传口号"无论置身何处，您都专享特殊优惠。"将运通品牌定位为高端信用卡，或者可以说是为精英阶层或者任何期望加入这一阶层的人士所提供的付款选择。维萨卡围绕着全球豪华旅行以及该信用卡通行各地的便捷特点进行品牌定位。维萨卡的宣传语就是"Visa 无处不在"，维萨卡就是一张你应该随时携带的信用卡，因为"它"通行世界。维萨为产品赋予了情感诉求或者某种特殊的特点，即该信用卡在全球都可以使用——一个令人惊叹的成绩。这些方法对于这两种信用卡都非常奏效。美国运通和维萨抢占了信用卡市场领导者万事达卡(MasterCard)的市场份额。万事达卡在这场三足鼎立的市场竞争中失利,因为万事达卡将其品牌定位为"大众卡",一张属于所有人但实际上不属于任何人的信用卡。万事达卡损失惨重,市场份额排名降至接近 20 名。

然而,万事达为获得成功,另辟蹊径。万事达没有选择为信用卡赋予情感因素或将信用卡的某种特点转换成一种情感诉求,(因为无论在何种情况下,信用卡不过是一种商品,是消费者最不关心的商品;而且,他们的钱包里都已经有了美国运通或者维萨卡。)而是利用日常生活中对消费者最为重要的某个时刻或者时期所特有的情感环境和文化符号进行品牌定位,将万事达卡与这些重要时刻巧妙地联系在一起。

万事达卡案例

1996 年 10 月,拉里·弗拉纳根(Larry Flanagan)加入万事达卡国际组织,出任该组织美国公司的高级营销副总裁。当时,这家世界最著名的信用卡公司正身陷危机之中。弗拉纳根曾任宝洁公司美容保养产品部门的营销总监,在加入万事达之前曾在欧莱雅(L´Oréal)公司短暂任职。这次受聘于万事达,帮助公司遏制即将吞没万事达国际组织的浪潮,万事达一度是行业翘楚,远远领先于两个长期竞争对手维萨卡和美国运通卡,最近又受到来自于信用卡市场的新成员——西尔斯公司发行的发现卡(Discover)的冲击。在残酷的优胜劣汰的"达尔文主义经济"法则的环境中,万事达卡面临着被淘汰的危机。弗拉纳根回忆说,当时银行家们都抱有一种典型的心理,即"正如当年没有人因为购买 IBM 电脑而遭到解雇一样,也没有一个银行家会因为选择维萨卡而非万事达卡而遭到解雇。"[10]某些执行官也认为,万事达卡被"市场巨潮吞没"不过是时间的问题。

第八章

万事达股份有限公司现在是一家公开上市公司,最初由美国加利福尼亚联合银行(United California Bank)、富国银行(Wells Fargo)、克罗克银行(Crocker Bank)和加州银行(Bank of California)联合成立,目的是与美洲银行(Bank of America)发行的 BankAmericard 卡进行竞争,而 BankAmericard 卡后来发展为维萨国际组织发行的维萨卡。1967年,该加州银行联合体在位于肯塔基州的路易斯维尔第一国家银行注册了"万事达支付卡(Master Charge)",在位于纽约的海丰银行(Marine Midland Bank)[现在为恒生银行(HSBC)]的帮助下,加州银行协会与美国跨行卡协会(Interbank Card Association)共同创立了"万事达-跨行卡"。1980年,万事达重新进行了品牌定义,改称为"万事达卡"。

尽管市场份额相对较少,但是美国运通在1990年代中期信用卡行业中的地位非常稳固,远远领先于万事达卡。然而,在1991年之前,美国运通也经历了一段坎坷的发展历程。1991年,一群心存不满的波士顿餐厅老板以及一些美国运通卡的长期持卡人上演了一出他们称之为"波士顿费用党"的组织,强烈抗议美国运通收取高于维萨卡或者万事达卡的服务费。为此,新任美国运通旅行以及相关服务部门总监肯尼斯·切诺尔特(Kenneth Chenault)付出了极大努力去修复与那些对于美国运通不满的客户关系。到了1993年,美国运通收入下降了7%。但是到1994年,美国运通的业绩又回到了原来的轨道。到了1995年,美国运通发行了达美航空公司里程奖励卡(Delta Skymiles Optima Card),这是一张多种品牌产品共享的优惠卡,借此,美国运通占据了信用卡行业的优势地位。

尽管如此,美国运通依然积极拓展其客户范围,与定位在中产阶级的竞争对手不同的是,美国运通通过将客户精准锁定在最为富裕的客户阶层而不断获得成功。美国运通卡不仅仅是一种购物付款方式,而且是一个真正的精英阶层专属俱乐部。这一定位在其著名的广告语"无论置身何处,您都专享特殊优惠"中得以充分体现。维萨卡在部分市场中的定位与美国运通形成了竞争态势,维萨卡也通过市场定位来强调自身优势。它在广告宣传方面彻底忽略了与万事达卡的竞争。维萨卡的广告宣传突出的是顾客在充满异域风情的国度中享受购物及服务的乐趣,针对的是那些享受香槟和鱼子酱、讲究情调的客户群体,而不是大众群体。通过与美国运通卡竞争,维萨卡可以向大众树立其高端信用卡的形象,同时又承诺维萨卡通行全球、费用低廉、使用便捷的特点,而这一点却是美国运通卡所不及的。这种营销策略被称之为独特销售主张(USP/Unique Selling Proposition),非常奏效。

而万事达卡却面临着日益严峻的营销环境。两个强大的竞争对手都将目标瞄准了高端市场。虽然万事达卡在全球市场的范围以及商户网络方面与维萨卡相比毫不逊色,但是万事达卡依然无法改变客户对万事达卡的偏见,即万事达卡的定位是低端市场,虽然手续费较维萨卡低廉,但是功能也少于维萨卡。万事达卡的两大竞争对手激烈交锋,双方都试图占领高端市场以及全球市场范围,并以此作为产品多样化的主要因素。对于万事达卡来说,似乎也应该不可避免地采用"我也如此"的方式参与到这个市场定位以及品牌定位的运动中来。事实上,万事达卡也正是这样做的。10年间,万事达卡曾几度改变营销方向,开展了五次重大的营销活动,但都收效甚微,活动的结果不过是在其客户以及潜在客户群中制造了更多的混乱和迷惑。

在1990年到1996年的六年中,只有两年万事达卡的市场份额有所增加,这种情况一直延续到1996年,弗拉纳根被任命为营销总监。同样,在这六年中,尽管万事达卡投入了几亿美元的资金进行广告营销,但是万事达卡的银行卡市场份额依然由37.6%下降到了35.9%。维萨卡和美国运通卡在不断蚕食万事达卡的市场份额。

在高端市场中,有维萨卡和美国运通卡与万事达卡竞争,而在低端市

第八章

场中,新入市的发现卡也在与万事达卡争夺低端市场。万事达卡腹背受敌,因为发现卡承诺"返还现金",发现卡持卡人每消费一美元,就会得到几美分的现金返还,因此特别受到那些对价格比较敏感的客户的欢迎。发现卡在日常消费中占有优势,而维萨卡在奢侈品消费、旅游市场中占有优势,而且通行全球。万事达卡濒临丧失一切的危险:市场份额、消费者信心、商户关系以及品牌价值。而且,维萨卡每年的营销收入大约是万事达卡营销投入的两倍。美国运通卡和发现卡也投入了上千万美元进行营销,规模都超过了万事达卡,很快,万事达卡在市场中的声音就被淹没了。

1997年,弗拉纳根组建了全新的营销队伍,决定采取对策。根据扬克洛维奇合伙人公司(Yankelovich Partners)的调查研究表明,消费者对于"成功的标志"的理解发生了巨大的变化。1980年代至今,一直是一个讲究物质的时代,标志性的现象是宇宙之主(Master of Universe)讽刺抨击汤姆·沃尔夫(Tom Wolfe)的著作《虚荣的篝火》(*Bonfire of the Vanities*)。1990年代中期,扬克洛维奇合伙人公司的调查表明物质主义正在迅速落伍。成功不再以个人拥有的物质品质为衡量标准,而是以人们的生活质量为衡量标准。

成功并不意味着铺张消费、驾驶豪华汽车、入住豪华酒店、佩戴昂贵首饰或者穿着名牌服装。美国运通和维萨卡的广告都着重美化这种自我放纵的行为。因此,这两种信用卡在这种市场环境中的地位非常稳固。万事达卡从中发现了机遇,它不再关注富有人群,因为人们决定要过丰富的生活。

万事达公司的营销管理人员在弗拉纳根的指导下,开始探索如何使万事达卡这个品牌融入到消费者的生活中,如何使该品牌能够捕捉到不断变化的消费者需求、期望、梦想和快乐,而不是如何更好地进行品牌定位。现在的问题变成了了解消费者最看重的是什么?他们在生活中期望获得什么样的成绩？他们想要为生活创造何种深刻内涵？消费者日常生活的目标以及对生活抱有什么样的期望？他们的生活重心是什么？该如何改变才能把信用卡变成消费者日常生活中密不可分的一部分？

万事达公司所进行的调查研究提请营销人员关注以下四个基本事实：

> 人们非常看重爱情以及家庭关系
> 人们珍惜自由行事、自由行动的权利
> 人们希望在自己想做的事情上花费更多时间，而不愿意在迫不得已的事情上浪费太多时间
> 人们渴望安全，渴望身体、情感以及金融自由

这项调查研究提出的问题是：既然人们对两种产品之间的差别并不在意，在这样的一个世界中，万事达卡与其竞争对手之间的功能差别和优缺点最终将变得微不足道，那么，公司该如何树立自身的品牌？万事达卡对这个问题的回答是利用消费者日常生活中值得记忆的宝贵时刻这个情境，将这些美好时刻与万事达卡联系在一起。这种认识和领悟最终导致了万事达卡"真情无价"营销活动的产生。这一营销活动屡获殊荣。该活动构思巧妙，是在与万事达长期合作的位于纽约的麦肯世界传播集团（McCann-Erickson）的协助下进行的。虽然这次活动在某些人眼中不过是一个广告故事。但是万事达卡的首席营销官弗拉纳根却毫不犹豫地委托麦肯集团开展这项活动，而且这项活动举办得极为成功。麦肯集团在万事达公司所提供的创意性指导之下开展了这次活动。而万事达早已确立了一套清晰明确的战略目标，为了确保成功，必须防止这次营销活动演变成为简单的品牌再定位。

但是，鲜有人知道这次"真情无价"的营销策划活动几乎夭折。万事

第八章

达公司邀请五家广告公司提供营销策划方案,并且设计出一个恰当的广告语。最终一共有35个营销创意方案入选。万事达的营销团队从中筛选出了两个方案,而"真情无价"这个方案就是其中之一。针对这两个创意方案,万事达进行了广泛的消费者调查,调查的结果是"真情无价"方案远远落后,位居第二。而万事达的董事会是由许多来自世界大型金融机构的总裁以及银行家组成,而不是由营销人员组成。董事会成员对于"真情无价"这个策划方案以及另外一个创意方案的反应与调查研究的结果相同,他们更倾向于另外那个方案。幸运的是,万事达的营销官了解"真情无价"方案的效果将远远胜过一个简单的广告。新的广告营销活动将为全新的品牌定位奠定基础,指导公司制定战略。这种营销策略必须能够经得起时间的考验,而且必须不断变化,以便应对未来不确定因素的挑战。营销管理人员认为另外一个广告创意过于狭窄,而且实践证明确实如此。而"真情无价"这个活动创意似乎涉及的范围更加宽泛。他们最终说服董事会采纳了"真情无价"这个营销创意。

最终决定采纳这个创意是基于万事达需要选择一个更加强有力的战略平台的需要,而且这个平台需要具有长远意义。这种平台拥有众多的宝贵时刻,每个时刻都具备可供万事达品牌利用的情感因素,而且能够帮助万事达捕捉到不断变化的消费者需求环境中的重大机遇。

万事达整合组织出了最新的营销资料,其中广告活动仅仅是这些营销活动中最为显著的一部分,这些经过整合的营销战略重点在于宣传值得记忆的宝贵时刻。万事达新的营销活动以及品牌宣传战略不是站在高处大声宣传以产品为主的功能特点,而是将重点集中在万事达卡在持卡人生活的宝贵时刻所扮演的角色。这种营销活动探索出了一种全新的品牌定位方式,旨在告诉持卡人:万事达非常了解生活中存在着一些特别的时刻,这些时刻如此宝贵,无论多少金钱都无法买到。

具有讽刺意味的是,虽然这个"无价"的主题被非常艺术地融入到了活动中，但是却都与各种不同的使用信用卡的"付款时刻"联系在一起。万事达迅速捕捉到了购买商品和享受高质量的生活之间、富有和丰富生活之间的本质区别，后者均涉及无形的财富和情感：从阅读一本好书到关心孩子，再到观看小孩摆弄装满玩具的玩具盒。这样，万事达树立了自身品牌的信誉，证明万事达品牌是值得信赖的，并且展示了真正的"家庭价值"。

万事达的"真情无价"活动始于1997年10月，现在已经在全球105个国家以48种语言播放，成功地将万事达品牌定位在了一个"为任何重要物品支付费用的最佳选择。"经过10年的反复改进，此项活动经久不衰，屡获殊荣，一直到2005年8月，《家——破碎的窗户》(Home—Broken Window)一片获奖。《广告周刊》(Adweek)这样评价该项活动："真情无价这一营销活动，历时多年，却依然能够打动我们的心弦。"[11]该广告的情节是以世界各地的儿童棒球为主题。完全出于对棒球运动的爱好，孩子们就地取材，利用废旧材料搭建自己的棒球场。"一垒（用旧轮胎代替），花费50美元，二垒（用折叠椅代替），花费630比索，三垒（用街道上停放的汽车代替），花费30万日元，然后是家的画面（和玻璃杯打碎的声音，然后孩子们四散而逃）"。最后出现"真情无价"几个字。

2000年11月，弗拉纳根被任命为万事达国际组织的首席营销官，在接受《品牌周刊》(Brandweek)的采访时说："我们从零开始，涉及构思真情无价这个广告营销活动，这个过程为我们提供了一个极佳的角度，使我们能够看清万事达品牌的位置以及品牌的未来发展方向。这项营销活动的成功为我们提供了机遇，使我们能够在全球范围内建立品牌知名度，吸引客户对于万事达卡的关注。真情无价这个活动的意义已经超过广告活动的性质，变成了我们整体营销计划密不可分的一部分。"[12]

"真情无价"广告播出八年后，依然大受欢迎。这个广告将万事达公司不同的品牌建设计划整合在一起，并使其更加合理化，更具体地说，这

第八章

个广告利用幽默诙谐的语言传达消费者和万事达双方都能够理解的信息,即"真正重要"的家庭时间、情感以及值得记忆的时刻。像"周末价值"这样的品牌建设策划非常具有艺术性,赢得了消费者的心,轻而易举地强化了品牌信息。调查研究表明,40%的信用卡购物发生在周五和周六,万事达卡奖励获奖者一年周末度假屋的使用权,为他们享受高质量的家庭生活提供便利。万事达卡设计了一整套以周末为主体的计划,充分开发利用了这些"无价"的真情时刻。

开发实施全球范围内的整体品牌战略并非易事。弗拉纳根说:"这个整合营销策略执行起来看似容易,但实际操作起来却非常艰难。需要在其他同时实施的重要战略行动中有所体现。这需要提升为消费者服务的销售机构的水平,重新建立销售程序的能力。通过"真情无价"这种活动可以利用重要时刻的情境符号,重建银行对于万事达卡的信心,并且逐渐扭转销售下降的趋势。"万事达"真情无价"广告活动的成功表明,产品和性能多样化与利用消费者需求环境相比,并非那么重要。这里的需求环境是指我们在生活中所享受的值得记忆的感人时刻。"提高广告宣传力度,减少营销障碍"显得并不那么重要。因此,这些方法未必可以作为有效的营销工具,因为所有的现象都表明,如果品牌拥有者能够理解消费者生活中的重点以及他们对生活的期望,尤其是那些能够深深打动人心的"无价"的真情时刻,品牌营销就可以获得成功。

5. 围绕发展平台开拓思维

通过研究万事达及其他品牌,比如苹果电脑所付出的努力,有助于更加透彻地了解万事达营销成功的关键因素。苹果电脑,像万事达卡一样,也确立了发展平台,并以此为中心启动品牌营销战略。万事达的发展平台是消费者生活中值得记忆的时刻。这两个公司都是通过媒体广告宣传活动和其他宣传模式启动自己的营销计划的。在苹果电脑公司，发展平台是消费者对于音乐的管理模式：他们如何搜索音乐？通过何种渠道了解音乐？如何购买？如何倾听？如何存储音乐以及如何删除音乐？对于苹果电脑来说，制定营销战略的灵感来自于帮助消费者"管理"这个周期以及整个音乐体验。

管理音乐对于消费者来说更为重要，相比之下，仅仅向消费者销售一种设计精良、功能多样的 MP3 音乐存储装置则显得不那么重要。与单单观赏艺术家的录像剪辑相比，为 iPod 增添视频存储功能的意义更加重大。这可以是辅助消费者管理自己的整个视频或者音频图书馆——一个苹果的全新发展平台的开始。甚至管理音乐或者录像也存在局限性，因为从消费者的角度考虑，这不过是消费者管理一个更大的世界——整个数码家庭的一小部分。与皮克斯动画工厂（Pixar）、迪斯尼公司和美国电话电报公司（AT&T）之间的协议使得这个梦想触手可及。

iPod 产品本身并不能够改变消费者的生活、工作以及娱乐方式。但是，iPod 及其超过 2 000 多种配件所组成的这个系统可以促成这种改变。这个系统掌握了消费者需求环境的重要部分，因此改变了我们的生活、工作及娱乐方式。这样的系统可以传播宣传品牌，吸引消费者，可以加深消费者与品牌之间的联系，成为社会文化和消费者日常生活中的一部分。产品吸引力是关键所在。消费者不仅简单地从设计新颖等这样的产品性能角度认识产品，而且还会从品牌辅助消费者管理生活中的某些活动内容及方式的角度去了解产品。他们成了"受雇佣"的大使，通过口口相传，用他们自己的语言及方式描述产品以及品牌的价值，向其他消费者宣传产品。品牌名称实际上变成了一个非常时髦的字眼，出现在"管理"这项或那项任务中，而不是局限在品牌手册中对品牌的描述，或者是产品使用手册中的描述。消费者喜爱产品，了解如何利用"系统"与其他消费者一起分享各自的想法、感受和观点，这种分享出于内心，而且

第八章

他们非常乐于分享。品牌建设变成了一种大规模的开源运动。

苹果的营销宣传方式也同样适用于那些传统产品的品牌建设。比如万宝路香烟（Marlboro）通过头戴牛仔帽、表情坚毅的牛仔形象来彰显个性和自由。[13] 今天，万宝路对于许多人来说是一张大型的社交网络。这种品牌营销方式有别于苹果的文化情境活动，万宝路利用的是牛仔的神秘感以及这种神秘感对于当今年轻人的文化影响进行营销宣传。在2 600万名吸烟者的数据基础上，万宝路采用病毒营销、口碑营销以及许可营销方式，将这些营销方式巧妙地结合在一起。这些营销活动包括一般性促销活动：促销礼品、促销活动以及周末出游。但是传统的大众营销方式对于万宝路而言，并非作为一种补充，而是一种独特的营销模式。这样做的原因部分是因为对香烟广告的严格限制，而且还有万宝路自我施加的限制，比如不做杂志宣传。

尽管如此，万宝路依然建立了一个充满活力的品牌社区。在这个社区中，万宝路的品牌追随者可以相互聊天、互发短信以及在时尚的场所聚会。这种战略非常有效。整个万宝路社区空前壮大，而且万宝路品牌的市场份额不断扩大。万宝路营销活动的目的并非为推销品牌而设计，也不是利用身着裘皮服装、半身裸露的漂亮女郎在纽约第五大道上表演而进行广告宣传，这种方式是另外一家公司最近所采用的品牌营销模式。营销及品牌建设对于万宝路来说，来自于消费者对于乐趣、聚会、社交及更多生活内容的期望。对于这些人来说，万宝路是他们七彩生活中的一部分，正如iPod对于那些音乐爱好者的重要意义一样。

在这种情况下，营销人员不再仅限于营销部门。营销部门已经全民化，而且无处不在，遍及公司内外，营销人员不仅限于公司大楼内部，客户就是你的营销人员。在苹果电脑公司，有些产品研发人员同样也是营销团队的一部分，因为他们开发出了新的产品，拓展产品功能，使得产品系统更加完善，提高了产品口碑，以及产品对于消费者的吸引力。他们的努力使得这些重要的生活内容变成了现实，这些生活重点围绕着人们的日常生活，包括生活、工作和娱乐。这种品牌不仅可以通过强调产品性能促使消费者购买产品，而且还可以通过展示品牌在消费及使用环境中的作用而达到目的。

某种程度上讲，品牌变成了一种活动。如果柯达期望管理消费者的美好记忆，如柯达长期以来开展的非常成功的"管理美好记忆"活动中所宣传的那样，则必须围绕着从捕捉镜头到照片归档整个过程中的每个关键步骤进行品牌建设，从拍摄、编辑照片、冲洗照片、编辑成相册到收集归档，都必须如此。柯达必须从如何在消费者日常生活中吸引消费者参与到这些活动中来的角度重新审视自己的营销战略、品牌定义以及宣传计划。还需要确定如何通过柯达产品和服务创造消费及使用体验。为了树立柯达品牌，以上战略尤为重要。相比之下，如何本着真正的营销宣传活动的初衷，将"管理记忆"的活动持续不断地在品牌触点上开展下去，则不那么重要。事实上，要树立柯达品牌，持续不断地宣传并不是十分重要，而在数码世界中改变消费者记忆管理模式，改变消费者体验则更加重要。最终，如果柯达获得成功，也不是归功于品牌的宣传，而是归功于消费者已经将柯达技术、产品和服务融入到他们的日常生活中。他们吸收柯达文化，并将其不露痕迹地嵌入到日常活动中，最终为柯达公司创造出一种竞争对手所不具备的优势，即客户优势。

最后一章中讨论的是公司如何将创新和发展计划应用到实践当中，使得公司能够持续不断地获得客户优势。

第九章 实施创新和发展计划

公司一旦掌握了追求客户优势的根本原则,领导层也开始了解这种方法所创造的机遇,余下的任务就是付诸实践。

只有制定战略蓝图,公司才可以利用发现的最新机遇,但这不过是即期目标。接下来又该何去何从呢?建立全新的需求优先的发展平台所带来的成就感令人神往,但是同样重要的还有长期目标,需要确保扰乱视线的烟幕不再出现。精准的产品定位能够为公司带来成功的喜悦,但是也很容易使公司被成功蒙蔽,在不经意间产生盲点,掩盖了未来获得客户优势的通道。

公司需要的是一种能够将需求优先的发展模式嵌入到公司管理中的方式,从而保证这种模式的长期效果,即使是最初发现的机遇(以及他们需要采取的行动)已经过去,这种模式依然能够发挥作用。

本章将关注两个公司的案例,这两家公司历史悠久,都以严格的管理和领导方式而受到尊重,而且自身以及自身的企业文化都已经发生转变,他们孜孜以求,致力于拨开迷雾,或者确保迷雾不再产生。这是一个严峻的挑战。因为如果公司战略和公司文化之间不相匹配,通常是企业文化占上风,这样将前功尽弃。在这个过程中,这两家公司都创立了系统、程序以及工具,改变了识别机遇、进行突破性创新和制订计划的方法。

第九章

第一个公司就是通用电气公司。在第五章中,我们已经研究过通用医疗集团收购 Instrumentarium 公司和 Amersham 公司,为通用护理站创造了至关重要的发展平台。我们曾经提到过通用公司的绿色创想计划,但是并未进行细致分析。本章中,我们将深入讨论这项重大计划。通用电气公司首席执行官杰夫·伊梅尔特(Jeffrey R. Immelt)和时任通用首席营销官的伊丽莎白·科姆斯托克(Elizabeth Comstock)(现在主要负责通用电气公司的 NBC Universal 公司业务),追求利用制度、以结果为导向和六西格玛效率管理方法,将一个极为成功的公司改变成一个同时注重创造、创想以及以客户为中心的创新公司,实现了公司的高增长。

德国电信公司(Deutsche Telekom)是另外一个案例。德国电信是欧洲最大的电信公司,也是世界最大的电信公司之一,拥有复杂庞大的品牌和业务组合。在本章中,将细致讨论德国电信公司是如何在两任首席执行官凯-乌韦·里克(Kai-Uwe Ricke)——任期从 2002 年到 2006 年以及继任者莱尼·奥伯曼(Renee Obermann)——从 2006 年 11 月起接任首席执行官职位的领导下,建立了一套标准和一套以需求为中心的问责制度,这些制度对于德国电信公司来讲至关重要,且已经形成了一个分析框架和基础,有助于公司认识及实施以服务为中心的创新和发展战略。

通用电气公司和德国电信公司的案例完全不同,但是,这两个公司的案例都清晰地揭示出了公司如何将全新的需求优先的视角嵌入到公司文化中,促使公司实现有效益的创新与发展。

通用电气公司的案例

杰夫·伊梅尔特出任通用电气公司首席执行官的第一天是2001 年

的9月7日。伊梅尔特1982年加入通用电气,并且在其工作的22年间,相继在通用电气的塑料产品、电器和医疗器械全球业务部门担任管理职务。在任职之后不久,他曾在麻省理工学院作过一次演讲,阐述他对于公司愿景的展望。在这次演讲中,他明确指出,在具有传奇色彩的发明家和企业家托马斯·阿尔瓦·爱迪生(Thomas Alva Edison)创建这个公司的120年之后,通用电气公司在很多方面都较以前更加强大。它依然是自1904年金融记者查尔斯·道(Charles Dow)记录的十几家行业股票中的一个,现在为道琼斯工业平均指数,而且依然位于道琼斯工业平均指数中公开上市公司中的前30名。但是,如果通用电气公司要拥有一个美好的未来,伊梅尔特强调说,需要有建设性地应对一系列全新的问题和挑战,这些问题在托马斯·爱迪生或者查尔斯·道时代从未遇见过。伊梅尔特认为:"无论你身处何种行业,都将会遇到四种强大的力量,其威力不亚于飓风伊莎贝尔的威力,这些力量将改变公司的未来。"

1. 源于地缘政治风险和波动的缓慢增长,尤其在9·11恐怖袭击之后,几乎所有行业都达到74%的产能过剩边缘。

2. "全球最主要的竞争对手"——中国和印度的崛起,这两个国家拥有坚实的技术基础,辅之以大量的人力和物质资源,对于那些缺乏亚洲根基的行业巨头来说,这两个国家是当今前所未有的强劲竞争对手。

3. 全球沟通方式的进步,互联网的出现,使得"信息和价格透明度变得非常高",将生产商和制造商置于非常被动的境地,在客户面前失去了优势。

4. 流通渠道的统一和联合日益频繁,像沃尔玛和戴尔电

第九章

脑公司,这种联合不仅控制了价值,而且还制造了一种少数市场参与者"为所有人制定价格"的局面。

伊梅尔特认为,全球市场力量的融合不可避免地带来这样的后果,就是向通用电气这样的公司提出了挑战。这些公司或者能够成功避免这种即将到来的"商品终结"时代的恐慌,或者从此失去长久以来所保持的全球领先地位。伊梅尔特大胆提议,"解决这个问题的方法就是扭转这一悲惨的命运,要想做到这一点,只有获得利润优势,但是这种利润唯一可靠的来源是公司通过创新所获得的产品多样化的能力。"伊梅尔特认为,对于通用电气而言,通过创新实现增长并非好高骛远,不切实际,而是未来公司生存的必要条件。[1]

但是,是否地球上所有的首席执行官都会考虑到培养有机增长和创新呢?在通用电气这个营业额达数十亿美元,业务多元化的大型企业中培养这种有机增长和创新说起来容易,但是实践起来却困难得多。伊梅尔特立即着手在公司采取措施通过促进公司有机增长的目标进行创新,从现有的业务中寻求营业额的增长,而不是通过收购和货币的变化达到这个目标。在过去的10年中,通用电气的营业额从原来5%的增长达到8%的增长率。他一直坚持必须达到这些积极的发展目标,由此,公司的产品开发和营销部门开始紧密合作,其合作的紧密程度超乎想象。

伊梅尔特誓将"营销部门发展成为公司的领先部门",在上任20个月后,他宣布任命科姆斯托克(过去的两年中一直负责通用电气的宣传工作)为公司首席营销官,这是通用电气重新恢复的职位。这一职位在杰克·韦尔奇(Jack Welch)掌管通用电气的20年间一直空缺。2004年秋季,在《经济学家》(Economist)杂志举办的一次会议上,科姆斯托克应邀进行了一系列发言,在发言中,她回顾了从公司组织的角度,将公司的营销部门、产品开发和客户服务部门进行整合的过程。她套用伊梅尔特的话说道:"营销的目的是促进公司发展。发展并不是意味着达到我们制定的目标,或者超越这个目标,或者是降低成本,在这一点上,通用电气一直非常擅长。但是,谈到承担风险,开发具有重大突破性的新产品和营销,通用到此就停步不前了。杰夫希望营销成为公司不可分割的一部分。他希望营销变成与所有像六西格玛这样的文化进程同样重要的一部分。"

将创新与发展计划纳入到通用电气日程的第一个具体步骤是2003年10月高调推出的创想突破行动。这一行动一开始,所有业务部门的经理都必须提交五个创想计划,每个创想计划中都必须包括一项新业务,为公司带来至少一亿美元收入。这个决定令通用的高级管理人员一片愕然。科姆斯托克说:"通用电气传统的营销观点一直是产品开发人员负责创新。产品开发人员开发出一种新产品,然后,营销人员想方设法说服客户购买这种产品。"她又强调说:"但是在今日的通用电气,我们需要在客户表达出自身的需求之前率先预见到这些需求。我们的营销人员必须与技术人员联手开发新产品,以满足这种即将出现的需求。"

20年来,通用电气通过三个T(TTT)这集思广益的活动,收集了许多新的创意。三个T是三个英文词语"Time to Think"的首字母缩写,意思是"思考时间"。这个活动是通用电气传奇式人物、董事会重要成员之一的亚历克斯·奥斯本(Alex Osborn)所留下的财富中不可分割的一部分。这一活动的具体体现就是公司围绕着创新而非运营进行了结构重组,强化了通用电气商业委员会的职责。组成这个商业委员会的几十位成员来自多个部门,都是高级管理人员,包括高级销售及营销人员、高级技术人员、战略学家以及产品开发人员。委员会成员每个月定期举行一次电话会议,每个季度定期举行一次面对面的会议,讨论发展战略以及如何为客户创造价值。伊梅尔特规定的"以客户为中心"的原则明确提出,通用电气的每一次行动将必须通过一系列严格标准的检验,这些标

第九章

准针对的是一个更为广泛的问题：这种产品或服务如何能够增强客户的竞争优势？

伊梅尔特采取的下一个步骤是将新的发展计划纳入公司组织结构，将高级管理人员的薪酬与他们所提出的突破性创想挂钩，"每个人都应该思考'我是否已经将销售和营销融入到公司的其他部门？'"科姆斯托克回忆说，她当时对这个问题的回答斩钉截铁：Yes。有人说："营销有什么了不起？创新不应该是技术创新吗？"不出所料，她对这个问题的回答也是非常明确：No。

科姆斯托克坚持认为："我们想要建立一个完全不同的模式，我们依然处在学习阶段，学习如何做到首先考虑客户利益。如何培养对于客户的激情？如何接近客户？在通用电气，我们倾向于用暴风骤雨式的方法解决这些问题。我们通过引进一套短期的全新计划、通过让销售人员接近客户的方法来回答这些问题。我们采用的是从后台走到前台的方法。所有这些努力都是为了搭建生产者与客户之间的桥梁。"最终被证明有效的营销方法是商业创新，旨在强调真正的创新不总是意味着创造全新技术，而且还涉及到创造客户价值。"我们的营销团队必须是通用电气未来以及通用客户的代言人。"

将需求优先的发展战略融入到通用电气公司的关键因素是不断演变的"同一个通用"的理念，目的是将分散的部门和世界各地的分公司整合成一个统一的面对客户的企业。最初，"同一个通用电气公司"的理念变成了一种方法，确保客户不会因为通用电气公司代表业务的各种不同部门而感到迷惑。例如，为了解决医疗保健方面的客户问题，从各个职能部门抽调组成的团队会为医疗保健产品的客户提供服务，最终的结果就是通用医疗护理站的不断改善。科姆斯托克认为："卡塔尔的酋长只想和通用电气做生意，而不是和五个通用电气公司打交道。"2005年的绿色创想行动就是这方面的案例，因为这个计划将五个不同的业务部门,包括水处理、能源、交通(铁路和发动机)、尖端材料和金融这五个不同部门,整合成一个平台,以此来面对那些对基础设施建设感兴趣的客户,这些项目都具备节能、"绿色环保"和可持续发展的特点。

在通用电气的案例中,公司与客户紧密合作,可以为客户提供一系列长期的价值主张。这个程序始于通用电气公司克劳顿韦尔管理培训中心的"梦想会议",在这个培训中心,来自于不同部门的管理人员为充满不确定因素的未来制定战略。"所有这些都是为了集中精力关注公司外部的发展,而不是公司内部。所有这些努力都是为了解我们的长期目标,应该满足客户10年间的需求。"科姆斯托克这样认为。绿色创想计划的产生是源于通用电气能源业务部门的客户公开表达他们对于美国能源政策缺乏政策指导性的懊恼。科姆斯托克认为:"没有任何人比客户更加了解公司的业务。我们工作很大程度上就是倾听客户的心声。"

德国电信的案例

1990年,在席卷世界各国的撤销电信行业管制的浪潮中,德国国家垄断企业德意志联邦邮局(Deutsche Bundespost)宣布,旗下的电信公司——德国电信即将私有化,成为欧洲历史上最大规模的私有电信公司。多年来,电信行业一直都是公用事业,附属于更大规模的邮政服务系统。然而,随着1989年两德之间铁幕的消除,仅存下来的社会主义标志——西欧中的"胜利国家"也步入了世界资本主义国家的歧途。在即将被拍卖的众多资产中,价值潜力最大的就是电话垄断企业和准垄断企业。这类企业在20世纪初以来的每个欧洲国家中都存在过。同样还是这些政府,现在却急于剥离这些沉重的包袱,期望通过这种方式来振兴这些企业,改善客户服务,为私人股东创造财富,同时也为了众多备受困扰的国民的长期利益增加收入。

第九章

　　1995年1月1日,德国电信改制成为合资控股公司,其最重要的任务就是说服德国大众(一个以厌恶风险而著称的民族),购买这个曾经垂死挣扎的前政府垄断企业公开发行的股票,因为很多人都看好这个企业的未来。德国电信面临着严峻的挑战,将这个企业私有化,对于许多德国人来说,这个庞大的组织已经成了他们鄙视政府垄断企业的所有原因的代名词:服务差、收费高以及缺乏公众责任。然而,在德国电信历史上,在其公开上市的准备阶段,德国电信执行官首次直接和客户对话。这成为该公司巨大的机构变革的开端。

　　1996年秋天,德国电信展开了宣传攻势,不断以广告牌、印刷品和电视广告等形式出现在德国各大媒体上。所有宣传的目的都是要引起公众对于购买"T股"的热情,该股拟于1996年11月18日在法兰克福证券交易所上市。为了打消投资者对于这一前途未卜的新股的顾虑,德国电信(依托德国大型银行联合体的实力)为投资者提供了所谓的安全T股,作为一种抗击风险的方法。这些安全T股保证德国电信股东免受任何本金的损失。《基督教箴言报》(Christian Science Monitor)将这种权宜之策称之为"配备辅助训练车轮的资本主义"[2]。

　　这个消息对于精明的投资人来说无疑是个惊人的好消息。德国公众以空前的热情回报德国电信这一大胆举措,迅速将价值120亿美元的7.137亿股T股一口吞掉,根本没有考虑任何消化的时间,更没有考虑到消化不良等现象。这种结果比德国电信之前预期的多出了一亿股。即使在股票发行结束后,德国政府仍然持有该上市公司74%的股份,在公开上市之后,逐渐减少到了45%。

　　德国电信在市场中的胜利意义重大。它不仅成功销售出了公司股票,而且还成功地向德国公众推销了自己,为德国公众描绘了一幅美好的未来图景。早期入股的投资者很快就看到他们的股票价格飙升(根据他们购买的德国电信在纽约股票交易所上市股票的美国存托凭证),在每股 25 美元到 20 美元之间浮动。到 1999 年 1 月,德国电信上市两年后,其股票价格已经增长了 200%,几乎达到了每股 42 美元。到 2000 年 3 月份,德国电信在全球电信的蓬勃发展中崛起,主要归功于移动通信业务的发展以及公众对于网络的痴迷。德国电信的股价空前高涨,升至每股 95 美元。因为德国电信的快速升值,德国电信的股票持有者沉浸在一种"非理性的亢奋"之中,并且开始疯狂兑现这些升值的股票(如果他们足够幸运、足够明智,或者两者兼备的话),并且利用这些财富去异国度假,购买第二套房产,购买豪华新车或者其他奢侈品,纵情享受。那些清醒的投资者却牢牢握住手中股票不放,而这些清醒的投资者却因此而深陷泥潭。

到 2001 年 8 月中旬,德国电信股价跌至其开盘价 14 欧元,即使在德国电信斥资收购 VoiceStream Wireless 无线网络服务公司(后来被重新进行品牌定义为 T-Mobile),依然未能挽回心情低落的投资者的信心。2002 年 7 月 16 日,亲自主持德国电信私有化过程的 CEO 罗恩·萨默(Ron Sommer)离职。2002 年 11 月 15 日,曾经主管移动业务——德国电信增长最快以及最直接面对消费者的产品组合的乌韦·里克成为德国电信的新任 CEO。

尽管股价下跌,公众对于公司长期发展信心不足,德国电信依然发展成为欧洲最大的综合电信公司。德国电信成功地将利润丰厚的美国无线网络公司 T-Mobile 收在麾下,变成了其母公司,该公司在美国为全美范围内 1 730 万消费者提供包括在数字语音、信息等高速无线网络服务。T-Mobile 在美国市场中独占鳌头,价格低廉,主要目标客户群为时尚的年轻人,主要为他们提供移动通信全球系统服务,对于那些经常去国外出差的商旅人士来说具有极大的吸引力和客户优势。德国电信在全球拥有近 25 万员工。德国电信锐意改革,在全球拓展其业务范围,先后收购了英国的移动蜂窝通信运营商 One2One 以及法国固定电话公司

第九章

Siris。除此之外,还全资控股奥地利移动电话公司 max.mobil。德国电信 2004 年 700 亿美元的营业额中,有三分之一来自于德国市场外的业务收入。

站在旁观者的角度上领导公司

2003 年初,德国电信首席执行官乌韦·里克聘请了一位高级行政管理人员詹斯·古奇(Jens Gutsche),填补公司自成立以来就一直空缺的职位:首席营销官[3]。古奇曾任汉莎集团(Lufthansa)营销副总裁,也曾经在美国在线(AOL)德国分公司出任要职。这家公司是美国在线与德国出版公司贝塔斯曼公司(Bertelsmann)的合资企业。古奇在这两家德国最著名的以客户为重点的大公司任职期间获得了丰富的营销经验。汉莎集团是优质服务以及高效运营方面的典范,而贝塔斯曼则是拥有媒体和娱乐等产业在内的多家公司、品牌和资产组合的大型公司中的榜样。古奇承诺为德国电信增强创新、运营以及服务方面的实力,所有这些因素都将影响到公司的全球发展愿景,而且,将公司现行的企业文化转变成为一个以消费者为中心的企业文化将是一项艰巨的任务。

站在公司的角度上,深化公司与客户之间的联系以及在德国电信整个业务组合中寻找发展机遇对于德国电信来说势在必行。10 多年来,公司一直根据不同的业务模式划分为四个业务单元,而且每个业务单元都具有最大的独立性。这些业务单元(T-Mobile、T-Online、T-System 以及 T-Com)都是根据移动通信、网络、系统整合以及固定电话技术而设立的。这四个部门采用一个共同的、鲜明的视觉识别标识:公众都熟知的紫红色以及字母 T,表示这些部门共同分享传统和未来。

然而,站在旁观者的角度来看,这种看似合理的以技术划分业务的方式并不能够有效地向客户宣传德国电信的综合业务实力。1996 年德国电信成功成立,在德国股票交易所公开上市,不断出现在媒体和广告中,创造了强有力的品牌意识,使得公众对于德国电信公司名称耳熟能详,并且能够将公司和公司品牌组合联系起来。研究表明,多数消费者更愿意将自己视为"电信"的客户,而非 T-Mobile、T-Com 或者 T-System 的客户。这种基于技术的业务划分又进一步被电信服务由多个部门所提供的服务所扰乱。例如,为了能够迅速便捷地享受上网服务,消费者通过 T-Com 公司获得网络接入服务,但是网上服务却是由 T-Online 公司提供。这些相同的业务由德国电信集团的姐妹分公司提供。针对德国电信目前这种情况,最好的借鉴榜样是双模式电话服务、三重播放服务(集电视、网络和语音电话于一身的服务)以及 VoIP 网络电话服务。这些全新的服务将人们常常谈论的电信业务整合变成了现实。(双模式电话是一种可以将移动电话转变成固定线路家庭电话的手机。VoIP 网络电话服务可以通过网络而不是电话网络将固定电话资费变得更加低廉。)

消费者希望通过一种渠道来实现所有的沟通,这种需要日益迫切。有些消费者倾向于光顾附近的 T-Punkt 电信营业厅,或者呼叫服务中心办理所有业务。T-Punkt 电信营业厅可以受理德国电信公司所有电信业务,消费者可以在这里购买充值卡、交付电话费、购买更加优惠的电话套餐计划,或者处理其他必要的日常电话通信业务。

为了应对不断变化的消费者需求,德国电信对其公司结构进行了重组,组成了三个战略业务部门(SBU):

> 宽带固定接入网络业务部门,业务重点集中在个体消费者以及中小型企业。将 T-Com 和 T-Online 两个分公司的业务组合,重新进行品牌定义。这个业务部门同时还处理电信业务的批发,将这些业务批发给零售商,并且负责德国电信的支柱——整个固定网络的基础设施。

第九章

> 包含 T-Mobile 在内的移动通信以及无线网络服务业务部门。
> 第三个部门主要关注企业客户。包括 T-Systems 企业服务和 T-Systems 公司服务，T-Systems 企业服务的重点集中在大型跨国企业客户，而 T-Systems 公司服务的重点集中在 16 万个德国大中型公司客户。

虽然这种以消费者市场划分为基础的公司重组意义重大，但是，德国电信在适应瞬息万变的欧洲电信市场的过程中依然面临着严峻的挑战。消费者的需求变得更加分散和琐碎，而且像德国电信这样的大型电信运营商在固定电话业务中的损失巨大，这种局面随着移动电话业务的下降变得日益严峻。一直以来，消费者对于这个公认的电信业巨头的客户服务评价是服务水平低下，整体服务质量有待改进。那些新兴的积极进取的公司缺少"陈旧政府"企业所特有的负担，而且得益于市场的解放，以其专门的产品进入了缝隙市场，比如处于低价消费市场中的消费者群体。在企业层面上，因为移动通信和固定电话业务以及信息技术和通信技术的发展和交叉，竞争变得异常激烈。客户也需要整合的解决之道（比如，IP-VPN 虚拟专用网络，移动解决之道以及 LAN 区域网络）以及外包服务，尤其是那些 T-Systems 的主要客户。

古奇上任的第一天是 2004 年 1 月 2 日，星期五。那一天波恩出奇地寒冷。德国电信壮观的总部大楼的正门紧锁，古奇在外面站了几分钟，冻得瑟瑟发抖，他开始敲打办公室的窗户，希望在这个节日能够在办公室找到个值班的人。最后，他终于引起了一位在一层一间办公室内暂住的职员的注意，他走进这栋寂静的办公大楼内，办公大楼内死一般的寂静荒凉。尽管在随后的周一早上，大多数企业员工开始陆续回来上班，他依然发现这家通过市场资本化而成立的德国最大电信公司的市场营销部门实际上就是一个空架子，根本不能称为一个部门。在公司前任管理层的管理之下,市场营销以及产品开发和创新一直处于分散的状态,而且已经被排除在业务部门之外。在他第一天开始工作的时候,他坐在桌子前面,决定为自己制订未来的工作计划。

正如古奇所见,他的任务就是将德国电信公司从一个死气沉沉、严肃刻板的垄断公司转变成一个深入透彻了解消费者的公司,除此之外别无其他。在古奇上任初期,他首先考虑的就是德国电信所面临的来自于德国第二大电信运营商 Vodafone 在国内外市场中的激烈竞争,同时还有来自于大量的雄心勃勃的像 O2 和 Arcor 这样的新兴公司的竞争。古奇为自己制定的日程开始转变成寻找一种方法,"能够帮助德国电信公司从消费者和客户的角度重新审视世界。"以这个视角为起点,古奇寻求开发制定一种能够"将客户和德国电信的服务方式联系在一起"。

古奇的日程表中最重要的一项任务是决定如何将德国电信的各种不同品牌产品与市场机遇更加精准地联系在一起,并且确定在何种市场机遇中如何有效地利用德国电信的业务和品牌。每个业务部门只关注本部门产品的做法过于狭隘。每个业务部门,包括移动和宽带、企业系统和固定电话业务部门,都鼓励这种以产品为中心的市场导向。每个业务部门都实行独立核算,严格按照自己部门的核心业务范围提高利润。古奇回忆说:"德国电信只有在极少数几个国家的市场(比如美国市场)中的服务是经过整合的,在美国 T-Systems 和 T-Mobile 两个业务部门紧密结合,只有这样才能够激励公司超越产品界限去考虑公司的未来。"

古奇将自己的营销计划划分为四个界限分明的区域:(1)广告计划;(2)赞助商计划;(3)品牌组合管理计划;(4)客户关系管理计划(CRM)。古奇使公司运营程序以及系统各就各位,为实施营销计划作准备,在这个过程中,他发现了现实和计划之间存在的极大差距。尽管德国电信是欧洲媒体宣传的最大客户之一,但是,古奇却痛心地发现,德国电信缺乏一个合理的评价系统,用来评价营销费用与营销宣传对于消费者考虑购

第九章

买德国电信品牌或者对德国电信品牌偏好的影响。广告效果很大程度上是通过广告公司的形象跟踪或者广告活动效果为衡量标准。而德国电信根本没有一套可靠的系统来衡量其品牌资产,衡量消费者品牌认知对消费者购买以及重复购买电信产品或服务的影响。德国电信对于不同品牌之间的关系,这些关系如何促使消费者购买和重复购买电信产品或服务以及使得公司最终实现顶线增长这些方面的情况知之甚少。同样,它也没有认识到客户价值的恒久性,或者说客户资产的价值,以及哪个市场能够为电信品牌提供最好的机遇。

古奇在德国电信不同部门内确实发现了大量关于客户满意度、客户忠诚度、客户维系度以及品牌形象的市场调查研究。他认真研究了这些调查资料,从中发现这些调查研究缺乏部门可比性以及时间上的连续性。而且,一些调查研究的可信度和时效性也值得怀疑。最重要的发现是在对消费者的调查研究中,没有一项可以用来探索德国电信这个公司的全部需求机遇以及电信品牌之间的相互关系。

古奇上任后的几周内,主持了一项调查研究,从消费者和客户的角度探索德国、英国和克罗地亚电话行业的驱动因素。这项研究涉及选用所有现存的调查研究结果,和每个业务部门紧密合作,筛选出促使欧洲消费者购买及重复购买电信服务的因素。这项研究首先从确定消费者日常生活中使用电信业务时所遇到的问题和烦恼开始,这些问题包括电信服务商已经解决的问题以及尚未解决的问题。这些问题都来源于和消费者面对面的深入讨论。在这些讨论中,参与调查的消费者需要描述其日常生活中使用电信产品的体验,这一过程的目的是剖析消费者某一特定日常任务中的活动,比如打电话。这些原始数据被转化成调查问卷,用来对17 000名消费者进行电话调查访问。各种问题分析的结果构成了一系列基础图表,包括每个业务部门和主要市场的分析结果。这些图表清晰地描述了电信业务的驱动因素。其中一项最令人欢欣鼓舞的发现是德国电信公司不同业务部门之间的业务呈现出明显的相似性。另外，这些基础图表还明确了促使消费者购买及重复购买每种电信业务的驱动因素，这一发现为在客户信息的基础上开展综合的品牌资产评估提供了数据。[4]

品牌资产评估

评估德国电信的品牌资产变成一项复杂艰巨的任务，原因是多方面的。古奇和他的战略小组必须清晰地了解德国电信的品牌资产，而且还需要了解整个品牌组合，包括 T-Com、T-Mobile、T-Systems（B2B）和 T-Online。这些品牌拥有共同的标识，它们拥有共同的根基。因此，不仅要更加准确地评估每个品牌资产的价值，而且还需要明确品牌之间的相互联系，这项工作变得非常重要。T-Mobile 将如何影响德国电信的公司品牌呢？反过来，德国电信的公司品牌又将如何影响移动电话业务品牌 T-Mobile 呢？

与标准的衡量品牌实力的方法不同的是，古奇特别偏爱研究、评估、分离品牌中能够促使企业实现顶线增长的因素。他所提出的关键问题如下：

> 什么因素能够促使消费者购买并重复购买电信服务？换言之，企业发展的动力是什么？
> 现行品牌战略是如何支持消费者购买及重复购买电信产品的？即现行的产品定位产生了怎样的影响？

以上这种方法显然有别于标准的品牌资产管理方法。标准的品牌定位方法是一套规则，这套规则是通过衡量消费者对于竞争品牌的认知和熟悉程度进行评估的。

第九章

但是,对消费者品牌认知情况的调查研究结果阐明了一个非常明显的事实,即消费者最关心电信服务运营商在某些基本业务上的表现,其程度远远超过了他们对于电信服务商的品牌定位以及提供情感诉求承诺的关注程度。开展具有创意性的广告活动,充满温馨和情感的宣传是欧洲电信市场上促销的一贯做法,但是这种营销方法对于促进消费者购买和重复购买的效果却远远比不上提高服务质量,比如在客户呼叫服务中心或者光顾 T-Punkt 电信营业厅时,为客户提供优质服务。

这种认识非常重要,而且改变了德国电信的营销规则。原因在于,原来在德国电信高层普遍存在着一种误区,认为年轻消费者市场(即所谓的移动一带)喜欢那些被认为是很酷的电信服务商,他们充满激情,喜欢尝试新鲜事物以及新型业务,因为这样才能够反映他们的自我感知。

这次品牌资产的综合研究后来被开发出了一套标准,以确定所有的营销活动都围绕着市场定位、广告效果以及最重要的各个 T 品牌的作用以及德国电信公司品牌的作用而进行。一个重要的进展是建立了关键业绩指标(KPI)体系以及身居关键岗位的管理人员每年享受绩效奖励计划时应该达到的部分目标。德国电信所有四个业务部门都将贯彻执行这种指标体系。消费者敏感性分析表明,如果改变四种业务驱动因素的比重,将会对消费者购买以及重复购买电信服务行为产生影响,根据这些分析结果,战略小组制订出了管理人员享受年终绩效奖励所应达到的目标。

以消费者为中心进行营销

古奇随后提出了以消费者为中心去管理公司这个营销计划的理念。他引进了客户资产,或者称之为客户终身价值的理念。这种理念与品牌资产密切相连,在古奇看来,应该成为公司所有活动的终极目标。古奇认为:"在那些我们为消费者提供整合服务套餐的国家中,单单是我们所得到的关于客户行为的数据就已经非常可观。我们了解客户会购买什么样产品，客户的产品使用方式，他们依赖什么样的服务，他们能够接受什么样的价位。我们可以通过客户价值进行市场定位——这部分客户能够长期为公司带来多少收入。一个对我们来讲更具价值的客户与可能不会为我们带来收入的客户相比，当然会受到区别对待。"然而，所有这些数据都亟待整理，进行筛选提炼，用来回答一个至关重要的问题：客户真正关心的是什么？德国电信如何能够利用这些信息和对消费者的全新认识对公司的品牌以及客户进行管理？如何利用这些信息和认识来增强或者优化为消费者所提供的产品或服务？

2005年初，德国电信在所有德国分公司中开展了一项以客户为中心、以提高利润为目标的市场营销活动。这场营销活动的核心是根据消费者行为数据（客户资产/价值）进行市场划分，而不是按照传统的市场划分标准而进行。德国电信的营销团队汇集了来自公司不同职能部门的高级营销管理人员、财务管理人员以及信息技术人员。他们每周五定期会晤，围绕着产品开发进行讨论，会议时间有时长达四个小时之久。德国电信首次基于客户行为的市场划分旨在为每个不同的市场提供不同的产品和服务。

古奇的团队从这种全新的市场划分方法中获得了重要的认识，他们认识到，提高电信服务质量并不一定需要通过提供优于竞争对手的技术优势这种传统衡量成功的方法，或者以其他被营销界推崇的品牌意识、同行推荐等为衡量标准。古奇说："质量是什么呢？在德国电信公司，质量就是每个战略业务部门对待客户的方式。但是，这是一个很棘手的问题，从公司组织的角度讲，公司的营销活动所带来的价值并非显而易见的。只有战略业务部门的员工才有能力实现这种客户优势。"站在公司的层面，营销战略小组为各战略部门提供了一个框架，标题是客户服务承诺，并配以一套全新的以客户为中心而制定的标准，使该框架得以完善。这

第九章

套标准对于以下这些问题都制定了相应标准,比如,客户需要和客户服务中心接触多少次才能够得到所需的服务或产品?客户在电信营业厅需要等候多长时间?客户需要联系多少次才能够享受维修或者退换货服务?德国电信的广告内容也据此进行了修改,力图反映出这种以客户为主导的承诺,变成了:"如果您需要购买一个新电话,我们任何一个营业厅的服务人员都会保证在五分钟之内为您提供相关服务。"对于客户发来的电子邮件,公司保证在24小时之内予以回复。品牌资产、客户资产评估标准以及关键绩效指标为德国电信提供了一套全新的行为准则,这套准则能够从产品或者消费者的角度促进公司的发展,可以在每个业务及品牌的需求前景中以此为标准衡量企业绩效,也可以为每个不同的业务部门提供一个发展框架以及寻求自身独特的市场定位的框架。许多公司在作出决策的时候往往缺乏这些宝贵资料。[5] 德国电信下一个步骤不仅仅是简单的制订现行品牌组合管理以及客户资产管理的行动计划,朝着利润增长的目标努力,而且还要寻求更加广泛、更加长远的发展机遇,开发以客户为中心、需求为中心的发展平台,以便充分利用德国电信所有品牌和业务优势,发现满足消费者需求的全新方式。

  古奇为德国电信制订的目标与通用电气的目标惊人的相似。德国电信的目标是"将客户和营销作为公司的最高准则"。古奇指出,所有公司都有财务主管、生产主管和营销人员。然而,市场营销的惯例是推崇销售和其他形式的客户服务。主管生产的人员只负责生产运营方面的业务。负责财务的人员只负责提高效率和利润最大化。但是谁来为客户服务,倾听客户心声,为客户着想,甚至喜欢这些客户呢?德国电信和通用电气公司对于这些问题的答案很明确,而且,他们一直都以客户为基础,进行着大量的结构重组。

  正如通用人所说的:"营销工作与创新和顶线增长有什么关系呢?"答案是:"关系到一切。"古奇在德国电信公司也常常被问到类似的问题:

"营销与产品质量有什么关系呢?"他通常都会这样回答:"因为营销对于产品品牌建设至关重要。"

> 一个公司的成功不是取决于技术,而是取决于客户对这家公司所提供的增值服务的看法。在德国电信公司,我们创造的不仅是产品,而且是客户所需要的产品。我们的表现不是一种抽象的概念,我们已经将其纳入到企业文化之中……我们还顺应新时代的要求,重新调整公司结构。这种公司结构不再一成不变。以后,公司结构也将不断调整以适应市场需求。为了公司未来的发展,我们时刻以客户为中心,想客户所想,以客户为行动的指针。而且我们现在将这种理念灌输到公司的所有层面。[6]

古奇的任务就是确保这些美好的愿望转化为实际行动,而不仅仅是豪言壮语。

2006年11月,勒内·奥伯曼(Rene Obermann)被任命为德国电信首席执行官。这位新上任的首席执行官所面临的诸多挑战之一,就是保持公司的市场领导地位。奥伯曼的最新战略行动就是开展一项主题为"为服务而节约成本"的行动。这次行动极大地提高了服务质量,增加了客户问题的回复率,同时也增强了公司的竞争力和客户的价值主张。

2007年,德国电信遇到了一个特别的机遇,并且利用这个机遇创造出了具有变革意义的客户体验和服务质量水平,满足了当代极其挑剔的电信客户的需求。这个机遇就隐藏在德国电信公司的表象之后。新的"为服务而节约成本"行动战略,旨在通过强化公司的核心资产——客户关系来创造客户优势。这一战略得益于一个全新的需求视角,也包括古奇在品牌资产、客户关系以及质量管理等方面所作出的贡献。这项工作

第九章

为德国电信考虑如何取胜(从赢得和保留客户的角度,应该采用怎样的服务促进措施才能获得最大收获?)、在哪个领域取胜(哪一市场的客户群体最看重全新的德国电信公司广泛的产品和服务组合及其新的服务质量承诺?)、什么样的产品或服务才能取胜(什么样的创新、产品、服务、业务模式、营销计划和收入模式才能深化与客户的关系并且能够创造客户优势?)以及制定决策等方面提供了一个分析框架。

深化需求优先的视角

以上这两个公司的案例阐述了在大型跨国公司内纳入需求优先的视角过程中所面临的挑战。从这两个案例中可以总结出以下几点经验和教训。第一,对于一个公司来讲,重要的是要有一个"领军式"的人物或部门进行开创性的工作。在这两个公司的案例中,在首席执行官的支持下,在营销部门设立首席营销官职位,对于公司来讲是一个重大的促进。在通用电气公司,关键的公司结构改变甚至超越了营销功能的需要。商业委员会和跨部门的营销管理职位的设立极大地促进了这项工作的开展。这两家公司所取得的成功都需要负责创新与发展计划的个人或者团队超越传统的营销部门,才能获得成功。

第二,在公司内贯彻需求优先的理念并没有一个简单统一的模式,这一点非常重要。在这方面,没有绝招可言。因此,如果你试图通过"剪贴复制"的方法照搬本书案例的做法是行不通的。每个公司选择需求优先视角的出发点不尽相同,这取决于公司在市场中的位置。德国电信与通用电气的位置显然并不相同。需要说明的是,通用电气公司的效率很高,已经开展了一项又一项精简公司结构的战略行动。但是,相比之下,德国电信却是从历史上德国国有企业性质的组织机构中崛起的一个比较年轻的企业。古奇首先需要建造一个轨道,然后,才能够使需求优先以及以客户为中心的发展计划步入轨道,朝着正确的方向行驶。而通用电气所处的市场位置不同,因此,采用的方法也不尽相同。

即便如此,这些公司的案例和书中提到的其他公司的案例确实也可以提供"部分指导原则"。

1. 明确与需求相关的重要资产并加以利用

通用电气的成功,很大程度上归功于其具有传奇色彩的准则和生产运营导向。通用电气对各部门经理在克罗顿维尔管理培训中心进行在职培训,使得公司经理们能够更加有效地进行管理工作,从而达到预期目标,通用电气公司也因此而声名远扬。对于通用电气公司的伊梅尔特和科姆斯托克来说,更大的挑战是如何维护公司的重要资产,并且利用这些资产为客户服务。若想使这些资产为客户创造价值,要求公司具备一种能够释放资产价值的新能力。这种新能力演变成了创新的过程——突破想象,并与成熟的营销计划、创新力和对于未来的憧憬相结合。

同样,在古奇加入德国电信时,他发现这个电信巨头的重要资产就是客户关系(德国电信拥有8 000万用户)以及这些消费者与德国电信不同业务部门和产品品牌之间的联系。长期以来,一直都有人这样预测,消费者与德国电信之间各种各样的业务关系将会促使德国电信采用新技术,为消费者提供新的电信服务项目以及提高服务质量。德国电信与消费者之间关系的紧密程度随着德国电信所提供服务质量的高低而变化。古奇的工作不再是利用现有的准则和程序,并将他们引入朝着利用这些重要资产的方向发展的新轨道,他的工作变成了首先围绕着这些重要资产制定标准和程序。对于古奇和德国电信来说,这项工作涉及很多方面,包括促使公司所有员工了解品牌资产的意义,建立客户关系管理流程。从某种程度上讲,古奇需要首先铺设火车轨道,然后才能够将重点转移到构建、维护和培养这些资产的业务促进因素——服务质

第九章

量上来。

古奇和科姆斯托克需要拓展他们各自已经熟悉的领域,而且必须深入了解那些通常与营销毫无关系的职能和流程。职能方面的狭隘是需求优先模式的致命缺点,正如下面这个故事所阐明的道理一样。菲利普·科特勒(Philip Kotler)教授曾经和一家大型航空公司的营销副总裁有过这样的谈话。科特勒教授问及这位副总裁的工作职责,问他是否负责控制机票定价?这位副总裁回答说:"不完全是。那是收入管理部门的事。"科特勒教授又问他是否负责航班飞行目的地或者航空公司所提供的服务等级,他回答说:"不尽然,这归航班时刻管理部门管理。"是否负责航空公司的地面服务呢?回答是:"不负责,那是运营部的事。"那么,他究竟负责什么呢?他告诉科特勒:"我负责广告宣传和常旅客计划。"[7]古奇和科姆斯托克很大程度上和这位不可救药的航空公司营销副总裁一样,他们对于直接负责的业务管理并不多,而且也不需要以此来证明他们的职务范围。资源以及损益管理是公司战略业务部门应该考虑的事情。两个营销官都是通过影响力来行使自己的权力,通过由诸多经理组成的营销团队履行职责。但是,在规模较大的公司中,发挥影响力的营销人员和营销管理者都分散在公司不同部门或者战略业务部门。科姆斯托克在通用电气曾经和五千个专业人员共同工作,展开营销活动。

2. 批判性地评估和开发管理关键资产的实力

在通用电气公司,公司是否善于创新已经不是一个问题,因为通用电气在创新方面处于世界领先水平。然而,和其他许多大型的以技术为基础的公司,诸如3M、波音或者欧洲的西门子公司一样,它们历史上都偏好技术创新而不是非技术创新,这样做的结果是它们或者从中受益,或者遭受这种做法所带来的不良后果。伊梅尔特和科姆斯托克却将商业创新作为有机增长的主要驱动力量。通用电气所具备的商业创新能力——归功于需求优先的全新视角，可以通过以下几点重要的营销活动来阐述：

> 设立"突破想象"项目。迄今为止，通用电气已经设立了80个项目。在通用电气，所有的业务经理都必须参与，他们别无选择。每个项目都预期能够为通用电气带来50万美元到100万美元的增量效益，都为公司250亿美元的有机增长目标作出了贡献。这个计划的目的是充分表现市场营销的作用，并且在公司所有业务部门播种创新的种子。

> 组织梦想会议。这些通用电气公司和重要客户开展的为期一两天的会议，关注的是未来五年到十年内医疗保健、能源、铁路的发展等这些重大问题。在这些会议中，通用电气的首席执行官和客户公司的首席执行官或者高级管理人员针对改变行业界限的新挑战和新潮流进行讨论，集思广益，商讨解决之道，界定全新重大机遇，以便使通用电气和这些公司客户的利益保持一致。

> 在通用电气公司克罗顿维尔领导力管理培训中心开展三周半的创新课程。每年从这个课程计划开始到结束，都有60多位来自于通用电气各个业务部门的最高级别的营销管理人员踏上这条"创意之旅"，目标是在文化和这个以纪律、流程和生产、想象力、创造性、创新以及在所有业务部门内推动创新而闻名的公司中寻找一种平衡。

另外一个重要的领导力挑战是清晰明确的宣传这种特殊的实力与强化公司资产之间的联系，以及这种实力对于直接面对客户的业务部门能够产生怎样影响才能帮助公司获得顶线增长。实力本身并不能创造

第九章

价值，必须通过影响公司的业务流程才能产生价值。

古奇在德国电信的职责是明确品牌和客户资产管理对促进公司发展计划的作用。品牌资产和客户资产的营销活动阐释了价值的来源，开发这些品牌资产将会影响促进每个战略业务部门发展的主要因素。古奇并不是仅仅依靠衡量品牌实力，而且还将品牌管理的重点转移到了那些能够在客户行为中引起不同凡响的品牌特点。这样，他就可以展示品牌资产的变化以及任何用于品牌建设的投资或者在主要的客户触点上提高服务质量的努力，是如何通过提高客户获取率、增强客户维系度或者降低客户流失率对顶线增长产生影响的。客户资产的管理进一步阐明了在不同市场中服务质量以及其他客户需求的作用和影响。

3. 选择促进全方位面对客户需求的业务流程的重要战略行动计划

斯蒂芬·夏皮罗（Stephen Shapiro）是《24/7 创新——变动年代的企业求生与制胜蓝图》（24/7 Innovation）一书的作者，他认为"无论说什么，从公司组织结构层面上讲，许多公司仍然以产品为中心，而不是以客户或者市场为中心。"[8]但是在通用电气，情况则并非如此。通用电气的突破想象活动推动通用电气朝着在整个公司实现商业创新的变革这个方向前进，方法是通过一个名为 CENCOR 的流程来实现。[9]这六个字母是五个英文单词的首字母缩写，代表校准、探索、创造、组织和实现。在这些词语的背后有一套工具和理念，能够帮助经理们对他们所从事的所有工作进行创新，从如何定义业务或者如何制订产品上市计划，到如何评价它们在客户面前的表现，比如通用电气公司著名的客户之声行动，都可以利用这个方面进行创新。

这种独特的能力必须能够从产品开发到客户关系管理或者产品上市流程等方面对公司满足消费者需求的过程产生影响。通用电气的

CENCOR系统将创新过程和商业化过程整合在了一起。在以服务为主导的公司中,这个系统通常还会涉及员工管理。在德国电信公司,品牌资产和客户关系管理都被包括在质量管理行动中,而质量管理行动向全公司员工明确了服务质量标准和行为准则,从一线呼叫中心的员工到公司的管理层,都必须遵循这个准则。

4. 建设企业文化

需求优先的模式如果变成企业文化的一部分,就会创造价值。企业文化是企业内员工的工作方式。将这种模式变成企业文化的一部分,工作不只限于制定一套措施、交给经理一种方法这么简单。通常还需要聘请公司以外的人来参与这个过程。比如通用电气,两年间,从公司以外聘请了超过2 000名的营销人员,并且雇用了5 000名新的销售人员。这种做法也改变了公司的组织结构。通用电气成立了商业委员会,委员们每月定期举行电话会议,每季度定期会面。通用电气还设置了新职位——市场领袖,他们以旁观者的身份,从需求优先的视角认识通用电气公司。通用医疗集团的尼尔·桑迪任职期间,该公司并没有一种主打产品,他不过是横向负责各个部门,后来,他集合所有通用电气公司的实力,从客户利益出发,开发出了通用护理站麻醉剂输送系统。

与索尼相比,三星电子的优势在于企业文化。三星公司等级管理更强,公司会命令市场营销、产品设计以及研发部门协同工作。公司外面的创新思想,比如柏林、孟买或者新加坡消费者品位的变化,很快会传达到位于首尔的三星公司总部,这种信息传播速度比索尼公司更加迅速。索尼公司中,部门的分裂倾向依然盛行。[10] 在许多行业中,研发中心、产品设计和营销部门都是分离的。比如,汽车行业中,这种职能部门之间的分散组织方式非常流行。福特汽车公司最近将旗下林肯汽车分公司进行了重组,缩小了营销人员的权限范围,但是却加强了其权力。营销

第九章

人员不再负责多个品牌,自改组之后,营销人员只负责某个品牌,而且在新产品开发阶段更早更深入地介入到该阶段中。[11]

企业文化建设过程应该与在公司设置某个职位负责管理需求优先模式的过程区分开来。在市场中夺冠固然重要,但是,理念、方法和程序已经成为日常工作的一部分,也同样重要。联邦快递和UPS已经具备了物流行业必需的实力,使得物流业务流程进展顺利,这两家公司之所以能够获得成功,原因并不在于质量取胜,而是因为质量已经成为这两家公司的企业文化中不可分割的一部分。实力已经转变成了企业文化。

时代广场的躁动——尾声

聘请公司外部人士参与公司文化建设,关注客户优势,以及建立需求优先模式,以获得创新和发展这些本书中所宣传的发展模式能够促使企业的长久发展吗?你只要看看曼哈顿的时代广场就可以知道答案,答案是"会的"。而且,"以后更加是这样"。

长期以来,世界各地的旅游者到纽约旅游观光,时代广场是必游之地。游客们惊叹于五光十色的霓虹广告,琳琅满目的商品、美食、演出以及其他旅行装备令人目不暇接。这些观光者漫步时代广场,双眼看着被霓虹灯光渲染的夜空,耳边充斥着出租车、汽车的喇叭声,他们无暇和朋友及家人聊天,一直被身边的喧闹深深吸引。时代广场充满活力,商业气氛非常浓郁,这一点是世界上任何一个地方都无法企及的。

然而,今天,我们所有人都生活在时代广场中,或者类似于时代广场的地方。东京的新宿地区、伦敦的庞德街、巴黎的香榭丽舍大街、上海的南京路以及其他商业大街都能够带给游客和当地居民同样的视觉冲击力和感受。而且,即使你不住在类似于时代广场这样的地区,也经常会被新产品和营销广告信息淹没,这些信息同样纷繁多样。

实施创新和发展计划

时代广场的广告冲击力曾经如此之强,声音如此喧嚣,画面如此炫目,但实际上,这个曾经令人敬畏和惊叹的商业圣地——时代广场,其独特的商业魅力已经丧失殆尽。

即使是住在距离大都市千里之遥的乡村的地球居民也受到大规模营销信息的狂轰滥炸。他们每次去商场、超市,都会看到同类产品品牌的竞争、产品、服务促销信息,打开电脑或者电视机,翻开一本杂志,或者打开电子邮箱,都会看到铺天盖地的广告信息。据统计,每个美国人在24个小时内平均接收超过600条广告信息。超市平均有4万件库存商品。然而,在每150件库存商品中,每个美国家庭平均需要只占这个数量的80%到85%。但是,美国家庭在这方面的需求非常普遍,并不是特例。

从数学意义上讲,世界商业产出正在接近无限大。随着这种情况的临近,潜在客户有限的吸收能力变得日益宝贵,消费者变得越来越挑剔。每个季度、每年所推出的新产品数量屡创新高。大多数产品都未能生存下来,半途夭折。营销人员为这些新产品摇旗呐喊也无济于事。扬克洛维奇合伙人公司的一项调查发现,消费者对于广告的抵触情绪达到了历史新高。65%的美国人认为经常受到广告的"狂轰滥炸"。59%的人声称,广告不会影响他们的消费决策。同样,有将近70%的美国公众表达出对于那些有助于屏蔽营销信息的产品或服务的浓厚兴趣。[12]

企业所面临的更严峻的挑战是有相当数量的消费者关闭了接收企业营销信息的渠道。他们在使用媒体的时候同时进行着多项任务,利用TiVo硬盘数字录像机的时间控制等功能,暂停或者自动跳过广告,或者避免成为有线电视用户,从根本上避免所有的营销信息。[13]

在当今世界中,寻求内心平静的渴望变得日益迫切。人们不再寻求满足自己的需求。他们需要夺回周末时光。在过去的50年间,企业的根基正在发生变化。寻找客户需求,并且予以满足,或者创造需求,等待

第九章

客户购买,这些商业理念正逐渐被新的认识所代替,企业必须保持对于消费者新的行为、渴求和动机保持高度的敏感性。

本书的前提是如果企业从内部认识公司外面的消费者世界,我们无法使这些企业了解这些新的现实情况。企业必须暂时放下自己的产品或服务才能够了解人们的日常体验。我们必须将自己完全融入到消费者的世界中去,而且需要抛开所有的偏见。

我们也不能完全相信消费者反馈的信息。消费者无法了解他们未曾经历过的体验。如果想要发现隐藏在表象背后的机遇,首先必须摒弃固有的偏见。而且必须开阔视野,看清消费者真正的需求。我们必须深入探索消费者需求环境,需要制定行动战略,捕捉这个不断变化的消费者需求环境。做到以上几点,不仅需要更多的创新、更多的新产品或者服务,而且还需要启动需求优先的发展平台,帮助客户将创新纳入到他们日常生活和工作体验中。

这就是追求客户优势的全部。

注 释

第一章

1. Saul Hansel, "New Man at Top Crossing Oceans to Confront Internal Borders" *New York Times*, March 8, 2005.

2. 我们刻意将客户和消费者区分开来,因为我们了解到有些公司将客户看成是其产品的直接购买者,比如,消费品行业中的零售商,或者行业市场中的其他合作企业,他们将消费者看成产品的最终使用者。但是,我们试图交叉使用这两个词。我们所做的研究工作与众不同之处在于首先对人们的行为进行公正的研究,在消费者生活环境中、行业业务流程中或者在B2B的环境中,对人们的消费行为和产品使用行为进行实地研究,而不是针对所有客户或者消费者,根据人口学或者生活方式进行个体差异研究。

3. 这些刺激因素的研究来源非常丰富,在这本书中,我们充分运用了这些宝贵资源。例如,Grant McCracken, *Culture and Consumption II: Markets, Meaning, and Brand Management* (Bloomington, IN: Indiana University Press, 2005),关于激情消费方面的内容,请参阅: Russell W. Belk, Güliz Ger, and Søren Askegaard, "The Fire of Desire: A Multisited Inquiry into Consumer Passion," *Journal of Consumer Research* 30 (December 2003); 在诱惑消费方面,请参阅: John Deighton and Kent Grayson, "Marketing and Seduction: Building Exchange Relationships by Managing Social Consensus," *Journal of Consumer Research* 21

注释

(March 1995): 660-676;关于希望,请参阅:Gustavo E. de Mello and Deborah J. MacInnis, "Why and How Consumers Hope: Motivated Reasoning and the Marketplace," *Inside Consumption*, eds. S. Ratneshwar and David Glen Mick (New York: Routledge, 2005), 44-66.

4. Dennis Kneale, "iPod Nano $250," *Forbes*, November 14, 2005.

5. 接下来的话是:"因为那些人将自己封闭起来,他从自己藏身的洞穴缝隙中洞察一切。"这句话出自威廉姆·布雷克(William Blake)最具影响力的著作《天堂与地狱的婚姻》(*The Marriage of Heaven and Hell*),这部著作完成于伦敦,时间是在1790年到1793年之间。

6. 珍·古道尔在2004年3月接受国家教育协会的采访时这样说,当时正值国家教育协会成立70周年即将到来之际。

7. David H. Maister, Charles H. Green, and Rob M. Galford, *The Trustd Advisor* (New York: Touchstone, 2000).

8. Michael E. Porter, "What Is Strategy?" *Harvard Business Review*, November-December 1996, 64 Some author-like Milind M. Lele, *Monopoly Rules: How to Find, Capture, and Control the World Most Lucrative Markets in Any Business* (New York: Crown Business, 2005),以上这几位作者认为获得竞争优势有助于在市场中为公司增加利润,但是竞争优势对于公司最初创造利润以及发现全新市场发展机遇并没有帮助。

9. Clayton M. Christensen and Michael E. Raynor, *The Innovator's Solutions: Creating and Sustaining Successful Growth* (Boston: Harvard Business School Press, 2003), 79-88. See also Clayton M. Christensen, Scott Cook, and Taddy Hall, "Marketing Malpractive: The Cause and Cure," *Harvard Business Review*, December 2005.

10. Richard Miniter, *The Myth of Market Share: Why Market Share Is the Fool's Gold of Business* (New York: Crown Business, 2002); and Tom Osenton, *The Death of Demand: Finding Growth in a Saturated Global Economy* (Upper Saddle River, NJ: Financial Times Prentice

Hall, 2004).

11. David A. Aaker, *Brand Portfolio Strategy: Creating Relevance, Differentiation, Energy, Leverage, and Clarity* (New York: Free Press, 2004).

12. Kurt Badenhausen, "Brands Branching Out," Forbes, June 20, 2005, based on a research study conduxted by Vivaldi Parners; and Chris Kosestring, "Brand-Driven Growth an Radical Innovations: Leveraging Brands Beyond Conventional Wisdom" (PhD diss., Bocconi University, 2005), which describes five empirical studies conducted during 2005.

13. 出自2000年由绿色和平组织召开的一次会议上,福特汽车公司主席比尔·福特(Bill Ford)的演讲。

14. Thedore Levitt, *The Marketing Imagination* (New York: Free Press, 1983).

15. 这个故事的素材来自于以下这些资料:Timothy J. Mullaney, "The Mail-order Movie House That Clobbered Blockbuster," *Business Week*, June 5, 2006, 56–57; Jean McGregor, "At Netflix, the Secret Source Is Software," Fast Company, October 2005, 48–51; and "Netflix Makes It Big in Hollywood," *Fortune*, June 13, 2005, 34.

16. W. Chan Kin and Rene Mauborgne, *Blue Ocean Strategy: How to Create Uncontested Market Space and Make the Competition Irrelevant* (Boston: Harvard Business School Press, 2005).

17. David A. Aaker and Erich Joachimsthaler, *Brand Leadership: The Next Level of the Brand Revolution* (New York: Free Press, 2000).

18. Gary Hamel, interview by Joel Kurtzman, http://www.strategia.com.br, 2001.

第二章

1.《商业周刊》(*Business Week*)的一篇文章中谈到,信息资源公司(In-

注释

formation Resources Inc.)数据显示,2000 年,宝洁公司的前九大品牌产品中,有七种产品都丧失了在食品、药品和大幅折扣商店中的多数市场份额。Robert Berner, "Can Procter & Gamble Clean Up Its Act?" *BusinessWeek*, March 21, 2001, 80 – 83.

2. David A. Aaker and Erich Joachimsthaler, *Brand Leadership: The Next Level of the Brand Revolution* (New York: Free Press, 2000), 3.

3. Patricia Sellers, "P&G: Teaching an Old Dog New Tricks," *BusinessWeek*, May 31, 2004.

4. Kenneth Klee, "Rewwriting the Rules in R&D," *Corporate Dealmaker*, December 13, 2004.

5. Patricia Sellers, "P&G".

6. Bruce Nussbaum, "Get Creative! How to Build Innovative Companies", *Business Week*, August 1, 2005.

7. Gilbert Cloyd, "At P&G It's '360 – Degree Innovation'", BusinessWeek Online, October 11, 2004. www.businessweek.com/magazine/content/04_41/63903493.htm.

8. Nancy Byrnes and Robert Berner, "Branding: Five New Lessons," *BusinessWeek*, February 14, 2005.

9. Todd Wasserman, "Where Will Genie Go Next?" *Brandweek*, October 17, 2005, 23 – 24.

10. "Procter's Creative Gamble," *Campaign*, March 18, 2005.

11. Todd Wasserman, "Moment of Truth," *Brandweek*, October 10, 2005, M9 – M18.

12. A. G. Lafley, "Procter & Gamble's A. G. Lafley on Design," interview by Peter Lawrence, Corporate Design Foundation (September 2001).

13. Patricia Sellers, "P&G: Teaching an Old Dog New Trick," *Fortune*, May 31, 2004.

14. Cannondale 2004 Power Rankings of the best manufactures,

mentioned in Kenneth Klee, "Grand Opening," *IP Law & Business*, Februrary, 2005.

15. Nathaniel J. Mass, "The Relative Value of Growth," *Harvard Business Review*, April 2001.

16. 深入了解消费者需求环境在消费行为研究领域具有坚实的学术和实证基础。请参阅 Cynthia Huffman, S. Ratneshwar 和 David Glen Mick 在其所著的 "Consumer Goal Structures and Goal-Determination Processes: An Integrative Framework" 文章中对这方面有详尽的叙述。该篇文章被收集在 *The Why of Consumption: Contemporary Perspectives on Consumer Motives, Goals and Desires* 一书中。对这方面进行研究的还有 S. Ratneshwar, David Glen Mick 和 Cynthia Huffman (London: Routledge, 2000)。在这本书中,这些作者为读者提供了一个拓展的框架,重点集中在目标结构以及实现目标的过程,这个框架有助于更加深入地探索消费者如何制订日常生活目标。Russ Belk 在诸多著作中对社会-情境环境对于消费者行为的促进作用都有过研究分析。在其最近的著作中,他重点研究的是激情消费,而不是谈论如何满足消费者需求。这种理论和实证研究一直是我们过去二十年间研究工作的丰富源泉。这方面的著作还包括: Russll W. Belk, Güliz Ger, and Soren Askegaard, "The Fire of Desire: A Multisited Inquiry into Consumer Passion," *Journal of Consumer Research* 30 (December 2003): 327。我们研究工作的另一个资料来源是 Douglas Holt,他对于创造品牌意义的文化进程做过深入研究。详情请参阅: Douglas B. *Holt, How Brands Become Icons: The Principles of Cultural Branding* (Boston: Harvard Business School Press, 2004)。1980 年代初期,我们曾对激情消费过程和情境如何改变消费者行为进行过研究。John Lastovicka 和我早在 1980 年代就曾经研究过消费者在所处的日常社会文化环境中的行为模式。具体内容请参阅: Erich Joachimsthaler and John Lastovicka, "Optimal Stimulation Level, Exploratory Behaviour Models," *Journal of Consumer Research* 11 (1984): 830–835。

17. 我们采用需求前景是参考社会学家 Sharon Zukin 使用的消费图

注释

景一词。具体内容请参阅:Sharon Zukin, *Landscape of Power: From Detroit to Disney World* (Berkeley: University of California Press, 1991)。在该书中,需求这一名词详细明确地体现了公司从消费中所获得的机遇。

18. 事实上,研究表明,当消费者被问及对于某种产品的感受时,他们通常回忆的是曾经使用过的另外一种产品的特点。通过探究这些消费者的观点,公司实际上可以制定一种创新战略,一种能够实现所有产品性能特点的商品化战略,而不是公司预期的产品多样化。

19. Richard Bagozzi and U. Dholakia, "Goal Setting and Goal Striving in Customer Behavior," *Journal of Marketing* 63 (Special Issue 1999): 19–32.

20. 大量概念和实证方面的研究都有助于了解文化、文化符号以及文化进程对于需求环境的影响以及消费者对品牌意义的理解方式。具体内容请参阅:Holt, *How Brands Become Icons*; Jonathan E. Schroeder and Miriam Salzer-Moerling, "Introduction: The Cultural Codes Branding," in *Brand Culture*, eds. Jonathan E. Schroeder and Miriam Salzer-Moerling (London: Routledge, 2006)。

21. Rick Kash, *The New Law of Demand and Supply: The Revolutionary New Demand Strategy for Faster Growth and Higher Profits* (New York: Currency Doubleday, 2001).

22. Gian Luigi Longinotti-Buitoni, *Selling Dreams: How to Make Any Product Irrisistible* (New York: Simon & Schuster, 1999).

23. Virginia Postrel, *The Substance of Style: How the Rise of Aesthetic Value Is Remaking Commerce, Culture, and Consciousness* (New York: HarperCollins, 2003).

24. Clayton M. Christensen, and Michael E. Raynor, *The Innovator's Solution: Creating and Sustaining Successful Growth* (Boston: Harvard Business School Press, 2003); 79–88. Clayton M. Christensen, Scott Cook, and Taddy Hall, "Marketing Malpractice: The Cause and the Cure," *Harvard Business Review*, December 2005.

25. "Press '1' If You're Steamed," *New York Times*, July 7, 2002.

26. Gary Hamel 在其著作中曾经引用过这一格言。参见：Gary Hamel, Leading the Revolution（Boston：Harvard Business School Press，2000），121。

27. Seller,"P&G".

28. Jeffrey R. Immelt and Thomas A. Stewart, "Growth as a Process: The HBR Interview," *Harvard Business Review*, June 2006.

29. 关于这方面的进一步讨论，请参阅 Stephen Brown, "Ambi-brand Culture," in *Brand Culture*, eds. Shroeder and Salzer-Moerling. 斯蒂芬·布朗对此进行了深入探索，对历史上的"同一个世界，同一个品牌"以及当代的"多品牌"文化进行了划分。

30. 对于传统的市场划分概念的精辟描述可见于以下著作：Daniel Yankelovich and David Meer, "Rediscovering Market Segmentation," *Harvard Business Review*, February 2006。

31. 通过明确人们消费的环境来研究消费者，能够极大促进公司对于消费者品牌偏好的预测准确度。关于这方面的内容请参阅：Sha Yang, Greg M. Allenby, and Geraldine Fennell, "Modeling Variation in Brand Preference: The Roles of Objective Environment and Motivating Conditions," *Marketing Science* 21, no. 1（Winer 2002）: 14–31。

32. Jennifer Reingold, "What P&G Knows About the Power of Design," *Fast Company*, June 2005, 57.

33. Anthony W. Ulwick, "Turn Customer Input into Innovation," *Harvard Business Review*, January 2002.

34. 2002 年，我在参加西北大学凯洛格商学院校友会时，西北大学的 Mohan Sawhney 教授曾给我指出了为客户寻找产品或服务与传统的为产品或服务寻找客户两者之间的明显区别。有关此方面的内容，还请参阅 Paul Nunes 和 Frank Cespedes, "The Customer Has Escaped," *Harvard Business Review*, November 2003。

注释

第三章

1. PepsiCo 10-K Annual Report，2005。

2. 更多信息，请查阅 www.smartspot.com 网站。

3. 除非特别声明，本章中百事公司的案例研究资料全部来自于2005年2月 Erich Joachmsthaler 和 Steve Fenichell 对于公司相关人员的采访。

4. 这个顾问小组由 Nick O. Hahn 领导，他本人是 Vivaldi Partners 公司的常务董事。

5. Susan Fournier，"Customers and Their Brands: Developing Relationship Theory in Customer Research," *Journal of Customer Research* 24, 1998.

6. 这个数字是由一组研究人员在 Georgina Miller 创建的框架基础上研究得来的，这组研究人员包括 Georgina Miller，Adrea Wolf，Silke Meixner，和 Agather Blanchon-Ersham。具体内容请参阅 Georgina Miller，"Analysis of New Customer Understanding Methods as a Supplement to Traditional Customer Research Methods to Facilitate Opportunity Identification for Innovation in High Tech Companies"（thesis research，ESADE，Barcelona，2004）。如需全部参考信息，请向作者索取。

第四章

1. 除非特别声明，本章中安联公司的案例研究资料全部来自于2005年2月到8月间 Erich Joachmsthaler 和 Steve Fenichell 对于 Michael Maskus，Joe Gross，Erik Heusel 和 Thomas Summer 的采访。

2. 这种方法被称之为昨日重现法（Day Reconstruction Method），目的是从参与者生活的社会文化环境以及参与者日常生活中所追求的主要活动、任务和目标中获取信息。在这个具体的调查研究中，研究者鼓励参与者认真回忆他们生活中的重要时刻，包括他们的恐惧、烦恼、焦虑、喜悦和快乐，所有可能与购买保险产品产生关联的感情和感受。具体内容请参阅 Daniel Kahneman et al.，"A Survey Method for Characterizing Daily Life Experience: The Day Reconstruction Method," *Science*, December 3, 2004。

3. 探索目标相关性与当今通行的相关性研究不同，现在相关性的研究通常关注的是产品或者产品类别，或是品牌。例如，汽车的产品相关性涉及车载移动信息系统，或者能够应用到机动车上的技术或者服务，比如全球定位系统。

4. Philip Kotler and Fernando Trias de Bes, *Lateral Marketing* (Hoboken, NJ: John Wiley & Sons, 2003).

5. 最近出现了关于补充品对于制定战略的作用的深入讨论，请参阅 Nicholas G. Carr, "Complementary Genius," Strategy + Business 43, (2006): 26-30; 和 David B. Yoffe and Mary Kwak, "With Friends Like These: The Art of Managing Complementors," *Harvard Business Review*, September 2006, 88-98.

6. 2005 年 2 月，C. K. Rangnathan 和作者的对话。

7. Allian AG, *Kundenmonitor Assekuranz 2003*, Psychonomic（安联公司内部文件）。

8. 对于挑战行业传统，相关领域的作者一直都在广泛探讨这个问题。从战略的角度探讨该问题的有 Gary Hamel, *Leading the Revolution* (Boston: Harvard Business School Press, 2000); 从广告的角度探讨这个问题的有: Jean-Marie Dru, *Disruption: Overturning Convention and Shaking Up the Marketplace* (New York: John Wiley & Sons, 1996); 还有 Jean-Marie Dru, *Beyond Disruption: Changing the Rules in the Marketplace* (New York: John Wiley & Sons, 2002). 这里，我们着重从需求前景中所反映的行业传统与消费者日常生活的关系及其对于消费者日常生活的影响这个特定的角度去挑战行业传统。

9. Kevin Werbach, "Using VoIP to Compete," *Harvard Business Review*, September 2005, 140.

注释

10. Aline van Duyn, "Internet Causes 'Fundamental Shift' in Advertising," *Financial Times*, August 15, 2005, 15.

11. "Paying to Avoid Ads," *Economist*, August 7, 2004, 52.

12. 探索全新商业模式一直被广泛探讨,详情请参阅 Adrian Slywotzky, *Profit Patterns: 30 Ways to Anticipate and Profit from Strategy Forces Reshaping Your Business* (New York: Crown Business, 1999); Hamel, *Leading the Revolution*; 以及其他资料。

13. See, for example, Jacob Goldenberg, Roni Horowitz, Amnon Levav, and David Mazursky, "Finding Your Innovation Sweet Spot," *Harvard Business Review*, March 2003, 120 – 129; and Reena Jana, "The World According to TRIZ," *BusinessWeek*, May 2006, 31.

14. Barry Nalebuff and Ian Ayres, *Why Not? How to Use Everyday Ingenuity to Solve Problems Big and Small* (Boston: Harvard Business School Press, 2003).

15. Donald L. Laurie, Yves L. Doz, and Claude P. Sheer, "Creating New Growth Platforms," *Harvard Business Review*, May 2006, 80 – 91.

第五章

1. 除非特别声明,本章中护理站的案例研究资料全部来自于2005年3月到7月期间,Erich Joachmsthaler 和 Steve Fenichell 对于公司以下管理人员的采访:Sandy Brandmeier, Joean-Michel Crossery, Tom Haggblom, Arto Helovuo, Risto Rossi, Neal Sandy, Deb Schaling, Marijean Trew。在此,作者对于 Neal Sandy 为这次案例研究提供的帮助表示衷心感谢。

2. Donald L. Laurie, Yves L. Doz, and Claude P. Sheer, "Creating New Growth Platforms," *Harvard Business Review*, May 2006, 80 – 91. 以上这几位作者重点研究的是构建发展平台时所遇到的公司组织结构方

面的挑战(如何在公司内部管理发展平台),对于为了获得客户优势而明确和创建发展平台以及转换到需求优先、公正的旁观者这一角度的过程研究相对较少,而这却是本书和本章内容的重点。我们将在第九章中更加详细地探讨组织结构方面的挑战。

3. 请参阅以下这些资料:Mohanbir Sawhney, Sridhar Balasubramanian, and Vish V. Krishman, "Creating Growth in Services," *MIT Sloan Management Review* 45, no.2 (Winter 2004): 34-43; and Mahanbir Sawhney, Sridhar Balaubramanian, and Vish V. Krishnan, "Finding Growth Through Product-Services Linkages" (Kellogg School of Management, Northwestern University, Evanston, IL, October 2004),以及根据对柯达公司首席执行官安东尼奥·珀瑞兹(Antonio Perez)的专访所撰写的一篇文章,专访中对于这些观点进行了深入探讨(Steve Hamm and William C. Symonds, "Mistakes Made on the Road to Innovation," *BusinessWeek*, November 27, 2006)。

4. 对于金融评估方法未来价值的量化和评估可以在以下多种资料中查询:Mark Esser, Tharek Murad Aga, Sandro Principle, "Valuation of Strategic Growth Options," Vivaldi Partners Working Paper, New York/Dusseldorf/Zurich, 2006。而关于决策分析方法,可以查阅以下相关资料:Sam Dias, and Lynette Ryals, "Options Theory and Options Thinking in Valuing Returns on Brand Investments and Brand Extensions," Journal of Product & Brand Management 11, no. 2 (2002): 115-128。

第六章

1. 除非特别声明,本章中所引用道富银行的案例研究资料全部来自于2005年8月Erich Joachmsthaler对于公司高级管理人员,特别是对Marsh N. Carter的采访。

2. 围绕目标、优势及范围(OAS/Objective, advantage, scope)制定战

注释

略,这种方法是由已故的 Michael Rukstad 首先提出的。他曾任哈佛商学院的高级讲师,讲授战略学。1997 年以来,他 David Collis 和我开发了行动学习工具,辅助制定研讨战略,目的是制定行动的战略蓝图,并将这些战略应用到大多数公司的实际运营当中。

3. 在开展这样的分析调查方面,有诸多资料可以查阅,比如:Lisa Fortini-Campbell, "Integrated Marketing and the Consumer Experience," Kellogg on Integrated Marketing, eds. Dawn Iacobucci and Bobby Calder (Hoboken, NJ: John Wiley & Sons, 2003)。

4. 出于战略需要而重新进行定位,还包括一个综合的品牌战略以及公司认知计划,这些计划将道富银行改变成了道富集团。该计划由 Vivaldi Partners 公司的 James Cerruti 领导进行,他当时是 FutureBrand 公司的形象战略家。

5. 有关道富集团产品和服务演变的更多信息,请参阅 Kelley A. Porter and Stephen P. Bradley, "State Street Corporation: Leading with Information Technology (B)," Case 9-799-034 (Boston: Harvard Business School, 1999)。

6. 除非特别声明,本章中所引用的联合利华公司的案例研究资料全部来自于 2005 年 7 月到 8 月间 Erich Joachmsthaler 和 Steve Fenichell 对于公司高级管理人员,特别是对 Kevin George 和 Alison Zelen 的采访。

7. "The Real Axe Effect," *Advertising Age*, May 15, 2006, 1, 45.

8. Thomas Mucha, "Spray Here. Get Girl. Young Men Have Just One Thing on Their Minds. The Trick is to Convince Them They Can Get It If They Wear the Right Deodorant." *Business 2.0*, June 1, 2003.

9. Julie Bosman, "How to Sell Body Sprays to Teenagers? Hint: It's Not Just Cleanliness," *New York Times*, October 28, 2005, 5.

第七章

1. 宝马集团 2004 年度报告,管理委员会主席作序。

2. 请见第四章中 David A. Aaker and Erich Joachimsthaler, *Brand Leadership: The Next Level of the Brand Revolution* (New York: Free Press, 2000); David A. Aaker and Erich Joachimsthaler, "The Brand Relationship Spectrum: The Key to the Brand Architecture Challenge," *California Management Review* (Summer 2000): 8 – 23; and Erich Joachimsthaler and Markus Pfeiffer, "Strategie und Architektur von Markenprotfolios," in *Handbuch Markenfuehrung*, ed. Manfred Bruhn (Wiesbaden, Germany: Gabler Berlag, 2004), 723 – 746。

3. Sergio Zyman 深入研究了与创新战略相比,改造战略的必要性。详情请参阅 Sergio Zyman, *Renovate Before You Innovate* (New York: Portfolio, 2004)。

4. Chris Bangle, "The Ultimate Creativity Machine: How BMW Turns Art into Profit," *Harvard Business Review*, January 2001.

5. Neil E. Boudette, "BMW's Push to Broaden Line Hits Some Bumps in the Road," *Wall Street Journal*, January 10, 2005, A1.

6. 品牌识别系统是反映企业或者产品战略的基本因素,关于品牌识别系统方面的更多信息,请参阅 David J. Collis 和 Cynthia A. Montgomery, corporate Strategy: A Resource - Based Approach, 2nd ed. (New York: McGraw-Hill/Irwin, 2004)。公司战略的另外两个组成部分是战略表达方式 OAS(目标、优势和业务范围)以及战略定位,战略定位将公司战略或业务战略和品牌识别系统联系在一起。一个成熟的战略定位框架和模式是以客户为基础的品牌资产(CBBE)管理模式。这个管理模式是由 Kevin L. Keller 创建的。具体请参阅 Kevin Lane Keller, *Strategic Brand Management: Building, Measuring, and Managing Brand Equity*, 2nd ed. (Upper Saddle River, NJ: Prentice Hall, 2003); and Kevin Lane Keller, Brian Sternthal, and Alice Tybout, "Three Questions You Need to Ask About Your Brand," *Harvard Business Review*, September 2002, 3 – 8。这些方法从需求优先的角度明确了品牌战略。这个综合的品牌战略包括对以下这些问题的回答:我们的业务范围包括什么、不包括什

注释

么？我们期望从事哪些业务？我们针对的是哪些市场？我们决定忽略哪些市场？公司存在的意义是什么？我们期望在消费者以及其他利益相关者心目中创造怎样的形象？我们如何才能融入消费者的日常生活？

7. 对于这一主题的进一步讨论，请参阅：Heribert Meffert，Christoph Burmann，Martin Koers *Markenmanagement*，(Wiesbaden，Germany，Gabler Verlag，2005)，19-32；Franz-Rudolf Esch，*Moderne Markenfuehrung*(Wiesbaden，Germany，Gabler Verlag，2005，3)；Franz-Rudolf Esch，Andreas Herrmann，and Henrik Sattler，eds.，*Marketing*(Wiesbaden，Germany，Gabler Verlag，2006)；and Manfred Bruhn，*Integrierte Unternehmens-und Markenkommunikation*(Stuttgart，Germany：Schaeffer-Poeschel Verlag，2006)。

8. 摘自宝马集团的品牌和产品组合、市场调查集团总监 Jurgen Pawlik 的演讲——"宝马成为知名品牌的背后"(他是在2005年5月24日至25日举办的优化品牌战略的公司形象论坛上发表这次演讲的)。

9. 同上。

10. 对于这种全新的品牌建设模式更加深入完整的讨论，请参阅 Jonathan E. Schroeder and Miriam Salzer-Moerling，eds.，*Brand Culture*(London：Routledge，2006)；Douglas B. Holt，*How Brands Become Icons：The Principles of Cultural Branding*(Boston：Harvard Business School Press，2003)；or Rob Walker，"The Brand Underground，" *New York Times Magazine*，July 30，2006，28-55。

11. 这部分内容参考了多本书和文章中关于英特尔公司的信息，特别是：Jeffrey Brown，Sandeep Junarkar，Mukul Pandya，Robbie Shell，and Susan Warner，*Lasting Leadership：What You Can Learn From the Top 25 Business People of Our Times*(Upper Saddle River，NJ：Wharton School Publishing，2004)。

第八章

1. David Whelan，"Name Recognition，" *Forbes*，June 20，2005，

注释

113.

2. Jena McGregor, "The World's Most Innovative Companies," *BusinessWeek*, April 24, 2006, 62.

3. 这部分内容是由宝马集团品牌学院总经理 Joachim H. Blickhauser 撰写的。品牌学院的研究分析表明,宝马集团很多员工都没有意识到宝马集团具有强烈的企业文化。品牌学院在创造品牌文化、认识宝马三大品牌方面起到了重要作用。Spherion 公司的研究发现,只有 44% 的工作人员说他们相信自己的公司"拥有被大家广为了解并接受的企业文化"。具体信息,请参阅 Paul Michelman, "Value Perceptions by the Numbers," *Harvard Management Update 11*, no. 1 (January 2006)。这些调查结果普遍低于那些拥有多个品牌产品组合结构的公司。

4. Gail Edmondson, "BMW's Dream Factory," *BusinessWeek*, October 16, 2006.

5. 将宣传组合的漏斗倒置这种理念最先是由 Jean-Noel Kapferer 提出来的,具体请参阅 Jean-Noel Kapferer, *Reinventing the Brand* (London: Kogan Page, 2001); and Markus Pfeiffer, *Interactive Branding—Eine interactions-und wissensorientierte Perspektive*, Schriftenreihe Global Branding, Bd. 2, Eds. v. FGM Fördergesellschaft Marketing e.V., Munich, 2001。

6. 出自 2006 年 6 月与作者个人的私人会谈。

7. Mick Hoban 和 Warren Mersereau 两位世界级的体育营销专家为他们了解品牌建设和体育在品牌建设中的作用进行了启发。

8. Robert Berner, "I Sold It Through the Grapevine," *BusinessWeek*, May 29, 2006.

9. Dave Ulrich, Jack Zenger, and Norm Smallwood, *Results-Based Leadership* (Boston: Harvard Business School Press, 1999).

10. 除非特别声明,本章中所引用的万事达卡国际组织的案例研究资料全部来自于 2004 年 Erich Joachmsthaler 对于公司高级管理人员,特别是对 Larry Flanagan 和 Charles Unger 的采访。

注释

11. Best Spots, *Adweek*, August 15, 2005.

12. Chuck Stogel, "Priceless Promotion for MasterCard's Flanagan," *Brandweek*, November 20, 2000.

13. Nanette Byrnes, "Leader of the Packs," *BusinessWeek*, October 31, 2005, 38–39.

第九章

1. 本章中关于通用电气的案例研究资料来源于2005年8月对通用电气公司不同管理人员的专访,特别是对Beth Comstock的采访。我们为撰写这本书收集资料而进行了专访,并且撰写了这些案例,我们后来又进行了一次采访,更加细致地探讨了通用电气公司的故事,并且将这些内容整理出版。具体信息请参阅 Jeffrey R. Immelt and Thomas A. Stewart, "Growth as a Process: The HBR Interview," *Harvard Business Review*, June 2006, 60–70.

2. 关于德国电信公司T-Shares公开上市的更多信息以及《基督教箴言报》关于"配备辅助训练车轮的资本主义"的引言,请参阅 www.germanway.com 网站上的补充材料,以及 Hyde Flippo, *When in Germany* (New York, McGraw-Hill, 2002) 和 Hyde Flippo, *The German Way* (New York, McGraw-Hill, 2002)。

3. 除非特别声明,本章中所引用的德国电信公司的案例研究资料全部来自于2005年8月Erich Joachmsthaler和Steve Fenichell对于公司高级管理人员,特别是对Jens Gutsche博士的采访。

4. 关于品牌资产管理的框架和模式可以参阅:Kevin Lane Keller, *Strategic Brand Management; Building, Measuring, and Managing Brand Equity*, 2nd ed. (Upper Saddle River, NJ: Prentice Hall, 2003); Kevin L. Keller and Donald Lehman, "The Brand Value Chain: Optimizing Strategic and Financial Brand Performance," *Marketing Management*, May-June 2003; and Markus Pfeiffer and Joel Rubinson, "Brand

Key Performance Indicators as a Force for Brand Equity Management," *Journal of Advertising Research* 6（2005）：187－197。

5. Strativity Group 一项关于客户体验管理的调查表明，只有 12.9% 的被调查者了解一个客户对于自己企业的年平均价值，只有 9.7% 的被调查者了解客户投诉对于自身企业的损失，有 8.6% 的参与调查者知道赢得一个新客户的成本。详情请参阅 "Do You Know What Your Customers Are Worth?" *Fast Company*，September 2006，68。

6. 德国电信 2004 年度报告。

7. Mohanbir Sawhney，"A Manifesto for Marketing：What Ails the Profession and How to Fix It," *CMO Magazine*，Summer 2004.

8. Stephen M. Shapiro，*24/7 Innovation：A Blueprint for Surviving and Thriving in an Age of Change*（New York：McGraw-Hill，2002）.

9. Bruce Nussbaum，"Get Creative：How to Build Innovative Companies," *BusinessWeek*，August 1，2005.

10. Cliff Edwards，"The Lessons for Sony at Samsung," *BusinessWeek*，October 10，2005.

11. Karl Greenberg，"New Grill Adorns Lincoln Effort," *Brandweek*，October 17，2005.

12. "A Farewell to Ads?" *Economist*，April 17，2004，61－62.

13. 印第安纳州的贝尔州立大学 2005 年开展了一项调查，参与调查的 400 人年龄跨度很大，调查结果表明，有 96% 的参与调查者一天中有 1/3 的时间在利用一种媒体工作或娱乐时，同时在做着其他多种事情。音乐电视网络公司也在网上对 4 213 名网民进行了抽样调查，结果表明，参与调查者一天中有 15.6 个小时花费在娱乐活动上，包括与媒体无关的娱乐活动，比如购物、社交或者就餐，其中 1/3 的时间是花费在同时进行多项活动上，通常是同一时间使用多种媒体，关于这方面的更多信息，请参阅 Sharon Waxman，"A Laboratory Eye's View of Multitasking," *New York Times*，May 15，2006。到 2006 年底，全美国将有超过 18% 的家庭拥有时间跳跃装置（DVR 或者 TiVo 这样的硬盘数字录像设备），预计到 2010 年，这一比

注释

例将上升至40%。请参阅David Kiley,"Learning to Love the Dreaded TiVos," *BusinessWeek*, April 17, 2006, 88。根据尼尔森媒体调查公司的调查显示,虽然现在只有11%美国家庭拥有DVR硬盘数字录像机,但是,却有87%的家庭拥有避免商业广告的手段。具体请参阅Roland Grover, "The Sound of Many Hands Zapping," *BusinessWeek*, May 22, 2006, 38。

作 者 简 介

埃里克·乔基姆塞勒(Erich Joachimsthaler)博士是世界上杰出的品牌战略和营销专家之一,也是全球战略、创新与营销咨询公司 Vivaldi Partners 的创始人暨首席执行官。他曾深入到不同行业的全球知名公司内部,帮助这些公司进行品牌建设、制定新的发展战略、重新制定业务战略和模式、培养公司的创新与营销实力,为客户的成功助一臂之力。

埃里克·乔基姆塞勒博士在世界一流的学术和商业杂志中发表过六十余篇关于战略、品牌建设和营销方面的文章,这些杂志包括《哈佛商业评论》(*Harvard Business Review*)、麻省理工学院《斯隆管理评论》(*Sloan Management Review*)和《加利福尼亚管理评论》(*California Management Review*)。他还与戴维·A.阿克合著了《品牌领导——管理品牌资产,塑造强势品牌》(*Brand Leadership：The Next Level of Brand Revolution*)一书,该书于 2000 年由自由出版社(Free Press)出版。

在其职业生涯早期,乔基姆塞勒曾在美国和欧洲几所研究所内任职。他还曾在加利福尼亚大学任教。在哈佛商学院从事过博士后研究工作。之后,他又先后执教于位于西班牙巴塞罗那的 IESE 商学院和美国弗吉尼亚大学达顿商学院。乔基姆塞勒一直与国际许多高级管理人员培训项目保持密切联系。在时间允许的情况下,他还一直坚持课堂教学。他还是颇受欢迎的演讲家和培训师。

乔基姆塞勒现在居住在纽约市。如果需要和他取得联系,请发电子邮件至:ej@vivaldipartners.com。